아일랜드 평화 프로세스와 한반도

탈분단경계연구총서 02

아일랜드 평화 프로세스와 한반도

신한대학교 탈분단경계문화연구원 엮음

박소진
구갑우
션 파렌
데이비드 미첼
조너선 팅
산드라 부캐넌
김동진

울력

ⓒ 신한대학교 탈분단경계문화연구원, 2019

아일랜드 평화 프로세스와 한반도

지은이 | 박소진 외
엮은이 | 신한대학교 탈분단경계문화연구원
펴낸이 | 강동호
펴낸곳 | 도서출판 울력
1판 1쇄 | 2019년 2월 28일
등록번호 | 제25100-2002-000004호(2002. 12. 03)
주소 | 서울시 구로구 경인로35길 129, 4층 (고척동)
전화 | 02-2614-4054
팩스 | 0502-500-4055
E-mail | ulyuck@hanmail.net
가격 | 16,000원

ISBN | 979-11-85136-48-6 94300
       979-11-85136-38-7 (세트)

이 도서의 국립중앙도서관 출판예정도서목록(CIP)은 서지정보유통지원시스템 홈페이지
(http://seoji.nl.go.kr)와 국가자료종합목록시스템(http://www.nl.go.kr/kolisnet)에서
이용하실 수 있습니다. (CIP제어번호 : CIP2019007168)

차례

I. 왜 아일랜드인가?

북/아일랜드로부터 불어오는
평화의 바람

박소진
(신한대학교)

신한대학교 탈분단경계문화연구원에서 작년에 이어 두 번째 탈분단경세연구총서를 출간하게 되었다. 탈분단경계문화연구원은 세계적으로 경계가 허물어지고 지구화되면서도 한편으로 긴장과 갈등으로 경계가 폐쇄되고 있는 경계의 양면성에 주목하면서, 한반도의 평화와 통일의 문제를 기존의 안보 담론이나 통일 담론을 넘어서 '탈분단'과 '경계'라는 새로운 패러다임으로 접근해 왔다. 작년에 출간된 첫 번째 총서, 『경계에서 분단을 다시 보다』는 이러한 문제의식을 가지고 21세기 경계 연구의 동향에서부터, 동아시아, 독일-폴란드, 남북한, 북-중, 러시아 극동 지역 등 다양한 경계 지역의 사례를 가지고 냉전과 분단뿐 아니라 경계의 중층성에 주목하였다. 두 번째 총서는 아일랜드 평화 프로세스를 세밀히 고찰하면서 한반도 평화 정착과 그 과정을 전망하고 가늠해 보고자 기획되었다.

총서를 처음 펴내었던 작년 2월에 비해 불과 1년이 지난 지금 한반도를 둘러싼 정세가 너무나 많이 변화하였고, 그 변화는 아직도 현재진행형이다. 2018년은 평창 동계올림픽에서 시작하여 세 번의 남북 정상회담으로 이전 10년 동안 꽁꽁 얼어붙었던 남북 관계가 획기적으로 변화되기 시작했다. 또한 역사상 처음 있었던 북미 정상회담으로 한반도 비핵화라는 난제에 대한 본격적인 논의가 시작되었고, 2019년 2월 현재 이달 안에 2차 북미 정상회담이 이루어질 것이라는 소식이 전해졌다.

2018년 4월 27일 판문점에서 이루어진 문재인 대통령과 김정은 위원장의 첫 번째 남북 정상회담에서는 '4.27 판문점선언'을 이루어 내는 성과를 가져왔다. 전쟁을 멈추고 있던 상태였던 남북한의 지도자가 만나 한반도에서 전쟁을 종식시키고 비핵화와 평화 정착의 의지를 전 세계를 향해 보여 주었다. 현재도 빠르게 진행 중인 한반도 정세의 변화는 이후 좀 더 면밀하게 검토되고 분석되어야 할 사항이다. 그러나 작년에 많은 남한의 인사들이 북한을 방문하였고, 북한의 인사들도 남한을 방문하였다. 특히 2018년 9월 평양에서의 3차 남북 정상회담에는 200여 명의 남측 수행원이 문재인 대통령과 함께 하였다. 당시 특별 수행원의 일원이자 남북 정상회담 원로자문위원으로 활동했던 최완규 신한대 탈분단경계문화연구원 원장은 북한 연구자로서 그동안 20여 차례 북한을 방문한 경험이 있다. 작년에 10년 만에 두 번의 방북(또 한 번은 11월 우리민족서로돕기 상임공동대표로 방북)을 한 그는 "지금 남북관계는 4.27 판문점선언 이후와 이전으로 대별할 수 있을 만큼 대전환의 길을 걷고 있다"고 얘기한 바 있다.[1] 또한 필자는 지난 연말 남북 관계 전문가들의 이야기를 들을 기회가 있었는데, 최완규 원장뿐 아니라, 10년 만에 재방북을 한 북한 전문가나 남북 관계 전담 기자들은 김정은 체제 하의 평양과 북한의 모습이 예전과는 많이 달라졌다고 소회를 밝혔다.

필자는 이 책을 엮고 서장을 준비하면서, 필자 자신에게 다가온 산발적이고 파편적인 아일랜드 관련 지식과 정보들을 재구성해 본다면, 왜 지금 여기에서 한반도 문제를 고민하기 위해 아일랜드 사례를 제대로 이해해야 하는지에 대해 적어도 필자 자신을 먼저 납득시킬 수 있는 어떤 설명이 가능하지 않을까 하는 일종의 직감이 들었다. 일단 시간과 공간을 가르며 필자에게 아일랜드에 대한 지식과 정보들이 어떻게 산발적으로 전달되었고, 구성되고 변화되었는지를 밝혀 보고 싶었다. 이는 60년대 말에 남한에서 태어나 80년대에 대학을 다녔고, 20대 끝자락에 미국

---

1. 최완규, "4.27 정상회담 이후의 남북관계: 새로운 패러다임의 모색"(기조강연), 『2018년 한국주택학회 정기학술대회: 남북교류 확대와 주택시장의 변화』 자료집(2018.12.14.), p. 557.

유학을 떠나 10여 년을 남한과 미국을 오갔고, 2006년 귀국하여 다시 남한에서 10여 년을 살아가고 있는 필자의 '생애사적 시공간 이동'이 필자가 가지고 있는 아일랜드에 대한 기초적인 정보, 이미지, 그리고 지식을 형성하게 된 중요한 맥락이라고 생각하기 때문이다. 물론 이러한 작업을 하고자 하는 것은 개인적 경험이 단지 개인적 경험이 아닌 사회적 의미를 띨 수 있다는 전제 아래서다.

#1998 가을 미국 일리노이 대학

필자는 중학교 시절쯤 어느 할리우드 영화[2]를 통해 "IRA"(아일랜드 공화군, Irish Republican Army의 약어)라는 조직을 그저 나쁜 "테러 집단"으로 처음 이미지화하게 되었던 것 같다. 당시 어린 필자에게 "IRA"는 막연히 그저 테러를 통해 무고한 시민을 죽이는 악마의 집단, 어떤 '나쁜 사람들'의 한 무리로 이미지화 되었을 뿐, 그 배경이 되는 아일랜드나 영국 등과 관련된 역사적 정보와 연결되지는 못했다. 필자는 1995년 한국의 여성 농민운동에 관한 논문으로 사회학 석사 학위를 받았고, 스스로에게 '다시는 부채 의식으로 삶을 살지 않겠다'고 다짐했었다. 이후 무엇을 해야 할지 고민하던 차에 우연한 계기로 해방구를 찾듯 문화인류학 공부를 하겠다고 미국으로 떠났다.

---

2. 희미한 기억 속에서 이러한 영화는 주로 소련을 악의 축으로 삼았던 007 시리즈류의 첩보 영화 중 하나였던 것으로 생각된다. IRA는 소련과 함께 무장 테러를 일삼는 전 지구적 테러 조직쯤으로 어쨌든 "나쁜 놈들"이라는 범주 속의 한 부류로 어린 필자의 뇌 속에 입력되었던 것 같다.

바비 샌즈 얼굴이 그려진 벽화
ⓒ 박소진

1998년 가을, 필자는 문화인류학과 박사과정 첫 학기를 시작하면서 지도 교수와 함께 유학 시절 내내 많은 영감과 가르침을 주었던 또 다른 스승, 고(故) 빌 켈러허(William Jr. Kelleher) 교수의 수업, 〈현대 유럽(Modern Europe)〉이라는 전공 수업을 듣고 있었다. 이 수업은 고학년 학부생들과 대학원생이 함께 듣는 강좌로, 20여 명의 학생들과 많은 토론을 하는 수업이었다.

빌 켈러허 교수는 학기 중간쯤에 아일랜드 IRA 소속 정치범 아들을 둔 어떤 어머니의 삶을 사실적으로 그린 영화, 〈어느 어머니의 아들(Some mother's Son)〉(1996)을 보여 주었다. 이 영화는 북아일랜드의 한 어촌 마을에서 IRA 활동을 하다 잡혀간 제라드와 프랭크의 옥중 단식투쟁과 그 어머니들인 캐슬린과 애니에 관한 이야기다. 이들은 1972년 (런던)데리의 '피의 금요일'에 투옥되었던 IRA 소속 청년 지도자 바비 샌즈 (Robert Gerard Bobby Sands)의 지휘 하에 1980년 겨울부터 옥중 투쟁을 계속해 왔다.[3] 그러나 바비 샌즈가 66일간의 단식투쟁 끝에 1981년 5월 5일에 결국 사망을 하고, 제라드와 프랭크를 포함한 다른 정치범들은 단식투쟁을 계속 이어가게 된다. 죽어 가는 아들을 찾아가 설득을 해보아도 소용이 없고, 결국 제라드와 프랭크 둘 다 의식을 잃고 사경을 헤매게 되자, 애니는 '아들의 신념'을, 캐슬린은 '아들의 생명'을 선택한다.

1998년 가을, 옥수수 밭으로 둘러싸인 미국 중부의 한 주립대학 캠퍼스의 한 강의실에서 이 영화를 보고 있던 필자는, 너무나 갑작스럽게, 1980년대 말의 필자의 대학 생활, 특히 1987년 6월 민주화 항쟁과 그 끝자락에 유명을 달리한 '이한열'의 죽음과 그의 어머니 배은심 여사의 통곡 등의 기억과 경험들이 마음속으로 되살아나 눈물이 하염없이 흘러나왔다. 그 기억들은 최루탄이 난무하고 정치범들의 단식투쟁과 그들의 지도자였던 바비 샌즈의 죽음, 정치범의 어머니들의 분노와 슬픔 등을 그린 영화 속 장면들과 끊임없이 교차되어 되살아났다. 나중에는 소리가 날까 입까지 틀어막고 깜깜한 강의실에서 숨죽여 영화를 봐야만 했다. 영화가 끝나고 불이 켜지자 필자는 도망치듯 강의실을 나와 집으로 향하면서 흐르는 눈물을 주체할 수 없었다. 집에 도착하여서는 급기야 꺼이꺼이 목 놓아 울었다. 그리고 그날 이후 며칠을 앓아누웠다. 겨우 몸을 추스르고, 아일랜드 관련 수업이 모두 끝난 뒤 다른 일로 빌 켈러허 교수 연구실을 찾아갔을 때, 필자는 아일랜드의 상황과 한국의 상황은 역사적으로 많이 다르지만 한동안 잊고 살았던 개인적인 경험들이 되살아나 온몸으로 아플 수밖에 없었노라고 고백했다.

---

3. 바비 샌즈의 단식투쟁을 그린 또 다른 영화는 2008년에 나온 스티브 맥퀸 감독의 〈헝거(Hunger)〉가 있다.

1세대 이민자인 소방관 아버지를 가졌던, 아일랜드계 미국인이었던 빌 켈러허 교수는 미시건 대학에서 문화인류학 박사학위를 받았는데, 그의 현지 조사는 1980년대 말 벨파스트에 있는 한 유리 공장에 관한 것이었다. 그의 현지 조사 기간은 소위 북아일랜드 분쟁(영어로 "The Troubles") 기간 중이었다. 북아일랜드 분쟁은 아일랜드공화국이 영국에서 독립할 때 얼스터의 일부 지역이 영국에 남게 되면서 일어난 일련의 유혈 분쟁이다. 분쟁은 1960년대 말에서 1998년 성금요일 협정까지 지속되었고, 그동안 산발적 테러와 폭력 사태가 북아일랜드뿐 아니라 아일랜드공화국, 영국, 유럽 본토에서도 일어났다. 물론 북아일랜드 분쟁의 씨앗은 16세기까지 거슬러 올라가며, 영국에서 이주한 개신교도들과 원래 아일랜드에 살고 있던 가톨릭 신자들 간의 분리된 삶과 차별의 역사가 식민주의 역사와 맞물려 왔다. 2003년에 책으로 출간된 켈러허 교수의 문화인류학적 연구(William F. Kelleher, *The Troubles in Ballybogoin: Memory and Identity in Northern Ireland*, 2003)는 이러한 뿌리 깊은 가톨릭 신자들과 개신교 신자들 간의 갈등과 차별이 노동 현장과 일상적인 삶 속에서 어떻게 드러나는지를 생생히 보여 주고 있다.

 켈러허 교수의 수업을 통해 필자는 IRA라는 무장 조직에 대해 막연히 가지고 있었던 악마적 이미지에 대해 재고하게 되었고, 북아일랜드 역사에 대해 새로운 정보를 가지게 되었다. 당시 필자를 포함한 그 수업의 수강생들은 베고나 알렉사가(Begona Aretxaga)의 책, *Shattering Silence: Women, Nationalism, and Political Subjectivity in Northern Ireland*를 읽었다. 이 책 제목을 한국어로 번역하기는 매우 어려운데, "깨진 침묵" 또는 "침묵을 가르기" 정도의 의역도 원래의 의미를 담지는 못하는 것 같다. "Shattering"의 의미에 "고막을 찢을 듯한" 또는 "귀를 먹먹하게 하는"이란 의미가 있다. "고막을 찢을 듯한 침묵"이라는 일종의 모순어법

(oxymoron)을 썼다고 볼 수 있겠다. 이 책은 위에서 소개했던 영화와 거의 비슷한 시기에 여성 정치범들의 교도소 단식투쟁과 오물 투쟁에 초점을 맞춘 인류학적이자 여성학적인 전문 서적이다. 이 책에서 그려진 여성 정치범의 오물 투쟁은 붉은 생리혈까지 더하여져, 그 처절한 이미지가 필자의 머릿속을 떠나지 않았던 것 같다. 물론 이 책 역시 복잡한 아일랜드 역사의 한 단면을 특정한 인류학자의 버전으로 그려 낸 것이다. 따라서 문화인류학자들을 자신의 연구 대상으로 삼았던 역사학자 제임스 클리퍼드(James Clifford, 1986)의 말대로, 이 책은 다른 문화 기술지 서적처럼 단지 '부분적 진실(partial truth)'을 드러낼 뿐이다. 또 입장에 따라서, 어떤 이에게는 편향된 책으로 보일 수도 있을 것이다.[4]

어쨌든 필자가 책 한 권, 영화 한 편으로 어떻게 유혈 사태가 난무했고 그렇게 복잡했던 북아일랜드, 아일랜드공화국, 영국의 분쟁의 역사를 충분히 파악할 수 있었겠는가? 오히려 당시 필자는 북아일랜드의 유혈 사태와 분쟁 속 정치범과 그 가족의 모습 속에서 잊으려고 노력하였지만 잊히지 않았던 1980년대의 한국 상황에 대한 기억만 더 선명히 떠올리게 되었을 뿐이다.

하지만 2019년 지금의 관점에서 되돌아보니, 북아일랜드 분쟁의 역사를 배우며 한국의 상황을 떠올린 것이 단지 우연이거나 피상적인 비교만이 아닐 수도 있다는 생각이 든다. 한 영화평론가는 2011년에 바비 샌즈의 단식투쟁과 죽음을 그린 영화 〈헝거〉를 비평하면서, 그와 광주항쟁의

---

4. 2018년 12월에 국제학술대회에 참여한 션 파렌 교수와의 개인적인 대화 속에서 이 책에 대한 이야기를 하였을 때, 그는 이 책을 알지 못하였고, 필자가 핸드폰으로 인터넷 사이트에 적힌 짧은 책 소개를 보여 주었더니, 이 책이 어느 한쪽의 입장에서 쓰인 책일 수도 있다고 지적했다. 이 대화를 통해서 필자는 아일랜드 문제는 누가 어떤 시각으로 보느냐에 따라 매우 다른 해석이 가능한, 복잡하고 예민한 역사임을 다시 한 번 실감했다.

박관현을 비교한 바 있다.[5] 한국과 북아일랜드는 갈등과 폭력 속에서 이를 넘어서려는 치열하고 처절하기까지 한 이런 저항의 모습과 역사만 닮은 게 아니다. 외부에서 보기에는 마치 전쟁을 방불케 하는 상황이지만, 그 두 곳에 사는 대부분의 사람들은 그러한 폭력과 정치적 불안의 소용돌이 속에서도 일상적인 삶을 유지하고 있었다. 선 파렌(이 책의 부록 참조)이 지적했듯이, 북아일랜드에서 죽음과 파괴 등 끔찍한 일이 계속 되었어도 대부분의 사람들은 '이상하게도' 일상의 삶을 유지했다. 보안을 위한 검문검색이 일상화되어 있고 휴양과 레저 활동은 특정 장소로 다소 제한되었어도, 공장과 일터는 계속 가동되었고, 학교와 병원도 나름의 기능을 하고 있었다.

선 파렌의 지적과 비슷하게, 필자의 삶을 관통했던 80년대를 기억해 보면 폭력과 고문, 최루탄이 난무하고 거리와 학교에서 검문검색이 일상화되어 있었지만, 그래도 일상의 삶은 지속되었다. 2018년 필자는 '한국 문화 낯설게 보기'라는 제목의 대학 교양 강좌에서 87년 6월 항쟁 10주년에 만들어진 다큐[6]를 학생들에게 보여 주었다. 함께 시청을 하고 필자가 가르치는 학생들과 함께 그들의 386세대 부모와 그들의 청년 시절의 삶에 대해 토론을 했다. 대학생들은 80년대에 대해 중·고등학교 역사 수업에서 들어본 적이 있지만, 50여 분의 다큐 속 80년대 서울의 모습이 『내셔널 지오그래피』에서나 나올 법한, 마치 다른 나라같이 낯설게 느껴졌다고 입을 모았다. 필자는 청년 시절에 익숙했던 당시 상황과 모습이 아련하게 되살아나면서도, 현재적 관점에서 다시 보니 너무나 낯설게 느껴지기는 마찬가지였다. 어떻게 저런 상황 속에서 일상의 삶을 유지했었

5. http://star.ohmynews.com/NWS_Web/OhmyStar/at_pg.aspx?CNTN_CD= A0001378717, 박호열, [영화로 읽는 세상 이야기 28] 광주민중항쟁 30주년에 본 〈헝거〉
6. MBC 다큐 스페셜 〈87년 6월〉(1997, 김윤영 기획, 최우철 연출, MBC 제작).

는지 새삼 '정말 이상하게' 느껴졌다.

하지만 두 곳 모두에서 이러한 이상하리 만큼 일상적인 삶은 어느 순간 엄청난 에너지로 폭발하기도 했다. 영화 〈어느 어머니의 아들〉에서처럼, 프랭크의 어머니, 캐서린의 교사로서의 일상적인 삶이 아들의 체포 이후 완전히 달라졌듯이, 87년 6월 9일 이한열이 최루탄에 맞아 쓰러진 뒤 그의 어머니, 배은심 여사의 삶이 완전히 달라졌다. 두 곳에서 많은 이들에게 그 당시의 삶을 살아내는 것은 매우 힘겨웠고, 거대한 역사적 순간들이 개인의 생애사 속에 나란히 자리한다. 그렇게 북아일랜드의 '98년 성금요일 협정'이나 한국의 '87년 6월 항쟁'과 같은 거대한 변화는 그 시대를 살아낸 또는 죽어 간 많은 개개인들의 땀방울과 피 속에서 일어났다.

#2017 가을 북아일랜드 벨파스트와 데리

2017년 9월 18일과 19일 이틀간 신한대학교 탈분단경계문화연구원은 경기도의 지원을 받아 더블린의 트리니티 칼리지와 함께 "평화 프로세스와 경계의 역동성: 아일랜드와 한반도"라는 주제로 국제 학술 대회를 개최했다. 그 국제 학술 대회는 첨예한 분쟁과 갈등의 핵심 공간이었던 북아일랜드 자치 정부 수도인 벨파스트(Belfast)의 얼스터 박물관에서 개최되었기에 더욱 뜻깊었다. 필자는 신한대학교 탈분단경계문화연구원에서 일하고 있었기에 그 국제 학술 대회 조직자의 한 사람으로서 아일랜드를 처음 방문하게 되었다. 필자는 이틀간의 학술 대회에서 아일랜드 평화 프로세스의 전문가인 유수한 아일랜드 학자들뿐만 아니라, 이 책의 공동 저자이기도 하며 아일랜드 평화 프로세스에 지대한 공헌을 한 션 파렌(Seán Farren), 머레이드 매과이어(Mairead Corrigan Maguire) 같은 귀한 이들도 만날 수 있었다. 머레이드 매과이어 여사는 평화운동가로서 1976년 북아일랜드 문제의 평화적 해결에 기여한 공로를 인정받아 노벨평화상을 수상한 바 있다. 그리고 한반도 문제에도 지대한 관심을 가지고 있어, 2015년 세계 15개국의 30명의 국제 여성 평화운동가들이 참여한 "위민 크로스(Women Cross) DMZ"에 참가해 그해 5월 24일 경기도 파주 경의선 육로를 통해서 북한에서 남한으로 경계를 넘은 바 있다. 원래 도보로 경계선을 넘을 계획이었으나, 당시 남쪽 당국의 반대로 도보가 아니라 버스로 남북의 경계선을 넘었다.[7] 학술 대회 개최 소식을 듣고 일부러 바쁜 시간을 쪼개서 와 주었던 머레이드 매과이어 여사는 매우 열정적으로 한반도 평화에 대한 관심을 피력했다.

이 국제 학술 대회가 필자에게나 한국 참여자들에게 더욱 뜻 깊었던 것은 아일랜드 분쟁과 갈등의 공간이었으며, 현재 진행 중인 평화 프로세스의 핵심 현장인 벨파스트에서 개최되었기 때문이다. 또한 국제 학술 대회 이후에 우리는 벨파스트뿐 아니라 1972년 영국군에 의해 13명의 민간인이 사망한 '피의 일요일(Bloody Sunday)'의 현장인 데리(Derry)를 방문할 수 있었고, 이후 북아일랜드와 아일랜드공화국의 경계를 넘어 더블린까지 방문할 수 있었다. 데리(London Derry)는 북아일랜드에서 두 번째로 큰 도시이며, 아일랜드 사람들은 런던데리가 아니라 그냥 "데리"라 부른다. 필자는 그곳으로 향하는 버스 속에서, 교차로에 "런던데리"라는 표지판 위에 빨간 스프레이로 "런던" 부분이 X자로 지워진 것을

---

7. 2018년 5월에도 그녀는 세계 16개국 30여 명으로 구성된 국제 여성 대표단으로 '판문점선언 지지와 북미 회담 성공 기원 2018 여성평화걷기'에 한국의 여성 단체 회원들과 함께 참여한 바 있다.

데리의 벽화들
ⓒ 박소진

보고 북아일랜드 데리에 아직도 존재하는 영국에 대한 저항 의식을 얼핏 느낄 수 있었다. 데리 시내를 내려다볼 수 있는 언덕 위에 섰을 때, 한국의 80년대에 많이 볼 수 있었던 민중미술과 유사한 다양한 벽화들을 볼 수 있었다. 그 벽화들은 군인에게 끌려가는 시민의 모습이나 희생당한 여학생의 모습 등을 담고 있었다. 데리 시내는 아직도 종교가 다른 공동체 간에 분리된 거주지를 가지고 있었으며, 정치적·민족적 정체성을 드러내는 다른 모양의 깃발들이 걸려 있었고, 그 거주지 사이에는 '보이지 않는 경계(border)'가 지속되고 있었다.

우리 일행은 데리에서 남서쪽으로 코시퀸이라는 국경 마을을 지나 북아일랜드에서 아일랜드공화국을 통과하였다. 그러나 어디에도 경계를 알리는 표시는 없었고, 그곳에서 버스를 세운 안내자가 아스팔트를 포장

데리의 벽화들
ⓒ 박소진

한 시간 차이로 약간의 색깔 차이를 보이는 곳이 바로 '국경선'이라고 설명했다. 그 설명이 없었다면 결코 경계를 넘고 있다는 것을 알아챌 수 없었을 것이다. 한반도의 DMZ와 같은 굳건한 경계 지대는 아일랜드섬에서 이미 사라졌고, 지도에만 있는 그 '경계 없는 경계'를 많은 사람들이 자유롭게 일상적으로 오가고 있었다.

#2019 총서 2권을 펴내며

이 책의 1부 〈왜 아일랜드인가?〉는 서론에 해당하며, 엮은이의 입장에

아스팔트 경계
ⓒ 박소진

서 개인적인 경험을 포함하여 이 책을 소개하는 이 장과 함께, 몇 안 되는
한국의 아일랜드 전문가 중 한 사람인 구갑우의 글을 포함한다. 2장에서
구갑우는 아일랜드섬과 한반도의 탈식민적이고 탈분단적 평화 과정을
정치하게 비교하고 있어 아일랜드에 대한 사전 지식이 전혀 없는 사람에
게도 많은 정보를 줄 것이며, 왜 지금 우리가 한반도 평화 과정을 고민하
기 위해 아일랜드 사례에 주목해야 하는지를 잘 보여 주고 있다. 2장에서
구갑우는 한반도와 아일랜드섬의 탈식민적 분단의 기원 및 탈분단(post-
division)의 과정을 아일랜드섬을 중심으로 비교 분석하고 있다. 특히 그는
이론적으로 탈식민주의(post-colonialism)적 관점에서 이 글을 쓰고 있다. 2
장은 크게 네 부분으로 구성되어 있다. 첫째, 탈식민주의, 탈식민적 사회적
장벽(social parttion) 및 갈등 전환(conflict transformation)에 관한 이론적 논

의를 재구성한다. 둘째, 식민지 시대 아일랜드섬과 한반도의 자치 운동과 분단의 기원을 탈식민주의적 시각에서 해석한다. 셋째, 아일랜드섬과 한반도의 탈분단 과정, 즉 탈식민적 평화 과정을 비교한다. 넷째, 아일랜드섬의 탈식민적 평화 체제가 한반도에 주는 함의를 정리한다.

이 책의 2부는 현재 진행 중인 아일랜드 평화 프로세스의 다양한 측면에 대해 4명의 아일랜드 현지 학자들의 최근 글로 구성되어 있다. 3장의 필자 션 파렌은 아일랜드 평화 프로세스를 주도한 주요 인물 중 한 사람으로서, 평화협정 이후 북아일랜드 정부에서 장관을 지내면서 남북 아일랜드 장관급 협의회에 참석하기도 한 인물로서, 아일랜드에서는 매우 저명한 정치인이며, 현재는 정치에서 은퇴하고 얼스터 대학의 교수로 재직 중이다. 그는 2017년 9월 벨파스트에서 개최된 신한대학교 탈분단경계문화연구원과 더블린 트리니티 칼리지 평화학대학원 공동 주관의 국제학술회의에서 기조 강연[8]을 한 바 있다. 션 파렌은 3장에서 분단과 폭력으로부터 평화 프로세스로 나아가는 과정 속에서 아일랜드의 남(아일랜드공화국)과 북(북아일랜드)이 어떻게 협력을 이루어 왔는지를 아주 구체적으로 보여 주고 있다. 그가 언급했듯이, 아일랜드는 수 세기 동안의 영국 지배 이후 1921년에 남북의 두 개 국가로 분리된 분단국가이다. 이러한 분단은 양 국가의 다수 공동체의 종교적이고 정치적인 차이에서 비롯된 것으로, 북아일랜드의 다수는 개신교도로서 영국과 결합하여 스스로 '영국인'으로 정체화 하는 반면, 남부의 다수는 가톨릭 신자로서 독립국가를 형성하며 스스로를 완전한 '아일랜드인'으로 여긴다. 아일랜드의 분단 이후 남북 관계는 매우 부정적이었고, 정부 간 접촉은 거의 없었으며, 양쪽을 연결해 주던 고리들이 많이 사라져 가고 있었다. 그러나

---

8. 기조 강연 내용은 이 책의 부록을 참조할 것.

한국과 비교한다면, 교회, 스포츠 기구를 비롯해 남과 북을 잇는 조직을 유지하며, 대부분의 철도와 도로가 끊기지 않은 채 서로 자유롭게 여행할 수 있는 상황이 지속되었다. 이후 1960년대 말부터 소위 '분쟁(the Troubles)'이 발생하면서 테러 활동이 시작되었고, 테러와 폭력이 지속되는 정치적 불안정 속에서 폭력을 거부하고 양국의 평화 합의를 위해 활동했던 (션 파렌 자신을 포함한) 정치인들은 평화와 화해를 증진할 수 있는 모든 합의가 남북 간의 긍정적인 정치, 경제, 사회 관계를 위한 계기를 담고 있어야 함을 깨닫게 되었다고 한다. 결국 이들은 폭력을 종식시키고 평화를 이루기 위한 1998년의 '성금요일 협정'(또는 벨파스트 협정)을 성공적으로 이끌어 내면서, 협상 의제에 미래의 남북 관계를 다루는 부분들을 포함하게 된다. 이 협정에는 양측 정부 간 협력 형식으로서 '남북 아일랜드 장관급 협의회(North-South Ministerial Council)'를 설립해, 아일랜드섬 전체에 상호 이익이 되는 프로젝트를 개발할 책임을 부여하자는 약속이 포함되었다. 션 파렌은 자신이 장관이던 시절, 남북 무역 및 관광과 관련한 장관급 협의회에 참석하였기에, 이 두 분야의 협력에 대해 자세히 분석하고 있다.

이러한 '남북 아일랜드 장관급 협의회'라는 첫 번째 단계를 거쳐, 이후 남북 관계를 도모하는 데 활발했던 공적 대표자들이 적극적으로 참여하여 남북 아일랜드 국경 양측의 지방정부와 함께 지역 문제 해결을 위한 여러 컨소시엄을 결성하는 두 번째 단계로 나아가게 된다. 특히 션 파렌은 아일랜드 중앙 국경지구 네트워크(ICBAN) 사례를 통해 그 기능을 살펴본다. 남북 협력의 세 번째 단계는 다양한 프로젝트를 통해 양측 관계를 증진하기 위해 설립된 NGO들의 자발적인 형태의 활동 전개이다. 이러한 조직은 다양한 형태를 띠는데, 이들 중에는 이미 정치적 평화 프로세스 이전부터 존재해 온 경우가 많다고 한다. 3장은 무역, 관광, 교육 등의 다양한 부문에서 구체적으로 어떻게 남북 협력을 발전시켜 가고 있는지를 통해, 성금요일 협정 이후에 지난하게 이루어지고 있는 '아일랜드 평화 프로세스'의 구체적이고 생생한 사례를 보여 준다.

4장에서 데이비드 미첼은 북아일랜드 평화 프로세스의 원인, 특징, 결과를 설명함으로써, 북아일랜드의 복잡한 전이 과정을 해석한다. 그는 '분쟁'의 본질, 평화 프로세스 및 성금요일 협정 이후 북아일랜드의 최근 형세를 분석하면서, 아일랜드와 다른 맥락과 상황과의 집중적 비교가 가능하도록 상이한 분쟁들의 개별적 특수성을 드러낸다. 4장은 '분쟁,' '평화 프로세스' 그리고 '성금요일 협정'에 대한 다양한 해석을 시도한다. 특히 종교나 민족 정체성의 문제가 어떻게 분쟁과 평화 프로세스에서 역사적으로 문제시되었고 변화되고 있는지를 잘 보여 준다. 결국 '포스트 협정 이후' 아일랜드는 '어떻게 하면 영원히 정치적 폭력의 막을 내리고 과거의 적들을 포용해 함께 평화적으로 나아갈 수 있는가'라는 '거대한 질문'과 맞닥뜨리고 있다.

데이비드 미첼이 지적한 대로, 외부적으로 남북 아일랜드, 영국과 미국의 정책 입안자들은 잠재적으로 다른 분쟁 국가에도 적용 가능한 모델로서 아일랜드 평화 프로세스를 낙관적으로 홍보해 왔지만, 내부적으로는 종종 더 회의적인 목소리들이 나왔음을 지적한다. 내부인들은 더 가까이서 복잡하게 얽힌 협상과 평화 프로세스의 지난한 측면을 볼 수 있었고, 이는 여전히 공동체 내부의 폭력의 유산으로 고통 받고 있기 때문이다. 그럼에도 불구하고, 그는 폭력적인 정체성 분쟁이 장기화되고 그러한 분쟁들이 평화롭고 균형 잡힌 화해에 이르는 것이 보기 드문 현시대에 북아일랜드의 경험은 관심의 대상이 되어야 하며, 나아가 고질적 갈등을 평화로 변화시키는 지구적 모델이 될 수도 있다고 주장한다.

5장에서 조너선 텅은 다극 공존형 권력 분점의 측면에서 1998년 성금요일 협정이 평화 정착에 기여한 바를 평가하고, 권력 분점의 성공과 실패를 분석한다. 그는 북아일랜드 평화조약인 성금요일 협정의 가장 중요한 특징이 다극 공존형 권력 분점 정치 구조라고 주장한다. 조너선 텅에 따르면, 신교 영국계 통합주의 공동체 출신의 선출직 대표자들이 영국 정부로부터 위임받은 권력을 구교 아일랜드계 민족주의 소수집단과 공유하는 것이 바로 이러한 정치 구조의 핵심이다. 이 권력 분점 제도는 전통적인 다극 공존형 체제의 특징, 즉 연립 정부, 공동체에 따른 비례대표, 상호 거부권, 그리고 공동체 자치 등의 성격을 포함한다. 다른 지역들에 존재했던 다극 공존 체제의 경우, 성공률이 아주 높은 편은 아니었다. 북아일랜드는 성공 사례들 중 하나로 칭송받고 있으며, 상대적으로 평화로운 상태가 유지되고 있고, 민족주의자들이 합법적 제도에 암묵적 승인을 보여 주고 있다. 그러나 정치제도는 몇몇 문제에 봉착해 있고, 빈번한 중단 사태와 불안정성을 보여 주고 있다. 권력은 민주통합당(Democratic Unionist Party)과 신페인당이라는 두 개의 최대 정당이 나누어 갖는 것으로 인식되고 있고, 엘리트 정치인들이 적당한 조화를 이루고 있는 북아일랜드 의회와는 대조적으로 극명하게 분열된 두 개의 공동체는 아직도 통합을 이루지 못한 채 여러 가지 지표에서 극단적으로 분열된 양상을 띠고 있다. 조너선 텅에 따르면, 공동체의 분열은 심지어 '온건한 아파르트헤이트(Apartheid)'라는 용어가 공공연히 사용되고 있을 정도라고 한다. 5장은 북아일랜드에서 다극 공존형 권력 분점 제도가 시행된 방식과 관련해 존재하는 이론적, 규범적 사안들을 다각적으로 평가한다.

독립 연구자이자 실천가인 산드라 부캐넌은 6장에서 북아일랜드와 아일랜드 접경지대에서의 갈등 전환을 위한 외부 사회의 경제 지원에 대해 구체적인 평가를 하고 있다. 이 장은 학계의 담론을 넘어서, 단기적이고 상위 수준의 정치적 개입을 통한 직접적인 폭력의 제거에 집중되고 있는 아일랜드 평화 프로세스에 대한 장기적 관점을 가지고 구체적 사례를 들고 있다는 점에서 중요하다. 그녀는, 갈등 전환은 단지 몇 년이나 수십 년이 아니라, 수 세대에 걸친 장기간의 접근을 요한다고 강조한다. 나아가 그녀는 갈등 전환이 성공적으로 이루어지기 위해서는 이에 직접적으로 영향을 받는 사람들의 의미 있는 참여가 꼭 필요하며, 평화의 장기적 지속을 위해 내부적으로 풀뿌리 행위자들의 개입이 필수적이라고 지적한다. 그러나 대부분의 정부는 오래 지속되는 프로그램의 중요성을 이해하지 못하고 단기적으로 사고함으로써, 폭력적 사회를 전환시키려는 노력에서 장기간 지속되는 특수한 지원을 거의 고려하지 못한다. 그녀는 북아일랜드의 경우 1980년대 중반 이래 수많은 외부 지원 프로그램들이 사회 경제 발전을 통한 평화 프로세스 지원에 이러한 장기적 노력을 기울여 왔다고 주장한다. 6장은 이러한 노력 중에서 "아일랜드 국제기금 (International Fund for Ireland)"과 "유럽연합 평화 프로그램(EU 평화 I, II, III, IV)"에서 지역의 갈등 전환 프로세스에 수십억 유로가 지원된 사례를 평가한다. 예를 들어, 유럽연합이 지원한 "평화 프로그램 I"을 통한 참가자는 80만 명에 이르고, 아일랜드 국제기금의 지원을 통해 5만5천 개 이상의 일자리가 창출되면서, 이전에는 볼 수 없었던 수준의 시민 역량 강화와 북아일랜드 평화 프로세스에 대한 주인 의식이 촉발되었다고 한다. 그녀는 갈등 전환에서 사회 경제 발전의 역할을 이론적으로 맥락화하고, 두 프로그램의 조직 구성과 활동에 대한 정보와 함께, 전환 프로세스 및 사회 전 층위의 참여를 통한 수직적, 수평적 역량 개발과 통합에 미친 영향을 살펴보고 있다.

산드라 부캐넌은 평화 구축 피라미드 연구를 이론적 바탕으로 삼아 분석하면서, 북아일랜드 정치를 정상화하려면 사회 경제 발전을 중심에 두고, 이를 포함한 전체적 전환 프로세스를 도모해야 한다고 주장한다. 그녀가 보기에, 외부 행위자들은 사회 경제 발전이 핵심이라는 것을 인식했고, 그런 점에서 외부 원조 프로그램의 가치가 매우 높다고 평가한다. 나아가 무역을 통해 북아일랜드의 성장을 극대화하려는 협력적 노력에도 불구하고, 북아일랜드에 필요한 경제적 성장은 '빈곤 완화'에 초점을 둔 것이어야 함을 강조한다. 그녀는 저개발 취약 국가의 경우 취약한 민간 계층의 빈곤 탈출을 필수적으로 고려하지 않는다면 갈등 순환을 반복적으로 경험할 확률이 훨씬 높기 때문에, 국제적 맥락의 어떤 평화 프로세스에서도 사회 경제 발전에 초점을 두는 시각을 포함한 외부의 자금 지원이 화해를 지원하는 데 필수적이라고 평가한다.

이 책의 3부 마지막 7장은 더블린과 벨파스트에서 현지 연구를 하고 있는 아일랜드 전문가이자 평화 연구자인 트리니티 칼리지의 한국인 학자 김동진이 쓴 글로서, 북아일랜드와 한반도 평화 프로세스를 본격적으로 비교하면서 평화 프로세스의 지속가능성을 살펴본다. 그의 표현대로 "한때 해결할 수 없다고 생각되었던 북아일랜드와 한반도에서의 갈등은 모두 새천년의 여명에 평화 프로세스의 돌파구를 마련했다"고 볼 수 있다. 1998년 벨파스트 협정과 2000년 한반도 분단 이후 처음 이루어진 남북정상회담을 통한 6.15 공동선언이 바로 그것이다. 새로운 평화 시대의 상징이 되었던 두 기념비적 사건으로, 1998년 노벨평화상은 사회민주노동당 지도자인 존 흄과 얼스터통합당 지도자인 데이비드 트림블에게, 2000년 노벨평화상은 한국 대통령 김대중에게 수여되었다.

그러나 북아일랜드와 한반도에서의 역사적 합의가 그 이행 단계에서 계속 문제에 부딪히게 되면서, 기대감은 깊은 좌절로 바뀌었다. 김동진이 지적했듯이, 한반도 평화 프로세스는 북한의 핵 개발과 북미 관계의 악화, 그리고 남한 내 대북 정책의 변화 등 일련의 위기를 거치면서 2010년에 멈추어 서고 말았고, 관련 갈등 집단 간의 갈등과 반목은 한반도 갈등을 일촉즉발의 위기로 내몰기도 했다. 2018년 남북 정상회담과 북미 정상회담으로 평화 프로세스 재개에 대한 희망이 높아졌지만, 여전히 대부분의 남북 교류 협력 프로젝트가 중단되어 있는 상황이다. 북아일랜드의 경우에도 평화 프로세스는 계속 위기를 겪고 있으며, 2005년까지 남북아일랜드 사이의 국경 검문소가 사라졌지만 과거사 정리 논쟁 등 여전히 정체성 갈등이 계속되는 가운데, 2017년에는 북아일랜드 공동 정권이 붕괴되는 위기와 최근 영국의 브렉시트(Brexit) 투표의 여파로 정치적 긴장이 고조되고 있는 상황이다.[9]

7장에서는 이러한 배경을 가지고 있는 두 평화 프로세스를 비교 검토하여 지속가능한 평화 프로세스를 위해 무엇이 필요한지를 탐구한다. 먼저 새천년의 여명에 평화 프로세스의 돌파구가 마련되었던 상황을 비교해 보면 유사한 점들이 있다. 당시 양국의 협상 진전은 모두 우호적인 국제 정치적 환경에 영향을 받았다. 또한 지역 분쟁 당사자들은 무력으로는 그들의 목표를 달성할 수 없음을 깨닫고 안보 보장과 신뢰 구축 조치가 논의되었으며, 이러한 합의를 통해 더 많은 경제적 이득을 도모할 수 있었다. 그러나 두 사례 모두 여전히 해결되지 못한 갈등의 불씨가 남아 있으며, 이는 지정학적 상황과 국내 정치 상황의 변화, 군축, 집단 간 제한적인 접촉과 신뢰 부재 등 평화 프로세스의 도전에 따라 되살아나곤 했다.

그러나 한반도 평화 프로세스와 비교해 북아일랜드가 가진 가장 큰 차

9, 최근 영국 의회에서 브렉시트 합의안이 부결된 이후 '백스톱'(영국령 북아일랜드와 EU 회원국 아일랜드 간 통행 및 통관 자유를 위한 안전장치)을 삭제하는 대신 북아일랜드 분쟁을 종식시킨 1998년 벨파스트 협정을 수정하려는 영국의 움직임이 논란을 빚고 있다. 특히 벨파스트 협정 당사자인 아일랜드가 영국의 제안을 거부하고 2019년 1월 19일 북아일랜드 데리에서 차량 테러까지 발생하면서 북아일랜드가 또다시 혼란의 소용돌이에 빠지는 것이 아닌가 하는 우려가 커지고 있다(장지영, 2019).

이점은 정치적 교착 상태에도 불구하고 민간 교류 협력을 유지했고, 남북 국경 검문소 철폐에 성공했다는 점이다. 김동진에 따르면, 북아일랜드 평화 프로세스에는 현재 한반도 평화 프로세스와 차이를 만들어 낸 결정적인 순간이 있었다. 첫째, IRA 등 무장 단체가 무장해제를 선언했고, 둘째, 강경파인 신페인당과 민주통합당이 평화 프로세스에 참여하고 권력 공유에 성공했다. 셋째, 정치 연합에 대한 도전, 시민사회의 약화된 역할에도 불구하고, 아일랜드와 영국 정부, EU는 지속적으로 갈등 집단과 지역사회 간 평화 교류 협력 사업을 독려했다. 주변 강대국들의 영향력에 따라 부침을 겪은 한반도 평화 프로세스와는 달리, 북아일랜드에서 평화 프로세스의 역사적 순간은 모두 우호적인 국제 환경에 기반을 두고 있었다. 물론 2016년 영국의 브렉시트 투표 이후 북아일랜드 평화 프로세스의 지정학적 환경이 부정적으로 변화될 가능성이 생겼다.

김동진은 북아일랜드와 한반도 평화 프로세스의 중요한 교훈은 갈등의 핵심 쟁점이 해결되지 않는 한 평화 프로세스는 국내 정치 및 국제정치 상황의 변화에 따라 항상 위기에 봉착한다는 점을 지적한다. 이러한 이유 때문에, 지정학적 상황과 국내 정치 상황의 변화에도 지역의 갈등 집단의 지도자가 언제나 대화와 타협을 통한 관계 구축을 최우선 전략으로 삼는 것이 평화 프로세스의 지속가능성을 위한 가장 중요한 열쇠라고 주장한다.

끝으로, 한국의 독자들은 이 책을 통해 낯선 아일랜드섬의 핏빛 역사와 평화 프로세스를 다양한 관점을 가진 저자들의 글을 통해 좀 더 생생히 만날 수 있을 것이다. 나아가 이를 통해 한반도의 평화 프로세스에 대한 인식의 지평을 넓히고, 좀 더 구체적이고 낙관적인 상상력을 갖게 될 수 있기를 바라는 바이다. 북/아일랜드에서 불어오는 평화의 바람이 급변하고 있는 한반도의 봄을 재촉할 수 있는 계기가 되기를 고대해 본다.

참고 문헌

장지영. 2019, 「'노딜 브렉시트' 피하려다 '북아일랜드 테러' 만난 영국」, 『국민일보』
(2019.1.22) http://news.kmib.co.kr/article/view.asp?arcid=0924057986&code=
11141500&cp=nv.

최완규 외. 2018, 『경계에서 분단을 다시 보다』, 탈분단경계문화연구원 엮음(서울: 울력).

Aretxaga, Begoña. 1997, *Shattering Silence: Women, Nationalism, and Political Subjectivity in Northern Ireland* (Princeton: Princeton University Press).

Clifford, James. 1986, "Introduction: Partial Truths," in J. Clifford and G. E. Marcus, eds., *Writing Culture: The Poetics and Politics of Ethnography* (Berkeley: University of California Press), pp. 1-26.

Kelleher, William F. (Jr.). 2003, *The Troubles in Ballybogoin: Memory and Identity in Northern Ireland* (Ann Arbor: University of Michigan Press).

아일랜드섬과 한반도의 탈식민적/탈분단적 평화 과정 비교하기

구갑우
(북한대학원대학교)

이 글은 『한국과 국제정치』, 제28권 제3호 2012년(가을) 통권 78호, pp. 189-227.에 실린 논문을 수정 보완한 것이다..

I. 한반도와 아일랜드섬: 비교의 문제 설정

조선이 '일본의 아일랜드'라는 비유의 연원은 일본인 식민학자 야나이하라 타다오(矢內原忠雄)다.[1] 일본의 식민지 조선과 영국의 식민지 아일랜드를 비교한 언명이다. 식민지 아일랜드에서 전개된 자치 운동과 그 운동의 성과인 1922년 아일랜드자유국(Irish Free State)의 형성은, 일본과 조선에서 '자치'를 식민 통치의 한 대안으로 생각하게 한 계기였다. 야나이하라는 영국-아일랜드 관계를 보면서 조선인의 참정권과 조선의 자치론을 설파한 식민정책학자였다. 조선과 아일랜드의 유사성이라는 문제 설정은, '한반도(Korean peninsula)'와 '아일랜드섬(island of Ireland)'의 지리적 거리에도 불구하고,[2] 두 지역에서 나타나는 몇 가지 공통의 특성을 추출하게 한다. 그러나 조선과 아일랜드 또는 한반도와 아일랜드섬의 유사성을 전제로 한 비교 자체가 논쟁의 대상이다.

---

1. 1950년대 도쿄 대학 총장을 지내기도 한 야나이하라 타다오(1893-1961)에게 아일랜드는 1920년대부터 식민지역 연구의 대상이었다. 1937년 발간한 「아일랜드 문제의 연혁」 1장 '아일랜드와 조선'에서 야나이하라는 "본국과 오랫동안 역사적 교류를 해왔다는 점, 고대에는 본국보다도 문화와 종교 면에서 오히려 선진국이었다는 점, 여러 차례 본국 군대의 침입을 당한 점, 인종적으로 본국과 유사하나 동일하지는 않은 점, 본국과 가까워서 경제적으로나 국방에 있어서 밀접한 관계를 지닌다는 점 등, 조선이 우리나라에 대하여 지니는 지위를 아일랜드가 영국에 대하여 지니는 지위에 비유하는 것은 반드시 부당하다고 할 수 없다"고 기술하고 있다(이태숙, 2004: 114).
2. 이 장에서는, 한반도와 아일랜드섬은 지역을 지칭하는 용어다. 한반도와 아일랜드섬에 출현한 특정 국가를 언급할 때는 그 국가의 이름을, 한반도와 아일랜드섬 내부의 국가들을 대칭적으로 언급할 때는 남북한과 남북 아일랜드라는 표현을 사용한다.

한반도는 일본의, 아일랜드섬은 영국의 식민지였다. 대륙의 변두리에 위치한 한반도와 아일랜드섬의 식민지 경험은 두 지역에서 '한(恨, bitterness)'이라 부를 수 있는 민족적 정서를 가지게 한 요인일 수 있다(박지향, 2008: 9). 물론 두 지역의 식민 역사의 경험은 다르다. 아일랜드섬은 한반도보다 오랜 식민지 경험을 가졌고, 그 결과 아일랜드섬, 특히 북부인 북아일랜드에는 영국계 아일랜드인이 거주하게 되었고, 이 아일랜드인은 1921년 아일랜드자유국의 설립에 반대하기도 했다. 아일랜드는 조선과 달리 13세기부터 의회를 가지고 있었고, 1801년 통합 이후에는 아일랜드 의원들이 영국 의회에 참여하여 '아일랜드 문제'를 제기할 수 있기도 했다. 야나이하라의 언명에 '기대어' 조선과 아일랜드의 유사성을 찾는 것은 '식민지 유산'일 수 있다(이태숙, 2004). 물론 일본이 영국-아일랜드 관계를 일본-조선 관계의 대안으로 생각했던 것은 사실이다. 일본은 식민지 조선을 영국의 스코틀랜드처럼 병합할 것인가, 아니면 아일랜드처럼 자치와 독립을 부여할 것인가를 고민하기도 했다(미야타 세쓰코, 2002: 99-125).[3]

다른 한편, 한반도와 아일랜드섬은 식민지 이후 '분단'되었다는 점에서 비슷하다. 한반도에는 1948년 대한민국과 조선민주주의인민공화국이 수립된 이후, 아일랜드섬에서는 남부가 아일랜드자유국이 되었을 때부터 분단이 시작되었다. 아일랜드섬의 남부가 1949년 영국연방을 탈퇴하고 '아일랜드공화국(Republic of Ireland)'으로 독립한 이후에는, 아일랜

---

3. 1930년대 일본은 스코틀랜드처럼 조선을 병합하고자 했다. 일본의 식민정책의 원형은 북방의 섬 홋카이도의 '발견'에서 찾을 수 있다. "홋카이도는 새로운 식민 장소였으며, 그것은 원주민인 아이누인들을 내몰며 강제로 동화시킴으로써 이루어졌다. 메이지 정부의 입장에서 그 일은 실업자가 된 수많은 무사들을 개척자 농민으로 재활시킨다는 뜻을 가지고 있었다. 또 그것은 삿포로에 설립된 농학교가 중심이 되면서 후에 대만이나 한국에서 있었던 식민지 농업 정책의 원형이 되었다"(가라타니 고진, 1997: 56-57).

드공화국과 영국(United Kingdom of Great Britain and Northern Ireland)의 홈네이션(home nations) 가운데 하나인 북아일랜드(Ulster) 간 분단이 고착화되었다. 분단과 더불어, 한반도와 아일랜드섬의 분단국가들인 한국과 아일랜드공화국이 한강의 기적과 리피강(River Liffey)의 기적이라 불리는 급속한 경제성장을 이룩하고, 그 이후 시기는 다르지만 기존 국가형태에 변형을 가하는 경제 위기를 겪었다는 점에서도 공통점이 있다.

이 장에서 주목하는 것은 한반도와 아일랜드섬의 분단이다. 이 장의 목적은 '탈식민주의(postcolonialism)' 시각에서 한반도와 아일랜드섬의 '탈식민적 분단'의 기원 그리고 평화 과정과 '탈분단(post-division)'의 과정을, 비교 분석하는 것이다. 이 장의 구성은 다음과 같다. 첫째, 탈식민주의, 탈식민적 사회적 장벽(social partition), '갈등 전환(conflict trans-formation)'에 관한 이론적 논의를 재구성한다. 둘째, 식민지 시대 아일랜드섬과 한반도의 자치 운동과 분단의 기원을 탈식민주의적 시각에서 해석한다. 셋째, 아일랜드섬과 한반도의 탈분단의 과정, 즉 탈식민적 평화 과정을 비교한다. 마지막으로, 아일랜드섬의 탈식민적 평화 체제가 한반도에 주는 함의를 정리한다.

II. 탈식민적 사회적 장벽과 갈등의 전환: 이론적 논의

탈식민주의는 식민 현상의 역사와 유산을 피식민인의 시각에서 분석하고 비판하는 담론과 이론을 포괄하는 개념이다(Brydon, 2000). 제국주의와 식민주의란 개념이 중심부 국가들에 대한 비판에 초점을 맞추고 있다면, 탈식민주의는 그 초점과 비판을 탈식민 국가의 식민성으로 이동시키고자 한다. 그러나 탈식민 이후에도 식민 현상이 계속되고 있다면, 신식민주의(neocolonialism)가 보다 적절한 개념일 수 있다. 예를 들어, 가나의 은쿠루마(Kwame Nkrumah)는 1965년 『신식민주의: 제국주의의 마지막 단계』에서 신식민주의는 식민주의의 미국적 단계, 즉 식민지 없는 제국을 표상한다고 주장한 바 있다. 신식민주의는 다른 수단에 의한 전통적 식민 지배의 연속, 즉 제국주의의 연장에 기초하고 있는 개념이다(Young, 2001: 46-49). 따라서 탈식민주의 개념이 정당성을 획득하기 위해서는 신식민주의 개념과 차별성을 가질 수 있어야 한다.

이 차별성은, '초국적 사회정의(transnational social justice)'를 향한 정치적 이상으로 표현되기도 한다(Young, 2001: 57-58). 탈식민주의는 패권적인 경제적 제국주의의 현상 유지 및 제국주의와 식민주의의 역사를 비판하면서 동시에 운동적 개입 및 새로운 정치적 정체성을 추구한다는 점에서, 신식민주의와 차이를 가지는 개념으로 정의된다. 탈식민주의에서 '탈(post)'이란 접두사는 비판적 분석과 실천의 새로운 형태와 전략의 도입을 표현하는 역사적 계기를 의미하는 것으로 규정된다.[4] 즉, 특정한 정치적 입장에서의 정의이기는 하지만, 탈식민주의의 개념은 식민 현상에 대한 비판적 분석과 실천을 넘어 행위자의 적극적 개입을 가능하게 하는 인식론적 원천까지를 포괄하고 있다. 구래의 개념보다 탈식민주의를 옹호하는 정당화의 논리다.

그러나 수용자에게는 탈식민주의의 번역 자체가 논란의 대상이다. 번

---

4. Young(2001: 4-5)은 탈식민주의를 '트리콘티넨탈리즘(tricontinentalism)'으로 표현하는 것이 보다 적절하다고 말하고 있다. 그에게 탈식민주의의 실천적 기원은, 1966년 쿠바의 아바나에서 개최된 아프리카, 아시아, 라틴아메리카 인민연대기구의 첫 번째 회의다. 영은 반마르크스주의적이고 위계의 사다리의 밑을 지칭하는 것처럼 보이는 제3세계라는 표현 대신에, 세 대륙을 지칭하는 three continents 또는 tricontinental이란 표현을 선호하고 있다.

역은 수입된 개념의 수용과 변용의 과정이다. 변용은 보다 정확히 이야
기한다면, 자국의 전통에 의한 외래문화의 변용이다(마루야마 마사오·가
토 슈이치, 2000).[5] 특히 쟁점이 되는 것은, 식민주의 앞에 붙어 있는 접두
사 post다. 포스트는, '이후(after)'일 수도 있고, '넘어서(beyond)'일 수
도 있기 때문이다. '이후'라면 탈식민주의는 식민주의의 유산과 연속을
의미하고, 반면 '넘어서'라면 식민주의의 해체와 극복을 의미한다. 이 혼
란을 극복하기 위해 포스트콜로니얼리즘으로 쓰기도 한다. 번역이 불가
능하다는 의사일 것이다.[6]

　번역뿐만 아니라 탈식민주의 개념의 모호성 때문에 이 개념의 도입에
문제를 제기하기도 한다(이경원, 2011). 첫째, 이 개념을 통해 식민지 이전
과 이후를 구분하는 것이 서구 중심주의적이라는 비판이다. 둘째, 탈식민
주의란 개념이 탈식민 시대에도 재생산되고 있는 서구와의 경제적 격차
를 은폐하는 도구로 사용될 수 있다는 것이다. 셋째, 탈식민주의란 개념
이 서구에서만 통용될 뿐, 식민적 현실을 경험하고 있는 지역에서는 생소
하다는 것이 이 개념의 도입을 비판하는 또 다른 이유다. 서구에서 서구
란 주체를 스스로 해체하고자 했던 탈구조주의(poststructuralism)를 서구

---

5. 고부응(2003)은 탈식민주의를 수입 이론으로 본다. 그 책의 필자 구성에서 볼 수 있는
것처럼, 한국에서의 탈식민주의 연구는 주로 문학 연구자와 역사학자 등 인문학 연구자
들이 중심이다. 탈식민주의 논의를 사회과학 영역으로 확장할 때, 탈식민주의 담론은 한
반도의 분단, 두 국가의 형성, 두 국가의 발전 과정, 그리고 현재 등을 해석하는 틀로 기
능할 수 있을 것이다. 특히, '주체'를 내세운 북한에 대한 탈식민주의적 시각에서의 연구
는 매우 역설적인 결과를 발견하게 할 수도 있다. 김일성은 1967년 8월 탈식민주의 잡지
*Tricontinental*에 "반제반미투쟁을 강화하자"는 논설을 발표한 바 있다.
6. Gandhi(1998)를 번역한 이영욱은, postcolonialism을 '포스트식민주의'로 변용한다.
명분은, "'포스트'가 '탈'의 의미보다는 식민 이후의 정황을 그 자체로 지시하는 중립적인
의미를 갖고 있다고 생각했기 때문이다." 그리고 "'decolonization'의 'de'가 갖는 '탈'의
의미와 '포스트'를 구분해서 이해하는 것이 필요하다는" 또 다른 번역의 명분을 덧붙이고
있다.

의 밖으로 확장하여 중심과 주변의 인식론적 자리바꿈을 시도하는 전형적인 서구적 상품이라는 것이다.

이 비판들에도 불구하고 탈식민주의가 의미를 가진다면, 현실의 식민성의 극복을 위한 이론적, 실천적 담론으로 기능할 수 있기 때문이다. 구래의 개념과 달리, 식민주의의 역사적 맥락은 물론 지구화(globalization)라는 정치적 맥락을 동시에 고려하면서 탈식민의 대안을 모색하고 있기 때문이다. 1960년대 말에서 1970년대 초반에 사용되기 시작한 탈식민이 1980년대에 제도적 공고화를 획득한 것도 지구화라는 맥락에 대한 고려가 작용했기 때문일 것이다(Brydon, 2000). 탈식민주의의 기원이 가까운 과거인 이유는, 탈식민주의가 "민족주의와 포스트모더니즘 사이에 생겨난 혼종"일 수 있지만(이경원, 2003: 44), 동시에 또는 '특히,' 민족주의가 설정하고 있는 우리와 그들의 이항 대립을 넘어서려는 담론이라는 사실과도 연관되어 있다.

탈식민주의 담론의 주창자들도 민족주의와 포스트모더니즘의 간극만큼이나 다양한 지향을 보이고 있다. 민족주의를 탈식민화를 위한 장치로 생각하는 이들은, "민족주의가 이론적으로는 '구식'이라고 해도, 그것은 여전히 동시대 포스트식민성의 혁명적 아카이브를 구성한다고" 말할 정도다(간디, 2000: 142). 그러나 식민주의 앞에 붙은 접두사 포스트가 포스트모더니즘이나 포스트구조주의처럼 거대 담론과 이항 대립의 지양을 의도한다고 할 때, 민족주의란 대안을 선택한다면 탈식민주의란 새로운 개념을 도입할 필요는 없을 것이다. 민족주의는 서구를 문명으로 동양을 야만으로 인식하는 오리엔탈리즘(orientalism)에 대해 같은 이항 대립의 논리 구조를 가진 옥시덴탈리즘(occidentalism)으로 맞서게 한다. 오리엔탈리즘의 극복은(강상중, 1997), 즉 탈식민화의 과제는, 이항 대립의 한 축인 열등한 쪽에 설 때 그 열등한 주체들을 재현할 수 있다거나 또는 특정한 시각만이 그 주체가 말할 수 있게 한다는 배타주의를 넘어설 때, 새로운 지평을 가지게 된다. 그렇지 않을 때, 우리는 제국주의 대 민족주의와 같은 '힘의 정치'만을 생각할 수밖에 없기 때문이다.

탈식민주의적 시각에서 볼 때, 한반도와 아일랜드섬의 사회적 장벽과 분단은 전형적인 식민적 유산이다. 독일의 경우는 다르지만, 남북한을 포함하여 베트남이나 예멘 그리고 아일랜드섬 등은 식민지의 결과로 분단을 경험했고, 경험하고 있다는 공통점을 갖고 있다. 이들 분단국가들은 식민지 시대 이전에는 하나의 국가를 유지하였으나 식민지 경험 이후 원래의 국가로 회귀하지 못하고 두 개의 독립적 국가로 나뉜 것이라고 할 수 있다. 또한 분단으로 성립된 두 개의 국가는 서로 다른 이념과 전략을 가지고 독자적으로 발전을 추구하면서도 하나의 국가를 지향하는 과정에서 심각한 갈등을 겪고 있고, 이 갈등의 중심에 식민적 유산인 '사회적 장벽'이 존재한다고 할 수 있다.

사회적 장벽은, 과거에 행정적으로 하나의 단일한 실체였지만 탈식민 시대에 들어서면서 두 개 또는 그 이상의 새로운 국가들로 분할되고 새로운 개체 가운데 적어도 하나가 이전의 국가와의 직접적인 연계를 주장하면서 형성된다(Waterman, 1989: 117-32). 그 연계는 분리된 행정단위의 영토에 대한 독점적인 합법적 계승자임을 그 영토에 대해 헌법적 지위를 표현하는 것으로 나타나기도 한다. 따라서 사회적 장벽은 민족적 정체성이 작동하는 공간적 범위의 문제를 야기하게 된다(Cleary, 2002: 20). 민족적 정체성은 통일을 가정하고 분단된 국가들 모두에 적용될 수도 있고, 또는 특정 분단국가 내부에서만 작동할 수도 있다. 정상적 국민국가와 달리, 민족주의가 사회적 장벽을 야기한 외부적 요인인 제국주의 국가에 대한 저항을 담은 진보적 이념으로 기능하면서 정치사회 세력을 호명하곤 하는 이유도 사회적 장벽으로 설명 가능하다.

현실과 담론으로서 탈식민주의는, 한반도와 아일랜드섬의 분단의 재해석 및 분단의 극복과 관련하여 새로운 상상력을 가능하게 한다. 강한 민족주의적 전통을 가지고 있는 아일랜드에서는, 영국의 아일랜드 지배와 이에 대한 아일랜드의 저항이라는 악과 선의 이항 대립을 비판하는 수정주의 역사학의 등장 이후, 논쟁 과정에서 탈식민 이론을 도입한 역사 서술이 시도되고 있다(박지향, 2008; Carroll and King, 2003; McDonough, 2005).[7] 한국에서도 '식민지 근대'라는 개념의 도입을 통해 이 이항 대립을 넘어서는 역사 서술을 모색하기도 한다. 식민지 근대는 식민지를 근대의 전형으로 바라보지만 근대를 비판적으로 재해석하려 한다는 점에서 탈근대적 개념화의 시도다(윤해동, 2007). 다시 반복하지만, 탈식민주의의 핵심에는 제국주의 대 민족주의라는 이항 대립을 넘어서려는 담론이 놓여 있다.

한반도와 아일랜드섬의 탈식민적 분단에 담겨 있는, '이후'와 '넘어서'의 긴장은 탈식민적 분단의 극복을 통일이 아닌 '탈분단'으로 개념화할 수 있게 한다. 탈분단은 북한을 타자화 또는 도구화 하는 태도를 비판하고 또한 폐쇄적 민족주의에 기초한 통일을 반대하면서도 분단의 부정적 효과를 극복하자는 담론이다(조한혜정·이우영, 2000). 즉, 탈분단의 담론은 사회적 장벽이 야기하는 갈등의 전환을 위해 민족주의에 의존하지 않으려 한다. 우리와 그들의 이항 대립을 생산하는 다양한 남북한 민족주의로는 우리 안의 그들과 우리 밖의 그들을 배제할 가능성이 높기 때문이다. 즉, 탈분단은 갈등 행위자들의 공존을 추구하는 평화 과정이다. 갈등에 대한 전환적 접근은 탈분단의 평화 과정을 위한 유용한 방법론을 제공한다.

---

7. Carroll and King(2003)은 아일랜드가 식민지였는가 아닌가, 아일랜드의 역사가 식민적/탈식민적 역사인가, 라는 근본적 질문을 던지고 있다.

갈등에 대한 전환적 접근은, 갈등의 해소를 고민하면서 동시에 갈등을 지속가능한(sustainable) 평화를 위한 소망스러운 조건으로 전환하기 위해 근본 원인을 이해하고 개념화하려 한다(Lederach, 2003). 갈등의 전환을 위해서는 갈등의 해소와 사회적 변화 모두 필요하다. 즉, 전환적 접근은, 소망스럽지 않은 갈등을 어떻게 종결시킬 것인가, 라는 질문과 함께 소망스러운 어떤 것을 어떻게 만들 것인가, 라는 질문을 던진다. 갈등 당사자 한편의 배제를 통해 갈등을 해결하려 하지 않기 때문에, 전환적 접근에서는 무장 갈등의 당사자까지를 포함해서 모든 갈등의 당사자를 협상의 테이블에 불러 모으려 한다. 전환적 접근은 규범을 지키지 않는 행위자를 배제하기보다는 포함하는 갈등 조정의 과정으로, 갈등의 종결이 아니라 갈등을 야기하는 구조의 장기 변화, 즉 공동의 미래를 추구하는 '도덕적 상상력(moral imagination)'에 기초한다. 도덕적 상상력은 갈등 당사자가 또 다른 갈등 당사자와 함께 하면서 공동의 미래를 설계할 수 있는 능력이다(Lederach, 2005). 문제는 어떤 조건 하에서 갈등 행위자들이 공감을 형성할 수 있는가, 즉 도덕적 상상력을 발휘할 수 있는가다.

또 다른 전환적 접근으로 평화 연구자 갈퉁(J. Galtung)과 그의 동료들에 의해 제시된 모형이 있다(Galtung et al, 2002). 이들은 갈등의 전환을 위해, '갈등의 삼각형 ABC'를 도입한다. A(Attitude, 태도)는 타자를 어떻게 인식하는가와 관련된다. 타자에 대한 비난과 공포 등이 태도의 영역에 속한다. B(Behaviour, 행위)는 갈등 속에서 어떤 행위를 하고 있는가이다. 힘을 통한 문제 해결이 대표적 사례다. C(Contradiction, 모순)는 갈등의 원인을 찾는 작업이다. 일반적으로 진보 세력은 태도에 주목하면서 갈등의 해결 방식으로 계몽이나 합리성 등을 강조한다. 보수 세력은 행위에 주목하면서 법과 같은 제도적 장치를 통해 갈등을 해결하려 한다. 마르크스주의자들은 일반적으로 구조에 주목하면서 억압과 착취의 구조를 전환하려 한다. 반면, 전환적 접근은 태도·행위·모순의 ABC 모두를 고려하면서, 평화적 수단에 의한 평화의 기본 공식(basic formula)으로, A(태도)에서는 '공감(empathy)'을, B(행위)에서는 '비폭력(non-violence)'을, C(모순)에서는 '창조성(creativity)'을 제시한다. 도덕적 상상력이 제시하는 것처럼, 이 접근에서도 공동의 미래에 대한 창조적인 설계가 갈등의 전환 과정에서 핵심적 역할을 수행하게 된다.

III. 탈식민적 분단의 기원: 한반도와 아일랜드섬

한반도와 아일랜드섬을 식민지로 만든 일본과 영국의 정책 결정자 및 지식인 그리고 그 식민에 반대하는 일부 저항 세력들은, 각기 다른 이유로, 독립이 아니라 '자치'를 식민을 넘어서는 하나의 대안으로 설정한 바 있다. 독립의 과정을 정치경제적 근대화로 생각했던 일부 세력들은 근대화 과정에서 제국주의 국가를 모방하는 것이 불가피하다고 생각했다. 근대화의 주체로 식민 권력을 인정한다는 점에서 자유주의의 제국주의화 경향에 대한 동의였다고 할 수 있다(강정민, 2002). 그러나 자치 운동에 대한 평가는 한반도와 아일랜드섬에서 다르게 나타났다.

한반도에서는 1910년대에 자치 담론이 등장하기는 했지만, 운동으로 출현한 것은 1920년대에 들어서였다. 1919년 3·1운동의 실패 이후, 민족 자본가 상층과 민족주의 우파의 동요 그리고 일본 식민 세력의 자치론 검토, 아일랜드, 인도, 필리핀 등 약소 민족의 독립운동과 자치 운동의 영향 때문이었다(박찬승, 1992: 306). 자치 운동의 목표는, 일본의 지배를 전제로 조선 의회와 정부를 구성하는 것이었다. 즉, 부르주아 세력의 권력 참여라는 조건을 통해 제국주의 세력의 현실적 지배와 자본주의 근대화의 공존 가능성을 추구하는 것이었다고 할 수 있다(이태훈, 2001).

일본 식민 세력의 일부도 자치론을 제안했다. 조선을 일본의 아일랜드로 평가한 식민정책학자 야나이하라도 자치론자 가운데 한 명이었다. 야나이하라는 기독교인이면서 인도주의자로, 일본의 식민지정책이 동화주의를 바탕으로 한 직접 통치인 것을 비판하면서 조선인의 참정권을 주장한 학자였다. 그러나 그의 자치론의 최종 목표는 조선의 독립을 위한 것이 아니라 식민 통치의 효과성을 제고하는 것이었다(한상일, 2002). 즉, 일본 식민 세력이 제기한 자치론은, 영국의 스코틀랜드인가 아일랜드인가, 라는 질문 속에서 아일랜드 형으로 식민지를 유지하고자 하는 정책이었다. 한반도에서 1920-30년대에 진행된 자치 운동이 민족주의 진영과 사회주의 진영으로부터 비난을 받았던 이유가 바로 여기에 있다. 종속적 자치론과 계획적 자치론을 구분했던 사회주의자 백남운도 자치론을 노예 상태를 지속하는 것으로 평가했다(안외순, 2005). 즉, 자치 운동은 일본 제국주의에 타협하는 운동으로 인식되었다.

반면, 아일랜드섬에서는 자치가 민족주의 진영의 오랜 목표였고, 바람직한 단계로 인식되었다. 1921년 12월 영국-아일랜드 조약(Anglo-Irish Treaty)에 따라, 1922년 실제로 아일랜드자유국의 건설을 통해 자치권을 확보했다(Kennedy, 1923; O'connor, 1927). 아일랜드섬에서도 북아일랜드에 거주하는 대부분의 영국계 신교도는 자치에 대해 격렬하게 반대했다. 결국 아일랜드섬의 분단으로 이어진 결정이었지만, 아일랜드섬의 자치는 독립운동 세력에게 오랜 희망이었다.

한반도와 아일랜드섬에서 자치 운동에 대한 평가의 차이가 나타나게 된 이유로(박지향, 2004), 한반도에서는 아일랜드섬과 달리 민족주의 운동과 사회주의 운동이 동시에 전개되었다는 점을 지적할 수 있다. 사회주의 계열의 한인사회당은 중국공산당이 창건되기 3년 전인 1918년 6월에 결성되었다. 1917년 러시아의 사회주의혁명은 사회주의적 지향을 가지는 독립운동의 촉매제였다. 민족주의 운동과 사회주의 운동의 대립 속에서 자치는 개량주의적이고 타협적인 노선으로 비난을 받을 수밖에 없었다.

아일랜드섬에서는 러시아혁명 이전인 18세기부터 민족주의 세력이 등장했고(English, 2006; Hayward, 2009: 64-91),[8] 온건파 민족주의자들과 영국의 자유당은 아일랜드섬의 자치에 긍정적이었다(김기순, 2009). 북아일랜드의 친영국적 통합주의자들(unionists)은 자치에 반대했고 무력으로 저항하기도 했다(Kissane, 1998; Coquelin, 2005). 1919년부터 아일랜드와 영국은 전쟁을 시작했고, 1920년 영국 의회는 아일랜드정부법(Government of Irish Act)의 제정을 통해 아일랜드섬을 영국의 식민지로 두면서 남북 아일랜드를 분단하는(partition) 결정을 내렸다. 1921년 아일랜드-영국의 전쟁을 종료하는 '영국-아일랜드 조약'을 통해 아일랜드와 영국은 영국연방(British Commonwealth of Nations) 내에서 아일랜드의 자치권을 허용하는 아일랜드자유국의 건설에 동의했지만, 북아일랜드에게는 아일랜드자유국에서 탈퇴할 수 있는 권한이 부여되었다. 만약 친영국적인 북아일랜드가 탈퇴를 선택하면, 경계위원회(Boundary Commission)가 구성되어 아일랜드자유국과 북아일랜드의 경계선을 그릴 것이라는 규정도 포함되어 있었다.

아일랜드섬과 달리, 식민 권력에 저항하던 강한 사회주의 세력이 존재했던 한반도에서는,[9] 1945년 해방부터 탈식민적 분단의 성립까지 3년여

---

8. Hayward(2009)는 아일랜드섬의 민족주의를 통합주의적 민족주의, 입헌적(constitutional) 민족주의, 공화주의적 민족주의로 구분한다.
9. 선거직 진출을 하지 못했던 아일랜드섬의 공산주의 운동에 대해서는, Treacy(2013) 참조.

의 시간이 있었다. 식민 시대에 민족주의지와 사회주의자 사이에 갈등이 있었지만, 아일랜드섬처럼 분단을 제도화하는 결정들이 없었기 때문에, 이 3년의 기간은 한반도에게 선택의 시간이기도 했다. 그러나 남과 북에 미국군과 소련군이 진주하고, 남과 북에서 각기 단독정부 건설 전략을 선택하게 되면서 한반도는 분단되었다.[10] 분단을 막으려는 우파 일부와 중도파의 노력은 실패로 돌아갔고, 북의 친소 사회주의 대 남의 친미 자본주의의 대립 구도가 형성되면서, 통일을 지향하는 민족주의 이념은 좌파가 전유하게 되었다.

한반도와 아일랜드섬의 분단은 식민 유산이 탈식민 시대에도 지속된 결과다. 탈식민적 분단국가가 형성되는 과정에서, 제국주의 국가들 — 영국, 미국, 소련 — 의 개입과 한반도와 아일랜드 내부의 정치적 갈등이 연계되었다. 국제정치의 국내 정치화라고 부를 수 있는 이 과정은 국내 정치 세력의 정체성 형성에서 핵심적 역할을 수행했다. 국내적 수준에서의 정체성의 정치가 분단을 결정했다. 또한 아일랜드섬의 경우에는 2차 세계대전이 분단을 공고화하는 계기였다면,[11] 한반도에서는 2차 세계대전 이후의 냉전이 분단을 생산한 국제적 계기였다.

정치적 균열 구조의 측면에서, 아일랜드섬에서는 친영국적 통합주의자

---

10. 단정 자체가 분단의 영구화일 수밖에 없음을 알고 있던 이승만이 단정론을 제기한 이유에 대해 다음과 같은 설명이 있다(신복룡, 2001: 385-387). 첫째, 미소공위의 결렬이다. 둘째, 좌우합작에 대한 이승만의 불안 심리다. 셋째, 북한에서 인민위원회가 정착되는 상황에서 이승만은 총선이 현실적으로 불가능하다고 판단했다. 넷째, 이승만은 단정을 추진하고 있던 미국과 교감이 있었다.

11. 제2차 세계대전 동안 남아일랜드가 중립을 선언함으로써, 남북 아일랜드의 대립 및 북아일랜드 내부의 갈등은 더욱 증폭되었다. 북아일랜드는 제2차 세계대전 동안 영국과 전쟁 경험을 공유했다. 높은 세금, 배급제, 공습 등이 그것이었다. 전쟁 경험의 공유는 북아일랜드의 영국적 정체성을 강화하는 계기였다. 1942년에는 미군이 북아일랜드에 진주하기도 했다. 전쟁이 끝난 후 북아일랜드 지역에서는 영국식 복지국가가 시행되기 시작하면서, 북아일랜드와 남아일랜드 사이의 격차가 확대되었다.

와 통일 아일랜드를 선호하는 민족주의자의 대립이 나타난 반면, 한반도에서는 친미 우파와 친소 좌파가 대립했다. 아일랜드섬과 한반도의 민족주의자들은 모두 사회적 장벽의 해소를 통일과 동일시하곤 했다. 또한 한반도와 아일랜드섬의 사회적 장벽은 전쟁과 무장 갈등이라는 극단적 형태의 사회적 갈등을 만들었고, 그 과정에서 형성된 역사적 상처는 탈식민적 평화 과정을 가로막는 장애물이었다.

Ⅳ. 탈분단의 평화 과정의 제도화: 아일랜드섬의 평화 체제

1922년 아일랜드섬의 분단 이후 남북 아일랜드의 국경과 북아일랜드 내부에서는 무장투쟁을 포함한 갈등이 전개되었다. 특히 '아일랜드공화군(Irish Republican Army, IRA)'은 아일랜드섬의 통일을 목표로 무장투쟁을 전개하곤 했다. 아일랜드섬의 갈등의 현장인 북아일랜드에서 주요한 갈등의 축은, 자신을 영국인으로 생각하고 북아일랜드가 영국의 일부라고 주장하는 인구의 약 60%를 차지하는 개신교도 '통합주의자'와 인구의 약 40%를 차지하고 자신을 아일랜드인이라 생각하면서 통일 아일랜드를 지지하는 가톨릭교도 '민족주의자'의 대립이다(Barnes, 2005; Anderson, 2008). 물론 온건한 중도도 일부 존재하고, 통합주의자와 민족주의자도 단일한 세력이 아니다. 전통적인 의미의 좌우파 균열의 시각에서 본다면 사회경제적 측면에서 약자인 민족주의자가 좌파적 성향을 보이지만, 우파인 극단적인 통합주의 세력도 일부 노동자계급의 지지를 받고 있다.

민족주의자 내부에도 정치적 균열이 존재한다(Dixon, 2008: 7-13). 민족주의자 가운데는 폭력 사용에 반대하지 않는 급진적 세력인 '공화주의자(republicans)'가 있다. 공화주의자가 민족주의자라면, 모든 민족주의자가 공화주의자는 아니다. 민족주의자와 공화주의자 모두 아일랜드섬의 분단이 영국에 의해 비민주적으로 부과된 것으로 생각하지만, 민족주의자들은 공화주의자와 달리 영국을 중립적 행위자로 간주하고, 공화주의자의 폭력 투쟁이 아일랜드섬의 '통일(unity)'을 성취하는 데 부정적이라고 생각한다. 그리고 평화 과정에서 드러나는 것처럼, 민족주의자들은 아일랜드공화국 정부와 정치적 견해를 같이하곤 한다. 북아일랜드에서 민족주의자는 '사회민주노동당(SDLP, Social Democratic and Labour Party)'으로 대표되고 있다. 공화주의자들은 무장투쟁 조직인 IRA와 '우리 스스로'란 아일랜드어 이름을 가진 정당인 '신페인(Sinn Féin)'으로 대표된다.[12] 공화주의자들은 아일랜드섬의 분단을 인정하지 않으며, 영국의 철수와 통일 아일랜드를 지향한다.

통합주의자 내부에도 정치적 균열이 존재한다(Dixon, 2008: 13-18). 폭력을 포함한 군사적 방법을 지지하는 세력은 통합주의자이면서 동시에 영국 여왕에 충성을 다하는 극단적인 '로열리스트(loyalists)'로 불린다. 통합주의자는 아일랜드섬의 분단이 민주적으로 이루어졌고, 분단은 아일랜드섬 남부가 영국으로부터 분리되면서 발생했다고 생각한

---

12. 1969년 이후 공화주의 운동은 다양한 분파로 분열되었다. 1969년에 IRA는 Official IRA와 Provisional IRA로 분열되었다. Official은 개신교와 가톨릭 노동자계급의 통일을 강조했다는 점에서 Provisional보다 좌파적이었다. Official은 1972년에 정전을 선언했다. 1975년에는 INLA(Irish National Liberation Army)가 Official로부터 분리되었고, INLA는 무장투쟁을 재개했다. Provisional은 보다 가톨릭적이고 우파적이었다. Provisional은 1969년-1970년에 영국군에 대해 공격을 감행했고, 공화주의 운동 내부에서 지배적 분파가 되었다. 1986년 신페인은 의회 선거에서 전통적인 보이콧 전술을 폐기하면서 Provisional과 분리된 새로운 군사 조직인 Continuity IRA를 만들었다. 1997년에는 신페인이 평화 과정에 참여하는 것에 불만을 가진 세력들이 Real IRA를 만들었다.

다. IRA가 북아일랜드에 대한 위협이기 때문에 가톨릭교도들에 대한 차별은 정당하다고 주장한다. 북아일랜드가 영국의 일부로 존재해야 한다고 생각하는 통합주의자들은 헌법에서 아일랜드섬 북부에 대한 영토적 권리를 주장했던 아일랜드공화국에 대해서도 부정적이다. 통합주의자는 중도 우파 정당인 UUP(Ulster Unionist Party)와 보수주의 정당인 DUP(Democratic Unionist Party)를 통해 정치적으로 대표되고 있다. 또한 IRA에 맞서 무장투쟁을 전개하는 로열리스트의 준군사 조직으로는 UDA(Ulster Defence Association)가 있다.[13]

아일랜드섬에서 첫 번째 '평화 과정'은 1970년대 초반에 시작되었다. 1972년 1월 북아일랜드의 런던데리(Londonderry)에서 가톨릭 시위대에 대한 영국군의 무력 진압으로 13명의 시민이 사망하는 '피의 일요일(Bloody Sunday)' 사건이 발생했다.[14] 1972년 3월 영국 정부는 북아일랜드 의회(Stormont)를 정지시키고, 북아일랜드를 영국 의회(Westminster)의 직접 통치 지역으로 바꾸었다. 1972년 7월에는 PIRA가 북아일랜드의 수도 벨파스트(Belfast)에서 감행한 폭탄 공격으로 9명이 죽고 130명이 부상하는 '피의 금요일(Bloody Friday)' 사건이 발생했다. 북아일랜드의 갈등이 폭력으로 비화되자 영국 정부는 갈등 조정을 위해 북아일랜드의 민족주의자를 포섭하고자 했다. 북아일랜드 의회의 몰락은 민족주의자 내부에 정치적 협상과 개혁을 추구하는 입헌적 민족주의자와 혁명과 통일 공화국을 위해 싸우는 공화주의자의 분열을 만들고 있었다(Ferriter, 2004: 628-629). 영국 정부는 1972년 10월 토론용 문건인 녹서(Green Paper)를 발표

---

13. 또한 북아일랜드에는 통합주의나 민족주의 어느 편에 귀속되지 않으며 통합주의자와 민족주의자들이 벌이는 '부족 정치(tribal politics)'를 극복하고자 하는 중앙파적 정당인 APNI(Alliance Party)가 있다.
14. 민족주의 세력은 런던데리에서 런던을 빼고 데리(Derry)로 부르곤 한다. 런던데리행 기차에는 런던데리에서 런던을 지워 버린 흔적들을 볼 수 있다.

하면서 아일랜드섬의 평화 과정을 제안했다(Dixon, 2008: 128-132).

평화 과정의 핵심 의제는, 경쟁하는 정치사회 세력들의 '권력 공유 (power-sharing)'였다. 1973년 3월 영국 정부는 녹서에 대한 다양한 정치사회 세력들의 토론을 기초로 백서를 발표했다. 백서의 핵심 내용은, 영국의 중앙정부로부터 권한을 이양(devolution) 받은 '북아일랜드 의회 (Northern Ireland Assembly)'와 권력을 공유하는 '행정부(executive)'의 구성 그리고 아일랜드 문제를 다루는 남북 아일랜드의 대표들로 구성된 '아일랜드평의회(Council of Ireland)'의 건설이었다. 1920년 아일랜드정부법에 규정된 아일랜드평의회의 구성은, 아일랜드적 특수성에 대한 고려, 즉 '아일랜드적 관점(Irish dimension)'에서 제기된 것으로, 영국 정부가 아일랜드섬과 북아일랜드의 갈등을 해결함에 있어 남아일랜드, 즉 아일랜드공화국의 역할이 가지는 정당성을 인정한 것이기도 했다(Dixon, 2008: 136-138).[15]

1973년 6월 SDLP, UUP, APNI, DUP 등이 참여하여 북아일랜드 의회를 구성하는 선거가 실시되었고, 백서에 찬성하는 세력이 의회에서 다수를 형성했다. 공화주의자들은 선거를 보이콧했고,[16] IRA는 반대 캠페인을 지속했다. 1973년 12월 영국 정부, 아일랜드공화국 정부, 북아일랜드 행정부에 참여한 정당들은 북아일랜드 밖 영국 땅인 서닝데일에서 평화협정(Sunningdale Communiqué; Sunningdale Agreement)에 합의했다(Bew, 2007: 512-515). 서닝데일 합의는 갈등 행위자들의 '화해 (accommodation)'를 원칙으로, 북아일랜드의 헌법적 지위 아일랜드평의

---

15. 1920년에 제정된 아일랜드정부법은 1972년에 부분적으로 정지되었고, 1998년 성금요일 협정 이후 폐지되었다.

16. 영어의 boycott이란 단어는, 1879년 아일랜드의 기근 때 영국계 지주와 아일랜드계 소작인이 갈등할 때 지주의 이름에서 유래했다고 한다.

회의 역할, 테러리즘과 관련된 안보 문제의 협력 등을 담고 있었다.[17] 이 세 의제 모두 쟁점이었다.

아일랜드공화국 헌법 2조는 아일랜드공화국의 영토를 "전체 아일랜드 섬과 그 부속 도서 및 영해"로 규정하고 있었다. 즉, 아일랜드공화국 헌법 2조에 따르면, 북아일랜드는 아일랜드공화국의 영토였다. 물론 3조에서는 관할권을 남아일랜드로 제한하고 있었다. 아일랜드공화국 헌법 2조에 반대하는 통합주의자는 북아일랜드를 영국의 일부로 인정할 것을 요구했고, 아일랜드공화국은 헌법 개정이 국내의 반대에 부딪히자, 북아일랜드인의 다수가 통일을 원할 때까지는 북아일랜드의 현재 지위가 유지될 것이라는 선언을 했다. 영국 정부는 북아일랜드인의 다수가 원할 때까지라는 표현에 동의하면서도 북아일랜드가 현재는 '영국의 일부'임을 명확히 했다. 아일랜드공화국 정부와 영국 정부의 선언에는 미묘하지만 중요한 차이가 있었다. 아일랜드평의회는 각료 회의와 자문 의회로 구성되는 것으로 합의되었다. 북아일랜드 행정부 7인과 아일랜드공화국 정부 7인으로 구성되는 각료 회의는 만장일치 방식의 의사 결정을 채택했고, 이는 통합주의자에게 거부권(veto)을 준 것이기도 했다. 남북 아일랜드의 공동 사업으로는 자원, 농업, 수송, 여행, 문화 등등의 기능주의적 협력이 합의에 명시되었다.

그러나 서닝데일 합의는 합의 직후인 1974년 5월에 파기되었다. 남북 아일랜드의 협력이 기능주의적 협력에 국한되었지만, 통합주의자와 민족주의자 모두 이 협력에 대해 서로 다른 평가를 내리고 있었지만, 아일랜드섬의 통일로 나아가는 전 단계로 인식했다. 통합주의자에게 서닝데일 합의는 '흡수'를, 민족주의자에게는 '기회'를 의미했다. 1974년 3월 UUP

---

17. Sunningdale Agreement의 원문을 비롯한 아일랜드섬과 관련된 법 및 협정은 cain. ulst.ac.uk에서 인용한 것이다.

는 아일랜드공화국 헌법 2조와 3조의 개정을 요구하면서 합의에 대한 지지를 철회했다. 서닝데일 합의에 반대한 로열리스트는 준군사 조직의 활동으로 대항했고, 같은 해 5월 로열리스트 계열의 '얼스터 노동자평의회(Ulster Workers' Council)'가 총파업을 감행하면서, 서닝데일 합의는 붕괴했다.

서닝데일 합의의 붕괴 이유에 대해서는 다음과 같은 의견들이 경쟁하고 있다(Dixon, 2008: 148-150). 첫째, 통합주의자가 권력 공유와 아일랜드적 관점에 대해 반대했기 때문이다. 이 주장은 실제 전개 과정과 일치하는 주장이다. 둘째, 아일랜드적 관점이 강조되면서 권력 공유가 붕괴되었다는 주장이다. 만약 서닝데일 합의에서 강한 아일랜드적 관점이 제시되지 않았다면, 권력 공유는 실행이 가능했다는 것이다. 통합주의자들은 남북 아일랜드의 협력을 넘어서는 아일랜드적 관점을 원하지 않았다. 셋째, 권력 공유와 아일랜드적 관점이 실패한 이유는 당시 영국의 노동당 정부의 취약성 때문이라는 주장이다. 민족주의자들과 일부 통합주의자는 만약 영국 정부가 보다 적극적으로 개입했다면 서닝데일 합의가 지속되었을 것이라고 주장한다. 마지막으로, 갈등이 양극화, 극단화되어 있던 북아일랜드에서 권력 공유의 실험이 너무 앞선 대안이었다는 주장이 있다. 그리고 평화 과정에 가장 극단적인 두 행위자인 로열리스트와 공화주의자가 참여하지 않으면서 서닝데일 합의는 실패할 수밖에 없었다는 것이다(Ferriter, 2004: 629). 마지막의 주장은, 갈등 전환의 시각에서 본다면, 설득력 있는 해석이기도 하다.

아일랜드섬의 두 번째 평화 과정은 1980년대 중반부터 시작되었다. 1981년부터 시작된 IRA 정치범들의 '단식투쟁(hunger strike)'으로 10명이 감옥에서 사망했다. 이 사건을 계기로 북아일랜드는 거의 '내전(civil war)'에 버금가는 갈등으로 치닫게 되었다. 동시에 IRA의 정치적 대표인 공화주의 정당 신페인당에 대한 선거에서의 지지도 확대되었다. 또한 국제적 수준에서도 IRA와 신페인당이 정치적 탄압의 피해자라는 인식이 확산되었다. 북아일랜드의 정치적 균형이 공화주의자에게 유리하게 바뀔 수도 있는 상황에서 영국 정부는 다시금 민족주의자와 공화주의자에 대한 유화정책을 전개하게 된다. 그것의 결과가, 영국 정부는 통합주의자들을 배제했지만 아일랜드공화국 정부는 협상 과정에서 SDLP와 서로 상의하면서 만들어진(Dixon, 2008: 190), 1985년 11월 영국 수상 대처(M. Thatcher)와 아일랜드공화국의 수상 피츠제럴드(G. FitzGerald)가 합의한 '영국-아일랜드 협정(Anglo-Irish Agreement; Hillsborough Agreement)'이었다.

영국-아일랜드 협정이 체결되기 전인 1983년 아일랜드섬의 민족주의적 정당들의 포럼 ─ 4 New Ireland Forum: 북아일랜드의 SDLP, 남아일랜드의 Fianna Fáil, Fine Gael, Labour ─ 은 민족주의적 목표를 성취하기 위해 입헌적(constitutional), 평화적 투쟁에 기초한 공동의 발의를 한 바 있다(English, 2006: 390-391). 이 포럼은 1984년 보고서에서, 북아일랜드 문제(Northern Ireland questions)의 해결을 위해, '통일 아일랜드,' '아일랜드공화국과 영국의 공동 권위체,' '연방적(federal) 길' 등의 선택지를 제시했다. 물론, 통합주의자와 영국 정부는 세 대안을 모두 거부했다. 대처 수상은 세 대안에 대해 이른바 'out, out, out' 연설을 통해 이 대안들을 수용하지 않을 것임을 분명히 했다. 그럼에도 영국 정부는 1985년 영국-아일랜드 협정에 동의했다. 아일랜드섬의 평화 과정에서 입헌적 민족주의자의 길이 가지는 현실성을 인정한 것이었다. 다른 한편, 이 협정은 입헌적 민족주의 정당인 SDLP의 노선이 아일랜드섬의 평화 과정에서 지배적 역할을 할 수 있게 만든 계기이기도 했다.

영국-아일랜드 협정의 핵심 내용은, 두 국가가 테러리즘에 대한 협력을 강화하는 것과 북아일랜드 문제에 대한 아일랜드공화국 정부의 '협의 역할(consultative role)'을 인정한 것이었다(Bew, 2007: 531-547). 양국 정부는 북아일랜드 지위의 어떠한 변화, 즉 아일랜드섬의 통일은 북아일랜드 주민 다수의 동의가 있을 때만 있을 수 있는 일로 합의했다. 이 협정이 체결된 이유는 무엇보다도 공화주의자 신페인이 민족주의자 SDLP를 제치고 아일랜드 북부에서 다수당으로 등장하는 것에 대한 영국 정부와 아일랜드공화국 정부의 두려움이었다. 영국 정부와 아일랜드공화국 정부는 민족주의자의 소외를 시정하고 공화주의자가 선거에서 다수를 차지하고 안보 위협을 가하는 것을 막기 위해 협력을 하고자 했다. 당시 영국 보수당 정부의 관심은 첫째도 안보, 둘째도 안보였다.

이 협정에 대한 통합주의자와 민족주의자의 해석은 달랐다(Dixon, 2008: 192-203). 통합주의자들은 영국이 장기적으로 북아일랜드에서 철수하기 위해 역진이 불가능한 장치를 만들었다고 생각한 반면, 민족주의자들은 보다 강력한 아일랜드적 관점이 도입되면서 통합주의자들이 권력 공유를 둘러싼 협상에 참여할 수 있게 하는 강압적 계기가 되었다고 주장했다. 민족주의자들은 이 협정을 환영했고, 공화주의자들도 공식적으로는 반대했지만 영국 정부와 협상할 수 있는 기회가 생긴 것으로 인식했다고 한다. 외부 세력인 미국은 하원에서 영국-아일랜드 협정을 거의 만장일치로 지지했고, 영국에서도 비슷한 지지가 나왔다. 반면, 통합주의자들은 협정에서 북아일랜드의 현재 지위에 대한 정의가 없고, 협정은 민족주의적 의제에 대한 굴복이며, 협상 과정에서 영국 정부가 통합주의와 교감하지 않은 것에 대해 불만을 토로했다. 특히 서닝데일 합의에는 북아일랜드가 영국의 일부라는 문구가 있었지만, 영국-아일랜드 협정에는 그 문구가 없었기 때문이다. 즉, 통합주의자는 이 협정이 다시금 아일랜드섬의 통일로 가는 전 단계일 수 있다고 생각했다.

아일랜드섬의 두 번째 평화 과정은 갈등 당사자들의 영국-아일랜드 협정에 대한 상이한 해석 속에서 출발했다. 평화 과정에 찬성하는 민족주의자들과 평화 과정에 반대하는 통합주의자의 대립 구도가 다시금 형성되었다. 민족주의자와 공화주의자는 1980년대 후반과 1990년대 초반에 평화 과정의 공통분모를 확인했고, SDLP, 신페인, 아일랜드 정부 그리고 미국이 포함된 '범민족주의 전선(pan-nationalist front)'을 형성했다(Dixon, 2008: 211-212). 특히 주목되는 것은 미국의 개입이다. 미국의 클린턴(B. Clinton) 대통령은 1992년 선거 캠페인 중에 북아일랜드 평화 과정에 개입할 것이고, 신페인의 대표에게 미국 비자를 제공하겠다고 공언한 바 있다. 실제로 1994년 1월 신페인의 당수 아담스(G. Adams)는 미국을 방문했고, 1994년 8월 IRA는 정전(ceasefire)을 선언했다. 1995년 11월에는 빌 클린턴이 미국의 대통령으로는 처음으로 북아일랜드를 방문하기도 했다. 미국의 개입은 미국 내 아일랜드계 이익집단의 로비의 결과이기도 했다(무디 외, 2009: 430-437).

반면, 통합주의자들은 아일랜드섬의 평화 과정을 '항복 과정'으로 인식했다(Dixon, 2008: 212-213). 즉, 북아일랜드를 영국으로부터 분리하고 '통일 아일랜드'를 만드는 과정으로 보았다. 1989년 냉전의 종언으로 북아일랜드의 전략적 이익이 감소했고, IRA의 무장투쟁은 영국이 북아일랜드에서 철수할 경제적 유인을 제공했다는 것이다. 통합주의자들은 IRA의 정전 선언도 협상에서 유리한 위치를 점하기 위한 전술적 움직임으로 비난했다. 1990년대에 들어서면서는 통합주의자와 로열리스트도 무장투쟁을 강하게 전개했고, 1992년 영국 정부는 얼스터방위연합(UDA)도 IRA처럼 불법 단체로 규정했다. 평화 과정의 기간 동안 영국 정부는 통합주의자의 의견을 모두 수용하지는 않았지만, 신페인과 협상을 하면서도 신페인이 대화의 장에 나올 수 있기 위해서는 '무장해제(decommissioning)'를 해야 한다는 입장을 견지했다. 1993년 영국 정부와 아일랜드공화국 정부는 북아일랜드에 거주하는 아일랜드인의 자결권 인정, 평화 과정의 추진, IRA의 무장해제를 전제로 신페인을 평화 협상에 참여시키는, '다우닝가 선언(Downing Street Declaration; Joint Declaration on Peace)'에 합의했다.[18]

1994년 8월 IRA의 정전 선언은, 갈등 당사자들의 의견이 수렴될 수 있는 계기를 제공했다. 같은 해 10월 통합주의자와 로열리스트의 준군사단체도 정전을 선언했다. 공화주의자의 비합법 노선보다는 민족주의자의 합법 노선을 선호한 아일랜드공화국 정부와, IRA와 로열리스트의 정전 선언과 무장해제를 연계하면서 통합주의자를 견인하던 영국 정부는, 1995년 2월 '프레임워크 문서(Framework Documents; A New Framework for Agreements)'를 발표했다. 이 프레임워크는 다시금 권력을 공유하는 북아일랜드 의회와 행정부 그리고 상당한 행정, 자문, 조화(harmonising) 기능을 가진 남북 아일랜드 기구의 건설을 담고 있었다. 공화주의자들도 이 프레임워크의 아일랜드적 관점에 만족을 표했다. 반면, 통합주의자들은 갈등 당사자의 이해관계를 비대칭적으로 반영하고 있는 이 프레임워크가 아일랜드의 통일을 위한 경로 설정이라 생각했다. 민족주의 세력의 입장을 반영하고 있는 이 프레임워크를 통해, 영국 정부와 아일랜드공화국 정부는 IRA의 정전 선언을 지속시키고자 했다.

영국 정부와 아일랜드공화국 정부는 북아일랜드의 제 정당이 참여하

---

18. 신페인은 1993년 선언이, 아일랜드의 '민족자결(self-determination)'의 문제를 다루고 있다는 점에서, 혁신적이라고 판단했다고 한다. 그러나 신페인의 판단은 아일랜드섬의 통일을 위해 단일한 메커니즘이 필요한 전통적인 공화주의적 이해를 희석시키는 것이었다 (English, 2006: 407). 아일랜드공화국 정부도 1973년 유럽공동체에 가입 이후 주권을 일정하게 양도하게 되면서, 전통적인 국민국가의 틀, 즉 국가성(statehood)이 무엇인가를 재고하게 되었고, 그 결과 북아일랜드에 대한 헌법적 주장에서 후퇴하는 선택을 하게 되었다고 한다(Hayward, 2009).

는 협상과 무장해제를 동시적으로 추진했다(Todd, 2011; Knox, 1994; O'Brien, 2005). 1995년 미국 클린턴 행정부의 북아일랜드 특사였던 미첼 (G. Mitchell) 전 상원 의원은 '미첼위원회(Mitchell Commission)' 보고서를 통해 '민주주의'와 '비폭력(non-violence)'을 평화 과정의 원리로 제시했다. 다수를 대표하는 통합주의자들은 선출된 기구가 역할을 하는 정치체제 구성에 만족을 표시했다. 또 다른 쟁점이었던 무장해제와 관련하여서는 모든 정당들의 대화 이전에 무장해제가 이루어지는 것이 아니라 대화 기간 동안 무장해제가 이루어지는 것으로 타협이 이루어졌다. 그러나 1996년 2월 IRA는 정전을 파기하고 무장투쟁을 감행했고, 영국 정부와 아일랜드공화국 정부는 다시금 IRA에 정전을 요구했지만, 미첼위원회가 제시한 타협안을 수정하지는 않았다. 즉, IRA가 정전 선언을 하게 되면, 신페인은 협상에 참여할 수 있었다. 1996년 5월 IRA가 정전으로 복귀하지 않은 상황에서 이루어진 선거에서는 통합주의자들이 다수를 점하기는 했지만, 신페인도 참여하여 예상보다 많은 의석을 획득하기도 했다. 그러나 신페인이 평화 협상에 참여하기 위해서는 IRA의 정전 선언이 필요했다. 그러나 IRA는 무장투쟁을 지속했다.

1997년 5월 영국에서 정권 교체가 발생했다. 상대적으로 아일랜드섬의 민족주의 노선에 우호적이었던 '노동당 정부'는 보수당 정부가 추진하던 평화 과정을 촉진시키고자 했다. 노동당 정부는 다시금 IRA에게 정전을, 통합주의자에게는 협상에 참여할 것을 요구했다. 만약 수용되지 않았다면, 평화 과정은 다시금 붕괴되었을 것이다. 1997년 7월 IRA는 제2차 정전 선언을 했다. IRA가 정전 선언을 하자 통합주의자들의 선택이 주목의 대상이 되었다. 통합주의자들은 협상에 참여하지 않았을 때, 영국 정부와 아일랜드공화국 정부가 강제로 갈등 조정을 하는 것에 두려움을 느끼고 있었고, 결국 IRA의 무장해제가 이루어지지 않았음에도 불구하고

1997년 9월 협상에 참여하는 결단을 내렸다. 그리하여 75년 만에 처음으로 통합주의자들은 신페인과 협상 테이블에 앉게 되었다. 협상 과정에 불만을 품은 IRA의 일부가 'Real IRA'를 만들기도 했지만, 결국 1998년 4월 10일, 무장해제에 대해서는 '건설적 모호성(constructive ambiguity)'을 가진 평화 체제인 '성금요일 협정(Good Friday Agreement; Belfast Agreement)'에 영국과 아일랜드공화국 정부 그리고 DUP를 제외한 주요 정당들이 합의했다(Bew, 2009: 548-551; Dixon, 2008).

세 '끈(strands)'의 관계 — 북아일랜드 내부, 남북 아일랜드, 아일랜드 공화국과 영국 — 를 제도화한 성금요일 협정의 첫 번째 내용은, 북아일랜드가 영국의 일부로 남을 것인가 아니면 통일 아일랜드가 될 것인가는 북아일랜드 주민 다수의 선택으로 이루어진다는 것이었다. 그리고 통일 아일랜드를 향한 정당한 희망이 존재하기는 하지만 현재의 북아일랜드의 지위는 영국의 일부라는 내용도 포함되었다. 그리고 통합주의자들이 문제로 제기했던 아일랜드공화국 헌법 2조와 3조의 개정에 대한 합의가 이루어졌다. 제도적인 측면에서는, 영국 정부로부터 권력을 점진적으로 이양 받는 북아일랜드 의회 및 자치 정부, 남북 아일랜드의 협력을 위한 남북 아일랜드 장관급 협의회, 영국과 아일랜드공화국의 협력을 위한 영국-아일랜드공화국 위원회 구성 등이 합의 사항이었다.

성금요일 협정 직후, 북아일랜드와 아일랜드공화국에서는 국민투표를 통해 이 평화협정을 승인했다. 특히 아일랜드공화국 국민투표에서는 아일랜드섬 전체를 아일랜드공화국의 영토로 규정한 헌법 2조를 아일랜드섬에서 태어난 개인은 '아일랜드 민족(Irish nation)'의 구성원이라는 내용으로 개정하는 안이 통과되었다. 기존의 영토에 기초한 민족에서 공통의 정체성을 담지한 민족으로 전환을 담은 헌법 개정이었다. 3조는 아일랜드섬의 통일이 '평화적 방법으로만' 이루어져야 한다는 것과 통일을 위해서는 남북 아일랜드 주민 다수의 동의가 필요하다는 전제 조건이 담겼다. 아일랜드공화국 헌법의 개정은 평화 체제를 통일의 전 단계로 설정하는 것에 반대하는 통합주의자들의 의견이 반영된 것이었다. 그리고 사실상 북아일랜드가 영국의 일부임을 법적으로 인정한 조처이기도 했다.

1998년 11월 영국 정부는 성금요일 협정의 '실행'을 위해 「북아일랜드법 1998」을 제정했다. 주목되는 것은, 이 법에 의거하여 독립 기구인 '북아일랜드 인권위원회(Northern Ireland Human Rights Commission)'와 '북아일랜드 평등위원회(Equality Commission for Northern Ireland)'가 설치되어, 북아일랜드 주민의 인권 증진과 갈등 세력들의 화해를 시도하고 있다는 점이다. 또한 1999년 3월 영국 정부는 북아일랜드 경제개발 전략을 발표하여 평화협정의 경제적 토대도 마련하였다. 유럽연합도 평화 과정에 대한 미국의 개입처럼 북아일랜드의 경제 발전을 지원하는 '제3의 행위자'로 역할을 하고 있다(Hayward, 2006; 2009; Diez and Hayward, 2008). 그리고 성금요일 협정에서 미봉된 무장해제와 관련하여서는, 평화협정의 합의를 위해 평화 협상과 무장해제를 동시적으로 진행한다는 미첼위원회의 절충으로 1997년 8월에 만들어진 '국제무장해제위원회(Independent International Commission on Decommissioning, IICD)'를 통해 공화주의자와 로열리스트의 준군사 조직의 무장해제에 대한 지속적인 검증 작업이 이루어졌다.

북아일랜드의 갈등을 전환시킨 성금요일 협정을 관통하는 정치철학적 기초는 '협의주의(consociationalism)'였다(Anderson, 2008; McGarry and O'Leary, 2006). 연정, 비례대표, 상호 거부권 등의 제도적 장치를 가지는 협의주의는, 승자 독식을 배제하고 권력의 분점을 추구하는 철학적, 정치적 원리다. 특히, 다양한 정치적 균열 구조를 가지고 있는 유럽의 소국들에서 정착된 원리로, 공동 다수의 지배를 가능하게 하는 대연정과 같은 제도들이 협의주의의 실행에 있어 주요한 역할을 하게 된다. 성금요일 협정 이후의 북아일랜드에서의 권력 공유는 협의주의의 전형적 사례다 (Conley, 2013). 한반도에서도 평화 체제가 의제화 된다면, 탈식민적 평화 과정(Forsythe, 2004; Hancock et al., 2010)을 주도하는 개념의 발명이 필요할 것이다(McMahon, 2007).

성금요일 협정에서는 북아일랜드 자치 정부에 통합주의자와 민족주의자가 권력을 공유하는 제도적 장치를 고안했다. 이 자치 정부에는 공화주의를 대표하는 신페인도 참여를 했다. 가장 급진적인 갈등 세력을 포용하면서 갈등을 전환시킨 사례라고 할 수 있다. 물론, 성금요일 협정을 아일랜드섬 공화주의의 죽음으로 보는 시각도 존재한다(McIntyre, 2008). 성금요일 협정 이후, 협정에 참여하지 않은 통합주의자 DUP의 협정 반대 운동과 폭력적 갈등의 기간을 거친 후, 2005년 무장 갈등 세력인 IRA도 무장해제를 선언하면서 북아일랜드 내부의 갈등은 전환된 것처럼 보인다(Ganiel and Dixon, 2008). IRA의 무장해제 이후, 2006년 10월 영국과 아일랜드공화국 그리고 북아일랜드의 제 정당들은 성금요일 협정의 실행을 위한 '세인트앤드루스 협정(Agreement at St. Andrews)'을 체결했다. 이 협정에는 성금요일 협정에 반대했던 DUP도 서명하면서, 아일랜드섬 평화 과정에 갈등의 주요 행위자들이 참여하게 되었다.

성금요일 협정과 세인트앤드루스 협정을 거치며 2007년부터 북아일랜드 의회가 재개되었고, 북아일랜드 행정부가 기능하기 시작했다. 두 협정에 이르는 과정에서는 중앙파적인 온건 통합주의 정당과 민족주의 정당이 주도적 역할을 했지만, 평화 과정 이후에는 이념의 극단에 있는 신페인과 DUP가 부상했다. 즉, 분파주의적 양극화를 전환시킬 수 있는 접근이 결여된 상태에서 이념의 중앙이 퇴조하고 이념의 극단이 부상하게 된 것이다. 양 극단의 정당들에게 시민사회의 행위자들은 대표성을 부여할 수밖에 없었기 때문이다(White, 2007).

따라서 갈등의 전환 이후 평화 과정도 북아일랜드에서는 논쟁의 주제 가운데 하나일 수밖에 없었다(Power, 2005; Coakley, 2008; Sluka, 2009; McAuley and Tonge, 2009). 성금요일 협정 이후에도 사회적 장벽은 작동하고 있다. 아일랜드섬 전체로는 소수지만 북아일랜드에서는 다수인 통합주의자들은 성금요일 협정 이후 그들이 포위되었다고 느끼기도 한다. 특히 공화주의자인 신페인이 자치 정부에 참여하면서 그들의 특권적 지위가 상실될 것을 우려하고 있다. 민족주의 세력도 소수파로서 성금요일 협정 이후 교육과 경제의 측면에서 이득을 얻었지만, 폭력이나 법체계의 미비로 위협을 받고 있다고 생각하고 있다(Carroll, 2003: 1). 성금요일 협정 이후 구성된 북아일랜드 자치 정부는 폭력적 갈등으로 기능이 정지되곤 했다. 이스라엘-요르단의 평화협정에서 볼 수 있듯이, 평화협정 체결 이후 평화협정을 무력화시키는 갈등이 발생할 경우, 그 갈등의 강도는 더 높아질 수 있다. 평화협정 체결 이후에도 갈등의 전환을 위한 정책이 필요한 이유다.

V. 탈분단 평화 과정의 한계:
아일랜드섬의 사례와 한반도 평화 체제

(1) 한반도 평화 체제의 정치학

한반도에서도 아일랜드섬에서처럼 몇 차례의 평화 과정이 진행되었다. 아일랜드섬의 평화 과정은 영국과 아일랜드공화국의 양자 대화 또는 영국과 아일랜드공화국 그리고 북아일랜드의 제 정당이 참여하는 다자 협상의 형태로 진행되었다. 반면, 한반도 평화 과정은 남북한 양자 대화와 남북한과 관련국들이 참여하는 다자 대화로, 국가 중심적 평화 과정의 모습을 보여 왔다. 그리고 평화와 관련된 의제는 남북한의 직접 대화보다는 남북한과 관련국이 참여하는 다자 대화의 의제로 상정되곤 했다. 평화 과정을 광의로 해석한다면, 탈냉전 시대에 전개된 남북한의 화해와 협력도 평화 과정으로 간주될 수 있다. 이 장에서는 지면 관계상 한반도 정전 체제의 대안으로 '평화 체제'를 공식적으로 의제화 한 사례만을 중심으로 비교를 수행한다.[19]

냉전 시대 한반도 평화 체제는 북한의 독점적 의제였다.[20] 1972년 북한의 김일성은 일본 언론과의 인터뷰에서 남북한 평화조약의 체결을 제기했다. 그러나 1974년 북한은 평화조약의 주체를 '미국'과 '북한'으로

---

19. 한국어 평화 체제는 영어로 peace regime 또는 peace system으로 번역될 수 있다. 평화는 하나의 번역어가 존재하지만, 체제에는 두 가지 다른 번역이 있기 때문이다. 그리고 두 개념, 평화와 체제의 정의를 둘러싸고도 남북은 물론 남한 내부에도 서로 다른 의견이 경쟁하고 있다. 정전 체제를 대체하는 평화 체제를 의제화 할 때 그것이 peace regime 이든 peace system이든, 평화는 전쟁이 없는 상태인 '소극적 평화'를 넘어서는 개념이 될 수밖에 없다. 반면, regime과 system은 국제관계 이론의 맥락에서 상이한 개념이다. regime은 행위자들 사이의 규칙, 기대, 처방의 틀을 지칭하고, 분명하게 정의된 이슈 영역 (issue area) 안에서 작동한다(Krasner, 1983). 반면, system은 일반적으로 개별 행위자들이 고려해야 하는 구조의 개념과 연관되어 있다. 두 개념 모두 행위자에게 부과되는 구조적 제약을 담고 있지만, system은 regime보다 포괄적 개념이다. 따라서 peace system은 peace regime을 구성 요소로 하면서 상호성의 원칙에 기초하여 협력적 관계를 수립하기 위해 필요한 공동의 인식을 필요로 하는 것으로 정의될 수 있다. 즉, peace regime은 협의의 평화 체제, peace system은 광의의 평화 체제일 수 있다. 6자 회담에서 평화 체제는 peace regime으로 표현되고 있다.

20. 한반도의 첫 번째 평화 과정은, 1954년 제네바에서 남북한과 미국, 중국, 소련 그리고 한국전쟁 참여국 등 19개국이 참여한 정치 회담이었다. 정전협정 제4조 60항에 규정되어 있는 "한반도로부터 모든 외국군대의 철수 및 한반도문제의 평화적 해결"이 의제였다. 그러나 제네바 정치 회담에서는 두 의제에 대한 어떠한 합의도 이루어지지 않았다.

바꾸었다. 지구적 수준에서 냉전의 해체 조짐이 보이던 1988년 한국 정부도 유엔 연설에서 항구적 평화 체제 건설을 의제화 했다. 1990년대 중반, 북한은 군사정전위원회의 대표를 철수하는 방식으로 정전 체제를 해체하고자 했다. 그리고 한반도에서 '새로운 평화 보장 체계(new peace mechanism)'의 구축을 위한 '임시 평화협정'을 미국에 제안했다. 핵심 내용은 평화협정 체결 이전에 정전협정을 대신할 '잠정 협정'을 체결하고, 군사정전위원회를 대체하는 북미군사공동기구를 만들자는 것이었다.[21] 그 이후, 남북한과 미국, 중국이 참여하는 4자 회담이 1997년부터 1999년까지 개최되었다. 4자 회담의 주요 의제는 한반도에서 군사적 긴장의 완화와 평화 체제의 구축이었다.[22]

4자 회담에서 평화 체제 구축을 둘러싼 첫 번째 쟁점은 평화조약의 당사자 문제였다. 북한은 평화조약이 북한과 미국 사이에 체결되어야 한다고 주장했고, 반면 한국은 남북이 평화협정을 체결하고 미국과 중국이 동의하는 방식의 평화협정을 구상했다. 북한은 남한이 "군통수권과 작전지휘권을 가지고 있지 못"하기 때문에 제한적 당사자이고, 중국은 한반도에서 중국군을 철수했고 한반도 위기에 책임이 없기 때문에 당사자가 아니라는 입장을 밝힌 바 있다(공제민, 1989). 그러나 중국은 한반도 평화 체제에서 자신들이 배제되는 것을 원하지 않았다. 두 번째 쟁점은 주한미군과 평화 체제의 관계였다. 한미는 주한미군이 정전협정과는 무관한 한미상호방위조약에 따른 주둔이기 때문에 4자 회담과는 무관하다는 입장이었던 반면, 북한은 긴장 완화를 위한 근본 문제로 주한미군의 철수를 제기했다.[23] 중국은 한편으로는 한미의 입장을 지지하면서도, 다른 한편

---

21. 『로동신문』, 1996년 2월 23일.
22. 4자 회담의 의제 설정과 쟁점 사항에 대해서는, 박영호(2000) 참조.
23. 1990년대 이후로 북한은 비공식적이지만 주한미군의 철수에 대해 완화된 입장을 보이

으로는 북미 관계 개선과 같은 의제를 상정하면서 북한의 입장을 수용하는 태도를 보였다. 그러나 한반도 평화 체제를 논의하는 최초의 다자적 틀이었던 4자 회담은 가시적 성과를 내지 못하고 1999년 8월 6차 본회담을 마지막으로 종료되었다.[24]

평화 체제는 한반도 핵 문제 해결을 위해 2003년 8월부터 시작된 6자 회담에서 다시금 의제화 되었다.[25] 6자 회담의 2005년 9.19 공동성명은 한반도 비핵화와 평화 체제를 연계하는 합의였다. 북한의 단계별 핵 폐기와 포괄적 의미의 평화 체제를 교환하는 방식이었다. 그러나 평화 체제의 당사자 문제는 미해결 상태였다. 공동성명에는, "직접 관련 당사국들은 적절한 별도 포럼에서 한반도의 항구적 평화 체제에 관한 협상을 가질 것이"라고 명기되었다. 9.19 공동성명에 담긴 한반도의 비핵화와 평화 체제의 연계는 한국과 미국이 재확인했다. 2005년 11월 '한미동맹과 한반도 평화에 관한 공동선언'에서 "양 정상은 북한 핵문제 해결과정이

기도 했다. 북한의 김정일은 2000년 남북 정상회담에서 한반도 통일이 이루어진다고 해도 동북아에서의 세력 균형을 고려할 때 주한미군의 한국 주둔이 허용될 수 있다는 발언을 하기도 했다고 한다(장달중 외, 2011).

24. 4자 회담의 진행 과정에서 1998년 집권한 남한의 김대중 정부는 '흡수통일 배제,' '상호 무력 불사용,' '화해 및 교류협력 추진'이라는 대북 정책의 3대 원칙을 천명하고, 정전 체제를 평화 체제로 전환하는 문제를 다시금 의제화 했다. 그리고 4자 회담을 그 전환을 위한 유효한 협상의 틀로 생각했다. 주한미군과 관련하여서는, 전임 정부의 입장을 계승하면서도, 한반도 평화 체제 구축에 실질적 진전이 있을 경우 주한미군 문제가 의제화 될 수 있다고 말하기도 했다. 그러면서도 평화 체제가 구축되고 통일이 되더라도 주한미군은 동북아 평화 유지군으로 계속 주둔하는 것이 바람직하다는 것이 김대중 정부의 공식 입장이었다. 김대중 정부의 자유주의적 대북 정책은, 북한과의 공존·공영을 도모하는 것이었고 따라서 평화 체제는 공존·공영을 위한 제도적 장치였다. 2000년 6월 남북 정상회담은 평화 체제를 의제화 하지 않았지만, 김대중 정부는 기능주의적 협력의 확대를 통해 광의의 평화 체제(peace system)의 구축을 시도했다. 2000년 10월 북한과 미국의 공동 코뮈니케에는 정전협정의 평화 보장 체계로의 전환이 명기되기도 했다.

25. 북한이 문헌으로 핵 개발을 의미하는 억제력을 언급한 시점은, 미국의 이라크 침공 직후인 2003년 4월이었다. 북한은 2005년 2월 외무성 성명을 통해 핵무기 보유를 선언했다.

한반도에서 공고한 평화체제를 수립하는데 중요한 기초를 제공할 것이라는데 인식을 같이하였"고, "평화체제에 관한 협상과 6자회담이 상호 보강하기를 기대하였다."

2006년 10월 9일 북한이 제1차 핵실험을 했음에도 불구하고, 9.19 공동성명의 실행을 위한 2007년 2.13 합의와 10.3 합의를 거치면서 비핵화와 평화 체제를 연계하는 평화 과정은 작동하는 듯이 보였다. 2007년 2월 24일 한국과 미국의 국방장관이 미국이 행사하던 한국의 전시작전통제권을 2012년 4월 17일 한국에 이양하기로 합의한 이유 가운데 하나는, 한반도 평화 체제의 구축을 위해서는 한국이 작전통제권을 가지고 있어야 한다는 문제의식이었다(이수형, 2009). 2007년 10월 4일 '남북정상선언'에서는 "평화체제 구축을 위해 3자 또는 4자 정상들이 한반도 지역에서 만나 종전을 선언하는 문제"가 언급되기도 했다. 2008년 하반기에 북한 핵시설의 불능화와 미국의 북한에 대한 테러 지원국 해제가 교환되면서 북미 관계는 정상화로 가는 종착역에 접근하는 듯했다.

그러나 다시금 말 대 말, 행동 대 행동의 방법론은 지켜지지 않았다. 6자 회담 참여국 내부에 핵 문제의 해결에 동의하지 않는 세력이 있음을 보여 준다. 결국 북한은 2009년 5월 25일 두 번째 핵실험을 했고, 남한 정부는 5월 26일 PSI 참여를 선언했다. 2009년 4월 5일 북한이 로켓을 발사하고, 4월 14일 유엔안전보장이사회가 '의장 성명'을 통해 북한을 비난하자 북한은 외무성 성명을 통해 6자 회담에 참여하지 않겠다는 의사를 밝혔다. 2009년 6월 12일 유엔안전보장이사회의 대북 제재안인 결의안 1874호가 발표되자 외무성 성명의 형태로, 새로 추출되는 플루토늄의 전량 무기화와 우라늄 농축 작업에 착수하겠다고 대응했다. 그러나 2009년 9월 4일 유엔 주재 북한 상임 대표가 유엔안전보장이사회 의장에게 보내는 편지에는, 대화와 제재 모두에 대처할 준비가 되어 있다고 말하며 대화의 가능성을 열어 놓기도 했다.

2009년 10월 24일 북한 외무성의 리근 미국국장과 미국 국무부의 성 김 북핵 담당 특사가 뉴욕에서 만났다. 20여 년간 타협과 결렬을 반복해 온 북미 대화의 또 다른 시작이었다. 그리고 2009년 12월 8-10일 미국의 보즈워스 대북정책특별대표가 북한을 방문했다. 북미가 만나기 전인 2009년 10월 5일 중국의 원자바오 총리가 평양을 방문하여 김정일 국방위원장과 회담을 했다. 양제츠 중국 외교부장은 한반도 비핵화를 이루는 데 큰 진전이 있었다고 이 회담을 평가했다고 한다. 중국, 미국과 접촉한 후 북한은 평화 체제와 평화협정을 다시금 의제화 했다. 2010년 1월 1일 신년 공동 사설에서는 "조선반도의 공고한 평화체제를 마련하고 비핵화를 실현하겠다"고 밝혔다. 선 평화 체제 후 비핵화로 읽히는 대목이었다. 북한은 2005년 7월 22일 외무성 대변인 담화의 형식으로, "정전체제를 평화체제로 전환하게 되면 핵문제의 발생근원으로 되고있는 미국의 대조선적대시정책과 핵위협이 없어지는것으로 되며 그것은 자연히 비핵화실현에로 이어지게 될것이"라고 주장한 바 있다. 2010년 1월 11일 북한은 평화협정의 체결을 정전협정 당사국들에게 제의하면서, 평화협정의 체결을 위한 회담은 9.19 공동성명에서 합의한 것처럼 별도로 진행될 수도 있고, 6자 회담의 테두리 내에서 진행될 수도 있다는 유연한 입장을 보이기도 했다.

비핵화와 평화 체제를 연계하는 북한의 전략은 미국 오바마 행정부의 핵무기 없는 세상 정책에 대한 나름의 독해에 기초하고 있었다. 2009년 5월 핵실험 이후 북한은 미국에게 핵군축과 CTBT의 규범을 한반도에 적용해야 한다고 요구했다. 북한은 "국제적인 핵군축, 핵철폐의 움직임"과 연계하여 "조선반도비핵화"를 추진하려 했다. 한반도 비핵화는 동북아시아의 핵군축, 핵 철폐와 직결된 문제라는 것이 그들의 주장이었다. 미국은 2010년 4월 핵태세 보고서에서 비확산의 의무를 준수하지 않고 있는 북한을 잠재적 적으로 설정하고 있지만, "지구적 핵전쟁의 위협은 감소했지만, 핵공격의 위험은 증가했다"는 표현에서 볼 수 있는 것처럼, 미국의 주 관심사는 핵물질에 대한 통제를 통해 핵 확산을 막는 것이었다고 볼 수 있다. 2010년 4월 12-13일 열린 '핵 안보 정상회의'는 안보의 대상으로 공동체가 아니라 핵이라는 무생물을 설정하는 핵 안보(nuclear security)라는 '기묘한' 표현에서 볼 수 있듯이, '핵물질의 안전한 관리'가 가장 중요한 의제였다. 2010년 4월 9일 미국의 힐러리 클린턴 국무장관이 북한이 1-6개의 핵무기를 보유하고 있다고 발언한 것은, 미국이 북한의 핵을 사실상 인정하면서도 핵 확산만은 막겠다는 의지를 보인 것으로 해석될 수 있었다. 따라서 만약 북한이 미국에게 핵확산금지조약(NPT) 복귀라는 선물을 줄 수 있었다면,[26] 북미 핵 갈등이 새로운 차원으로 '전환'되는 한 계제가 될 수도 있었다. 북한이 2010년 4월 21일 핵무기의 과잉생산을 하지 않을 것이며, 비확산과 핵물질의 안전 관리에 기여하겠다는 외무성 비망록을 발표한 것도 국제적 맥락에서 갈등의 전환을 염두에 둔 포석이었다고 해석할 수도 있다.

남한 정부의 선택이 핵 문제의 향방을 결정하는 변수의 역할을 할 수밖에 없는 상황이었다. 이명박 정부는 북한이 핵을 포기하면, 이라는 단서를 설정해 놓고, 남북한의 교류와 대화를 사실상 중단했다. 또한 이명박 정부의 '비핵 개방 3000' 정책은 북한을 개발의 대상으로 생각하는 발전주의적 사고의 전형이기도 했다.[27] 2010년 3월 천안함 사건 이후 이명박 정

---

26. 2005년 9월의 외무성 대변인 담화이기는 하지만, 북한은 미국이 경수로를 제공하는 즉시 NPT에 복귀하겠다는 입장을 밝힌 바 있다.

27. 이명박 대통령의 '비핵 개방 3000' 구상은, 북한이 핵 폐기의 대 결단을 내리면 국제사회도 그에 상응하는 대 결단을 내려 북한 경제의 재건을 지원하겠다는 기획이었다. 비핵 개방 3000은 매우 구체적으로 북한에 대한 지원 내용을 밝혔다. 300만 달러 이상 수출 기업 100개를 육성하고, 30만의 산업 인력을 양성하며, 400억 달러 상당의 국제 협력 자

부의 대북 강압 정책이 강화되었다. 2010년 5월 20일 이명박 정부는 천안함 사건이 북한의 어뢰 공격 때문이라는 조사 결과를 발표했고, 5월 24일 남북 교역 중단, 한미 연합 대잠수함 훈련 실시, 유엔안전보장이사회에 천안함 사건의 회부, 한미 동맹 차원의 제재 협의 등을 내용으로 하는 조치를 발표했다. 남북 관계가 정지된 상태에서, 6자 회담이 재개된다 하더라도, 이명박 정부가 북한의 선 핵 포기를 고수한다면, 비핵화와 함께 평화 체제가 의제화 되는 것은 어려울 수밖에 없었다. 이명박 정부는 한반도 비핵화 공동선언과 9.19 공동성명에 대해 모호한 입장을 견지했다.

그럼에도 2012년 2월 북한과 미국은 다시금 비핵화와 평화 체제를 교환하는 9.19 공동성명의 이행을, 2.29 합의의 형태로 약속했다. 그러나 2012년 4월 북한의 위성 발사로 이 합의는 다시금 붕괴되었다. 2012년 12월 북한은 다시금 인공위성 '광명성'을 발사했다. 2013년 1월에는 미국의 재균형 정책을 위한 군사전략이 "유엔군사령부를 다국적련합기구로 둔갑시켜 아시아판 나도[나토]의 모체로 삼으려 하고 있다"는 외무성 비망록을 발표했다. 북한의 위성 발사에 대해 유엔안전보장이사회가 대북 제재 결의 2087호를 채택하자 "세계의 비핵화가 실현되기 전에는 조선반도비핵화도 불가능하다는 최종결론"에 도달했고, "6자회담 919공동성명은 사멸되고 조선반도비핵화는 종말"을 고했다는 성명을 발표했다. 박근혜 정부의 출범에 앞서 2013년 2월 12일 북한은 3차 핵실험을 했다. 북한은 핵실험 이후 핵무기가 "소형화," "경량화"되었고, "핵억제력의 다종화"가 이루어졌다고 주장했다. 핵 억제력의 확보를 위한 물리

금을 투입하고, 에너지, 기간통신망, 항만, 철도, 도로, 운하 등의 인프라 건설에 협력하며, 인간다운 삶을 위한 복지를 지원하겠다는 것이, 비핵 개방 3000의 청사진이었다. 이 구상이 실현되면, 북한 경제는 현재 1인당 소득 500달러 기준으로 매년 15~20%의 성장을 지속하여 10년 후에는 국민소득 3,000달러 경제로 도약할 수 있다는 것이었다. 사실상 북한을 '식민화' 하려는 정책 구상이었다.

적 능력의 강화였다.

2013년 3월 북한의 3차 핵실험에 대한 유엔안전보장이사회의 대북 제재 결의가 채택되고 같은 시기에 전개된 한미합동군사훈련에 대한 북한의 반발이 증폭되면서 동아시아의 불안정을 야기하는 북미 갈등, 한미 협력, 남북 갈등의 악순환이 다시 시작되었다. 북한은 3월 8일 남북한의 불가침과 비핵화에 관한 합의의 폐기를 선언했고, 판문점 연락 통로를 폐쇄했다. 그리고 다음 날 "핵보유국 지위의 영구화"와 "정전협정의 백지화"를 선언했다. 그리고 3월 30일 조선노동당 중앙위원회에서 "경제건설과 핵무력건설을 병진"하는 노선을 공표했다. 헌법 전문에 핵 국가를 명시하는 사상 유례가 없는 사건과 더불어, 국내법의 제정을 통해 핵 보유의 영구화를 다시금 확인했다. 긍정적으로 해석한다면, 핵 보유를 통해 억제력을 확보한 상황에서 경제에 나머지 자원을 투입하겠다는 의지로 읽힐 수도 있었다. 2013년 4월 북한은 남북한 협력의 유일 사례인 개성공업지구를 잠정 폐쇄했다. 북한의 이른바 병진 노선을 한미는 인정하지 않았다. 핵문제를 둘러싼 미중 대립은, 2013년 6월 미중 정상회담에서 나타나듯, 미국의 '비핵화를 전제로 한 대화'와 중국의 '비핵화를 위한 대화'로 엇갈리고 있었다. 미국은 북한의 병진 노선을 수용할 의사가 없음을 밝혔지만, 중국은 병진 노선을 언급하지 않았다. 중국은 한반도 비핵화, 한반도의 평화와 안정, 대화와 협상을 통한 문제 해결이라는 자신들의 3원칙을 고수했다.

미중 정상회담의 효과는 북한이 북미 고위급 회담을 제안하는 방식으로 나타났다. 북한은 군사적 긴장 상태의 완화, 정전 체제의 평화 체제로의 전환, 핵 없는 세계의 건설 등을 의제로 제시했다. 그러나 6자 회담 참여국들이 개별적으로 또는 집단적으로 참여하는 다양한 조합의 회담 개최에도 불구하고, 6자 회담은 재개되지 않았다. 남한이 북한의 핵무기에 대해 킬체인과 한국형 미사일 방어 체계로 대응하겠다는 10월 1일 한국 대통령의 발언 이후, 북한의 핵무기를 매개로 한 한반도의 안보 딜레마는 보다 심화되는 모습이었다. 동북아 차원에서 안보 딜레마도 확산되었다.

북한의 제3차 핵실험과 함께 출범한 박근혜 정부는 과거 정부의 화해 협력 정책과 강압 정책의 사잇길이라 할 수 있는 한반도 신뢰 프로세스 와 동북아 평화 협력 구상을 통해 한반도 문제에 접근하고자 했다. 그러 나 비핵화를 위한 다자 협상으로서 6자 회담에 대해서는 재개의 입장을 명확히 밝히지 않았다. 집권 초기 개성공업지구의 폐쇄와 같은 극단적 남 북 갈등을 겪었음에도 간헐적 남북 대화는 만들어졌다. 반면, 비핵화를 위한 협상의 실종으로 북한의 핵 능력은 점진적으로 제고되는 현실을 맞 이하고 있었다. 6자 회담 재개를 위한 최소 조건에 대한 합의가 이루어지 지 않으면서, 특히 미국의 북한에 대한 전략적 인내와 맞물리면서, 박근 혜 정부 하에서 비핵화와 평화 체제를 함께 논의하는 6자 회담이 재개될 지는 불투명한 상태였다. 박근혜 정부가 평화 체제란 의제를 완전히 제 외한 것은 아니지만, 2014년 벽두부터 등장한 이른바 '통일 대박론'은 평화 체제를 포섭하지 않는 논리를 담고 있었다. 통일의 경제적 효과만 강조될 뿐, 통일의 주체와 방법은 생략되어 있는 담론이었다. 통일 대박 론은 북한을 포함한 타자에 대한 인정을 담고 있지 않기 때문에, 북한으 로부터 이른바 흡수통일의 담론으로 읽힐 수밖에 없었다.

비핵화와 평화 체제를 교환하는 방식의 한반도 평화의 길이 막힌 상태 에서 북한은 2015년 1월부터 한미합동군사훈련의 임시 중단과 자신들의 핵실험 임시 중지를 교환하는 '연방주의적' 방식의 협상을 제안해 왔다. 그러나 미국과 한국은 이 제안을 거부했다. 2015년 3월 12일 북한은 외 무성 대변인 담화를 통해 미국이 한미합동군사훈련 임시 중단과 핵실험 임시 중단의 교환을 거부한 것에 불만을 토로하면서 미국 측이 대북 추가 제재와 북한 붕괴를 추구하고 있다고 비난했다. 그리고 북한은 자신의 핵 담론에 '고고도미사일방어체계'(THAAD, 사드)를 포함하기 시작했다. 한미가 한미 동맹의 차원에서 북한의 핵과 미사일 위협에 맞서기 위해 '확장억제위원회'를 출범시킨 것을 한국에 사드 배치와 연관시켜 해석했다(외무성 군축 및 평화연구소 대변인, 2015년 4월 30일).

한미합동군사훈련의 임시 중단과 핵실험 임시 중지를 교환하는 방식의 합의가 무산되자, 북한은 다시금 평화협정을 의제화 했다. 2015년 10월 17일 북한 외무성은, 한반도에 평화를 실현하는 방법으로 자신들의 핵 억제력을 강화하는 "랭전의 방법"과 "평화협정 체결"이란 두 가지 방법이 있다고 주장했다. 그러나 후자의 길에서, 양자 및 다자 구도에서 비핵화를 선행하거나 비핵화와 평화협정을 동시에 협상했던 경험이 적절하지 않았다고 밝히며 평화협정이 체결되고 미국의 대북 적대시 정책이 종료된 이후 비핵화의 길을 가겠다는 방안을 제시했다(외무성 대변인 담화, 12월 2일). 즉, 6자 회담 참여국들이 수용하지 않으려는, 선 평화협정 후 비핵화의 구도였다.

2016년 1월 1일 신년사에서 "자강력제일주의"를 언급하기는 했지만, 주변국들의 기대와 달리 북한은 1월 6일 스스로 "수소탄실험"이라고 밝힌 제4차 핵실험을 했다. 한반도와 그 주변이 "세계최대의 열점지역, 핵전쟁의 발화점"이 되고 있는 것에 대해 "최강의 핵억제력"으로 대응했다는 것이 북한의 주장이었다(북한 정부 성명, 1월 6일; 외무성 대변인 담화, 1월 16일). 이즈음 북한은 정전협정 제60항이 평화협정 체결의 근거가 되며 한미 동맹의 법적 근거인 '한미상호방위조약'이 정전협정 제60항에 따른 정치 협상의 소집 이전에 체결된 문서이므로 "비법장"이란 논리를 전개했다(북한 법률가위원회 백서, 1월 4일; 외무성 군축 및 평화연구소 대변인 담화, 4월 6일). 그리고 마치 현실주의 국제정치 이론처럼, 핵 국가들의 관계가 핵 국가와 비핵 국가의 관계보다 "더 평온한 것이 국제관계의 엄연한 현실"이란 주장도 개진했다.

　북한의 핵실험이란 '행위'에 대해서는 미국을 비롯한 주변국들이 다시금 '제재'로 '대응'했다. 한국은 1월 8일 대북 확성기 방송을 재개했고, 2월 7일 북한의 로켓 발사 직후 사드의 한국 배치를 공론화했다. 2월 10일에는 '기능주의적' 평화 과정의 상징인 남북 경제협력의 공간인 개성공업지구를 폐쇄했다. 미국은 2016년 1월 12일 하원에 계류 중이던 「대북제재법」(H.R. 757, North Korea Sanctions Enforcement Act of 2016)을 통과시켰다. 상원의 수정을 거쳐 하원에서 재심된 이 법은 2월 18일 오바마 대통령의 서명으로 발효되었다. 특정 국가에 대한 제재로는 이란 이후 두 번째인 이 법은, 북한의 국제적 금융 거래를 봉쇄하고자 하는 것이 주요 목적이었다.[28] 2월 19일 일본도 독자적인 대북 제재에 착수하자, 한국도 3월 9일 금융 제재, 해운 통제, 수출입 통제를 담은 제재안을 발표했다. 한국의 독자 제재 이전인 3월 2일 유엔안전보장이사회는 대북 제재 '결의안 2270'을 채택했다. 역사상 최강의 유엔에 의한 제재로 평가받는 결의안으로, 의무적 화물 검색, 항공유 제공 금지, 광물 거래 차단, 금융 거래 중단 등이 포함되었고, 결의안의 49항에 "대화를 통한 평화적이고 포괄적인 해결의안 촉진"과 "긴장을 악화시킬 수 있는 어떠한 행동도 삼감"으로, 50항에 "6자회담의 재개" 그리고 "검증가능한 비핵화"와 "미국과 북한의 상호 주권존중과 평화적 공존"의 내용을 담은 "9·19공동

---

28. 북한과 거래하는 제3자를 제재하는 이른바 '이차 제재(secondary boycott)'는 행정부가 재량권을 가지는 방식으로 정리되었고, 북한에 대한 인도적 지원도 제재에 포함되지 않았다. 제재 이론가들은 이차 제재가 제재 주체의 다자적 협력을 위협할 수 있기 때문에 바람직한 수단으로 생각하지 않는다(Haass, 1998). 또한 북한이 경제와 안보 두 측면에서 미국에 의존적이 아니기 때문에, 미국의 독자적인 대북 제재가 북한에 대한 실질적 위협이 되는 것은 아닐 수 있다(Miller 1994).

성명 지지"가 명기되었다. 대북 제재의 목적이 북한을 협상의 장으로 유도하는 것임을 밝힌 것이다(구갑우, 2016). 이 결의안은 2월 23일 미중 대화에서 합의한 내용이었다.

결의안 2270 이후 한반도의 군사적 긴장은 고조되었다. 한미합동군사훈련을 둘러싸고 남북한의 말의 공방은 격해졌다. 북한이 핵실험 임시 중지와 교환하고자 했던 한미합동군사훈련은 중단이 아니라 역대 최대 규모로 진행되었다. "참수작전," "상륙작전"에 대해 "핵무기의 실전 배치," "통일전쟁"과 같은 위협적 발언이 맞섰다. 말이 현실이 될 수 있는 긴장의 순간이었다. 중국의 왕이 외교부장이 3월 8일 베이징 기자회견에서 말한 것처럼, "한반도에 화약냄새가 가득"한 정세였다. "중국은 조선이 한미 군사훈련에 매우 민감하게 반응한다는 사실을 알고 있(고) 따라서 중국은 심각한 우려를 표"할 뿐만 아니라 중국의 "핵심이익(core interests)"과 관계되는 한반도의 비상사태에 대비해야 한다는 언명까지 나올 정도였다.[29] 북한이 미국에 대한 직접적 위협이 될 수 있는 핵 운반체인 대륙간 탄도미사일의 "지상분출시험"을 공개한 시점이 4월 9일이었다.[30] 2016년 초반에 한반도를 둘러싼 행위자들은 말과 행동으로 군사적 긴장을 높여 가고 있었다.

'다시금' 북한은 2016년 4월 24일 한미가 한미합동군사훈련을 중단하면, 자신들은 핵실험을 중지할 준비가 되어 있다는 제안을 했다. 북한 외무상 리수용이 미국에서 AP통신과의 인터뷰에서 직접 제안한 협상안이었다. 한국 사회 일각에서도 북한이 4차 핵실험 20일 뒤 『NK뉴스』라는

---

29. *Global Times*, 8 March, 2016.
30. 북한은 『로동신문』 1면과 2면에 걸쳐 대륙간 탄도미사일 엔진 실험을 소개하면서, "이번 시험에서의 대성공으로 미제를 비롯한 적대세력들에게 또 다른 형태의 핵공격을 가할수 있는 확고한 담보를 마련하고 핵에는 핵으로 맞서 싸울수 있는 보다 위력한 수단을 가지게 되었다"고 주장했다.

미국에서 운영하는 친북 매체에 게재된 핵실험 모라토리움(동결)과 한미 합동군사훈련의 중지를 교환하자는 제안에 동의하는 발언이 나오기도 했다. "한미연합군사력이 충분한 대북 억지력을 갖추고 있"는 조건에서 이 교환이 한미에게도 불이익이 아니라는 것이었고, 한반도의 평화를 생각한다면, 이 교환 이후 북미 수교, 평화협정으로 이어지는 길을 갈 수도 있다는 것이었다(김영희, 2016). 그러나 이 교환 제안을 한미는 수용하지 않았다.

2016년 7월 6일 북한은 "정부 대변인성명"을 통해 한반도 비핵화가 "《북비핵화》"가 아니라는 주장을 담은 제안을 다시 내놓았다. 3년여 만에 한반도 비핵화를 의제화 한 이 성명에서 북한은 비핵화를 김일성과 김정일의 "유훈"이자, 김정은의 "의지"라고 표현했다. 자신들의 핵 억제력이 한반도에 "영구적인 평화체제를 구축하고 나아가서 반도전역의 비핵화를 실현하기 위한 필수불가결한 전략적선택"이었다고 밝힌 다음, 한반도 비핵화의 길을 가기 위한 조건을 제시했다. 그 내용은, 첫째 한국에 "끌어들여놓고 시인도 부인도 하지 않는 미국의 핵무기들부터 모두 공개하여야 한다"는 것, 둘째 한국에서 "모든 핵무기와 그 기지들을 철폐하고 세계앞에 검증받아야 한다"는 것, 셋째 "미국이 조선반도와 그 주변에 수시로 전개하는 핵타격수단들을 다시는 끌어들이지 않겠다는것을 담보하여야 한다"는 것, 넷째 "그 어떤 경우에도 핵으로, 핵이 동원되는 전쟁행위로 우리를 위협공갈하거나 우리 공화국을 반대하여 핵을 사용하지 않겠다는것을 확약하여야 한다"는 것, 다섯째 한국에서 "핵사용권을 쥐고있는 미군의 철수를 선포하여야 한다"는 것이었다.

그러나 이 제안도, 2016년 7월 8일 한미가 북한의 핵·미사일 위협에 대응하기 위해 사드 배치를 한미 동맹 차원에서 결정했다는 발표와 함께 묻힐 수밖에 없었다. 제2핵시대에 전통적인 억제와 함께 가는 방위의 도구로 사드 배치를 결정하게 되면서, 미국은 냉전 시대와 같은 공포의 균형을 수용하지 않겠다는 의사를 동북아 차원에서 구체화한 것이다(서재정, 2015). 사드 배치는 유엔에서 대북 제제 결의안 2270을 논의하는 과정에서 중국과 러시아가 강력히 반대한 사안이었다. 한반도에서 핵전쟁과 같은 전면전을 가정한 상태에서 배치되는 사드는 일단 전면전 가능성이 낮고 그 상황이 도래하더라도 효율적 방어 수단이라고 평가하기 어려운 무기 체계이다(박건영, 2016).

2016년 9월 북한은 유엔안전보장이사회의 대북 제재에도 불구하고 그리고 상대적으로 짧은 핵실험 주기를 보이며, 5차 핵실험을 했다. 핵실험을 알린 성명의 주체는, 북한 정부가 아닌 "핵무기연구소"였다. 북한 내부에 5차 핵실험을 두고 이견이 있었음을 추론하게 하는 성명 주체의 수준이었다. 북한은 5차 핵실험을 통해 "소형화, 경량화, 다종화된 보다 타격력이 높은 각종 핵탄두들"을 생산할 수 있게 됨으로써 "핵무기병기화"를 위한 "보다 높은 수준"에 올라서게 되었다고 주장했다. 미사일에 탑재 가능한 핵탄두를 개발했다는 주장으로 읽히는 부분이고, 북한이 전통적 억제력인 잠수함 발사 탄도미사일을 실험한 상황에서 또 다른 억제력으로 대륙간 탄도미사일 실험이 임박했음을 알리는 신호이기도 했다. 북한의 김정은은 2017년 1월 1일 신년사에서 '드디어,' "대륙간탄도로케트시험발사준비사업이 마감단계"에 이르렀다고 밝혔다.

2017년 한반도의 4월은 전쟁 위기를 겪고 있었다. 1970년대 중반부터 시작된 한국과 미국의 합동군사훈련이 열리게 되면 북한이 항상 군사적 대응 운운하기에 예고된, 예측된 4월 위기였다. 북미 대화가 단절된 상태에서 북한의 6차 핵실험 가능성이 언급되고 미국의 북한에 대한 선제타격까지 선택지로 고려된다는 발언조차 나올 즈음인 2017년 4월 7일 미중 정상회담이 개최되었다. 그러나 공동성명과 공동 기자회견조차 없었

다. 한반도 위기에 대한 미중 정상의 대화도 공표되지 않았다. 미중 정상
회담의 와중에 시리아 공습을 결정했던 트럼프 행정부는 정상회담 직후
인 4월 8일 핵 추진 항공모함인 칼빈슨호를 한반도로 보내겠다고 발표
했다. 한반도 전쟁 위기를 야기할 수도 있는 결정이었다. 이틀 후 트럼프
조차 무적함대를 한반도로 파견하겠다고 말했지만, 칼빈슨호는 4월 15
일 인도네시아의 순다해협을 지나고 있었다. 미국의 정책 결정자들이 거
짓말을 한 이유를 알 길은 없지만, 트럼프의 불확실성과 예측 불가능성
이 한반도를 전쟁 위기에 근접하게 했다.

중국이 미국의 이 거짓 결정을 인지했는지도 알 길이 없지만, 2017년 4
월 중국은 긴장을 조성하는 관련 행위자들의 자제를 요구하면서, '쌍궤
병행'으로 비핵화와 북미 평화협정 체결의 동시 협상, '쌍중단'으로 북한
의 핵실험 및 미사일 발사 중단과 한미합동군사훈련의 중단이란 제안을
들고 나왔다. 미중 정상회담 이후에도 중국의 한반도 문제 해결의 원칙
이 변하지 않았음을 보여 주는 것이기도 했다. 4월 12일 미중 정상의 통
화가 이루어지면서, 중국이 칼빈슨호의 위치를 인지하지 못했기에 벌어
진 긴급 조치라는 미확인 추정도 있지만, 미국이 중국을 환율 조작국으
로 지정하는 대신 핵 문제 해결을 중국에게 책임 전가하는 방식의 교환
이 이루어졌다고 보도되기도 했다. 미중 무역 분쟁과 한반도 핵 문제를
연계하는 방식이 사실인지를 또 알기 어렵지만, 미중이 한반도 문제를
둘러싸고 새로운 균형점을 마련하려 하고 있는 것처럼 보인다.

4월 14일 북한 외무성 부상 한성렬은 AP통신과의 인터뷰에서, "미국이
선택한다면 전쟁을 불사하겠다"는 입장을 국제사회에 전달했다. 핵 추진
항공모함이 한반도 수역에 진입하는 것에 대한 반응이었다. 4월 15일 미
국의 트럼프 행정부는 오바마 행정부의 대북 정책이었던 전략적 인내를
폐기하고 "최고의 압박과 관여(maximum pressure and engagement)"로

명명된 새로운 대북 정책을 수립했음을 알렸다. 4월 17일 한국을 방문한 미국 부통령도 전략적 인내 시대의 종언과 더불어, 한미가 외부로부터의 공격에 맞서기 위해 재래식 무기 또는 핵무기를 사용할 수 있음을 언급했다.

한반도 전쟁 위기의 와중에 유력한 대통령 후보였던 더불어민주당의 문재인 후보는, 지체된 대응이었지만, "담대한 한반도 비핵화구상"을 제시했다. 골자는 셋이었다. 첫째, 한국 주도로 중국을 설득해 6자 회담을 재개하고 미국을 설득해 북미 관계를 개선하겠다는 것이었다. 비핵화를 위한 북한의 선 조치를 기대하기보다는 당사국의 동시 행동을 모색하겠다는 것이었다. 둘째, 북한의 핵·미사일 공격 징후가 포착되면 선제타격을 하는 '킬체인'과 북한의 미사일에 대한 독자적 방어 체계인 '한국형 미사일방어(KAMD)' 체계를 구축하겠다는 내용을 담고 있었다. 셋째, 비핵화에 대한 단계별 접근을 통해 비핵화와 함께 평화협정을 체결하는 로드맵이었다. 더불어 문재인 후보는 기존의 남북한 합의인 박정희 정부의 7.4 남북공동성명, 노태우 정부의 남북기본합의서, 김대중 정부의 6.15 공동선언, 노무현 정부의 10.4 공동선언을 계승하겠다는 입장도 밝혔다.

2017년 5월에 집권한 문재인 정부는 북한 핵의 동결과 동결 이후 비핵화로 가는 2단계 접근법을 제시하면서, 궁극적으로 비핵화와 평화 체제를 연계하는 협상을 다시금 의제화 했다. 2017년 6월 말, 한국의 역대 정부 가운데 가장 먼저 열린 한미 정상회담에서, 문재인 정부는 한미 동맹이 한국에 제공하는 핵우산을 포함한 확장 억제에 기반하여, 한국의 군사력을 강화하며, 한국의 주도 하에 남북 관계를 주도하겠다는 합의를 만들었다. 이후 문재인 대통령은 7월 4일 북한이 화성-14형이라 명명한 대륙간 탄도미사일 실험을 했음에도 독일의 베를린에서 비핵화와 평화 체제를 연계하면서 동시에 한반도 신경제 지도를 그리는 구상, 즉 연방주의적 접근과 기능주의적 접근이 혼합된 선언을 발표했다. 그러나 비핵화와 평화 체제 협상을 병행하기 위한 '입구'는 한미 정상회담과 베를린 선언에 포함되지 않았다. 즉, 북한이 요구하고 중국이 동의한 한미합동군사훈련의 중단과 북한의 핵미사일 실험을 교환하는 방식은 언급되지 않았다. 그리고 북한은 다시금 7월 28일 개량된 화성-14형 대륙간 탄도미사일을 발사했고, 한미는 북한 지휘부를 타격할 수 있는 연합 미사일 발사 실험으로 대응했고, 미국의 전략 자산이 한반도에 들어오기도 했다.

주기적으로 반복되고 있는 한반도의 전쟁 위기는 한반도 비핵화와 평화 과정이 부재한 조건에서 발생하는 사건들이다. 안보 경쟁일 뿐만 아니라 서로가 안보 이익을 극대화하려는 게임이 서로의 안보 이익을 감소시키는 안보 딜레마의 전형이다. 문재인 정부의 대북 정책을 포함한 외교 안보 정책은 이 안보 딜레마에서 탈출하는 방법을 찾는 것일 수밖에 없다. 특히 북한이 핵 억제력과 한미 동맹의 교환을 주장하고 있는 조건 하에서 안보 딜레마의 제도적 해결책인 평화 체제 구축의 미래가 가시적이지 않은 상태다. 안보 딜레마의 가속화인가, 기능주의적 접근을 통한 안보 딜레마의 해결인가, 안보 딜레마의 제도적 해결인가를 둘러싸고 남북한의 국내 정치와 한반도의 국제정치가 요동하고 있는 형국이다.

(2) 비교와 함의

아일랜드섬과 달리 한반도에서는 갈등의 전환이 이루어지지 않고 있다. 아일랜드섬의 성금요일 협정의 등가물이라고 할 수 있는 한반도 평화 체제를 위한 제도화는 부재한 상태다. 전환적 접근이 추구하는 평화적 방법에 의한 평화의 기본 공식은, 태도에서의 공감, 행위에서의 비폭력, 모순에서의 창조성으로 요약된다. 시민사회 차원의 참여가 결여된 엘리트 수준의 합의라는 한계를 가졌고(Knox, 2010), 그 나름의 독특하고 고유한 역사를 담고 있었지만, 아일랜드섬의 평화 과정은 수출 상품이 될 정도로 보편성을 담지하고 있다고 생각한다(Bew, 2007; Deane 2009). 이하에서는 아일랜드섬의 평화 과정이 한반도 평화 과정에 주는 함의를 비교의 시각에서 정리한다.

첫째, 아일랜드섬에서는 비폭력의 실행을 조건으로 신페인과 로열리스트에 가까운 DUP를 갈등의 주체로 인정하고 협상에 참가시켰다. 그리고 외부의 행위자인 미국은 '양심적 중재자'의 역할을 수행했다. 아일랜드섬 평화 과정에서는, 통일 아일랜드를 지향하는 민족주의자와 영국의 일부이기를 원하는 통합주의자의 이해를 충족시킬 수 있는 북아일랜드의 미래, 자치의 제도화를 설계했다. 그러나 한반도에서는 아직 협상의 당사자조차 확정되지 않은 상태다. 그리고 평화 과정을 중재할 제3의 행위자도 존재하지 않는다. 한반도 문제와 연관된 두 강대국, 미국과 중국이 '양심적 중재자' 역할을 하고 있다고 보기는 힘들다. 따라서 평화 협상 자체가 붕괴되곤 했다. 남한과 북한, 미국과 북한이 서로를 정당한 행위자로 인정하는 것이, 한반도 평화 과정의 출발점이 되어야 한다.

둘째, 평화적 방법에 의한 평화에 대한 갈등 당사자들의 동의가 이루어져야 한다. 아일랜드섬에서는 IRA와 로열리스트의 준군사 조직의 정전 선언 및 무장해제가 평화 협상과 함께 진행되면서 갈등 당사자들은 평화 협정에 도달할 수 있었다. 특히 IRA와 로열리스트 준군사 조직의 무장해제는 아일랜드섬의 평화 체제를 만들었던 성금요일 협정 이후에도 완료되지 않은 상태였다. IRA의 무장해제 선언 이후 성금요일 협정의 실행 협정인 세인트앤드루스 협정이 체결되었다는 점도 주목의 대상이다. 북한의 핵 개발은 전형적인 군사적 방법으로 한반도 갈등을 심화시키고 있는 요인이다. 그러나 비핵화를 전제 조건으로 제시한다면, 평화 체제 자체가 의제화 되기가 힘든 것처럼 보인다. 9.19 공동성명에서 제시한 해법인 비핵화와 평화 체제의 동시적 협상이, 힘에 의한 평화가 아니라 평화적 방법에 의한 평화를 추구하게끔 하는 현실적 대안일 수 있다.

이 두 원칙이 갈등 전환의 일반론이라면, 이제 한반도 평화 체제를 둘러싼 각론적 쟁점을 아일랜드섬의 사례를 참고하며 살펴보자.

첫째, 평화 체제는 갈등 당사자들이 서로 적과 위협이 아닌 상태를 지향한다. 서로를 대화 상대자로 인정하는 것이 출발점이기는 하지만, 분단국의 속성상 상대방을 인정하지 않는 제도적 장치를 가지고 있다. 아일랜드섬의 경우, 아일랜드섬 전체를 아일랜드공화국의 영토로 규정하고 있는 헌법의 개정이 평화협정의 주요 내용 가운데 하나였다. 서닝데일 협정과 달리 성금요일 협정은 아일랜드공화국 헌법의 개정을 결과했고, 이는 북아일랜드 통합주의자들의 흡수통일에 대한 우려를 불식시킨 제도적 조치였다. 남한은 헌법에 한반도 전체를 영토로 규정하고 있고, 북한은 조선노동당 규약에서 "전국적 범위에서 민족해방민주주의혁명의 과업"을 상정하고 있다. 미국이 핵 불능화의 대가로 북한에 대한 테러 지원국 지정을 해제한 것처럼, 한반도 평화 협상에서도 당사자들이 서로의 국가성을 인정하지 않는 법적, 제도적 장치의 개정을 의제화 할 필요가 있다.

둘째, 평화협정의 정당한 구속력이 확보되어야 한다. 아일랜드섬의 성금요일 협정은 북아일랜드와 아일랜드공화국에서 국민투표를 거쳤고, 영국은 의회에서 성금요일 협정을 실행하기 위한 입법을 했다. 한반도에서 남북한과 북미 사이에 만들어진 다수의 협정들은 정당한 구속력을 가지지 못했다. 일방적 파기가 가능한 협정들이었다. 협정에 참여하는 국가들이 국내법으로 협정에 정당한 구속력을 부여할 수 있어야 한다.

셋째, 아일랜드섬의 사례에서는 평화협정 체결 이후 북아일랜드로부터 영국군이 철수했다. 비슷한 의미로, 한반도에서 비핵화 평화 체제가 함께 논의될 때, 비핵화의 의미를 둘러싸고 논쟁이 전개되면서 한미 동맹과 북중 동맹의 형태 변환이 의제화 될 수 있을 것이다. 북한이 주장하는 '조선반도 비핵화'는 북핵의 폐기는 물론 한미 동맹에 의해 남한에 제공되는 미국의 핵우산 및 동북아 차원의 핵군축 및 핵 철폐와 연계되어 있기 때문이다. 한반도 평화 체제가 탈식민, 탈분단, 탈패권의 길을 가게 된다면, 두 동맹의 구조 조정이 의제화 될 수밖에 없다.

넷째, 아일랜드섬의 평화협정에서 준군사 조직의 무장해제를 감독하는 기구는 국제조직인 IICD였다. 제3의 행위자가 군사적 문제를 관리하는 방식이었다. 한반도 평화 체제는 정전협정을 관리하고 있는 유엔군사령부의 존폐 여부를 의제화 하게 될 것이다. 군축 및 군비 통제를 포함하는 평화 체제의 군사적 문제를 관리하는 기구의 구성과 관련하여 제3의 공정한 행위자를 도입한 아일랜드섬의 사례도 하나의 대안이 될 수 있다.

다섯째, 아일랜드섬의 평화 과정에서는 미국뿐만 아니라 유럽연합이 경제적 지원뿐만 아니라 주권에 대한 인식의 전환을 가져오게 한 지역 기구였다. 아일랜드공화국의 정치 지도자들은 유럽연합 가입 이후 주권의 부분적 양도와 아일랜드섬 전체를 아일랜드공화국의 영토로 규정한 헌법 조항의 개정을 연계하여 사고했다고 한다. 지역 통합은 전통적인 국가성에 대한 도전이었고, 아일랜드섬의 평화 과정도 마찬가지의 도전이었다고 할 수 있다. 9.19 공동성명에서 언급된 것처럼, 지역 기구가 결여된 동북아에서 공동 안보의 개념에 기초한 다자 안보 협력이 한반도 평화 체제의 구축과 병행될 때, 절대적인 국가 안보 담론을 넘어서야만 가능한 한반도 평화 체제의 국제적 조건이 마련될 수 있을 것이다.

마지막으로, 북아일랜드의 갈등 전환이 한국 사회의 남남 갈등에 주는 시사점이다. 한국의 남남 갈등은 북아일랜드의 갈등처럼 탈식민적 분단을 재생산하는 국내적 토대라고 할 수 있다. 북아일랜드에서는 엘리트 수준의 합의였던 성금요일 협정의 실행 과정에서 갈등 전환을 위한 시민사회적 접근이 제기되곤 한다. 분파주의적으로 양극화된 북아일랜드의 두 공동체를 가로지르며 공동의 이해관계와 공동의 미래를 구성하는 시민사회 만들기가 없다면 지속가능한 평화가 없을 수도 있다는 문제의식 때문이었다(Knox, 2010; Power, 2011).[31] 한국 사회에서도 탈분단의 방향을 둘러싸고 시민사회 수준에서 갈등이 격화되곤 한다. 예를 들어, 보수 우파 가운데는 북한의 붕괴 가능성을 고려하며 흡수통일을 지향하는 세력이 있다. 진보 좌파 가운데는 정전 체제 극복의 대안으로 남북 연합을 제시하는 세력이 있다. 그러나 아일랜드섬의 사례에서 볼 수 있는 것처럼, 탈식민적 평화 과정의 지향을 민족주의적 이념에 기초한 통일로 상정할 때, 평화 과정은 작동하지 않을 수 있다. 어느 한편이 다른 한편을 흡수하거나 배제하는 과정으로 생각하기 때문이다. 한반도의 미래에 대한 공동의 설계가 통일로 제시될 때, 어떤 통일인가를 둘러싼 갈등의 전환은 어려울 수 있다. 아일랜드섬의 사례는, 국내적 수준에서, 한반도적 수준에서, 이항 대립을 넘어서는 탈식민적 공존, 즉 탈분단의 한 가능성이지만, 동시에 시민사회 수준에서의 평화 만들기가 함께 가지 않는다면 평화의 제도화가 지속가능한 평화를 결과하지 않을 수도 있음을 보여 준다.

---

31. 성금요일 협정의 실행 과정은, 갈등 행위자들의 '공존'을 제도화했지만, 평화 과정 이후의 평화 과정이 필요함을 보여 준다. 즉, 분파주의적 양극화가 지속되는 한 공존은 항상 위기에 봉착할 가능성이 있다는 것이다. 공존의 제도화 이후 평화의 길이 통합주의와 민족주의 두 공동체의 정치적, 심리적 비타협성 때문에 방해되었다(MacGinty and du Toit, 2007; Burgess et al., 2007; Stevenson et al., 2007). 엘리트 수준의 정치적 타협으로 이루어진 갈등의 전환은 "전쟁도 없고 평화도 없는 상태"로 묘사될 정도였다(MacGinty et al., 2007). 따라서 평화 과정 이후의 평화 과정, 즉 포스트 평화 과정에서는 심리적, 경제적, 정치적, 영성적 차원에서의 미시적 평화 과정이 고려되어야 한다(Väyrynen, 1991; Lederach, 2003).

참고 문헌

강명숙. 2001, 「1920년대 초반 동아일보에 나타난 자치에 관한 인식」, 『역사와 현실』, 41.

강정민. 2005, 「자치론과 식민지 자유주의」, 『한국철학논집』, 제16집.

고부응 엮음. 2003, 『탈식민주의』(서울: 문학과지성사).

공제민. 1989, 『고려민주련방공화국 창립방안』(평양: 사회과학출판사).

김기순. 2009, 『글래드스턴과 아일랜드』(춘천: 한림대학교출판부).

무디, 테오 · 프랭크 마틴. 박일우 옮김. 2009, 『아일랜드의 역사』(파주: 한울).

박영호. 2000, 「4자 회담의 전개과정과 평가」, 김학성 외, 『한반도 평화전략』(서울: 통일
　　연구원).

박지향, 2004, 「아일랜드, 인도의 민족운동과 한국의 자치운동 비교」, 『역사학보』, 182.

박지향, 2008, 『슬픈 아일랜드』(서울: 기파랑).

박찬승. 1992, 『한국근대정치사상사연구: 민족주의 우파의 실력양성운동론』(서울: 역사
　　비평사).

안외순. 2005, 「백남운과 자유주의: '식민지 자유주의'에 대한 '조선적 맑스주의자'의 비
　　판적 인식을 중심으로」, 『한국철학논집』, 제16집.

윤해동. 2007, 『식민지 근대의 패러독스』(서울: 휴머니스트).

신복룡. 2001, 『한국 분단사 연구』(서울: 한울).

이경원. 2003, 「탈식민주의의 계보와 정체성」, 고부응 엮음, 『탈식민주의: 이론과 쟁점』
　　(서울: 문학과지성사).

이경원. 2011, 『검은 역사 하얀 이론: 탈식민주의의 계보와 정체성』, 파주: 한길사.

이수형. 2009, 「노무현 정부의 동맹재조정정책: 배경, 과정, 결과」, 이수훈 편, 『조정기의
　　한미동맹: 2003-2008』(서울: 경남대 극동문제연구소).

이태훈. 2001, 「1920년대초 자치청원운동과 유민회(維民會)의 자치 구상」, 『역사와 현
　　실』, 39.

장달중 · 이정철 · 임수호. 2011, 『북미 대립: 탈냉전 속의 냉전 대립』(서울: 서울대학교출
　　판문화원).

조한혜정 · 이우영 엮음. 2000, 『탈분단 시대를 열며: 남과 북, 문화 공존을 위한 모색』(서
　　울: 삼인).

한상일. 2002, 「식민지 자치론」, 『사회과학연구』, 15.

가라타니 고진(柄谷行人). 박유하 옮김. 1997, 『일본근대문학의 기원』(서울: 민음사).

마루야마 마사오(丸山眞男)·가토 슈이치(加藤周一). 임성모 옮김. 2000. 『번역과 일본의 근대』(서울: 이산).

미야타 세쓰코(宮田節子). 정재정 역. 2002, 『식민통치의 허상과 실상』(서울: 혜안).

Anderson, J. 2008, "Partition, Consociation, Border-Crossing: Some Lessons from the National Conflict in Ireland/Northern Ireland," *Nations and Nationalism*, 14: 1.

Barnes, P. 2005, "Was the Northern Ireland Conflict Religious," *Journal of Contemporary Religion*, 20: 1.

Bew, Paul. 2007, *Ireland: The Politics of Enmity 1789-2006* (Oxford: Oxford University Press).

Brydon, Diana, ed. 2000, *Postcolonialism: Critical Concepts* (London: Routledge).

Carroll, C. and P. King, eds. 2003, *Ireland and Postcolonial Theory* (Notre Dame: University of Notre Dame Press).

Cleary, Joe. 2002, *Literature, Partition and the Nation State* (Cambridge: Cambridge University Press).

Coakley, J. 2008, "Has the Northern Ireland Problem Been Solved," *Journal of Democracy*, 19: 3.

Coquelin, O. 2005, "Politics in the Irish Free State," *The European Legacy*, 10: 1.

Diez, T. and K. Hayward. 2008, "Reconfiguring Spaces of Conflict: Northern Ireland and the Impact of European Integration," *Space and Polity*, 12: 1.

Dixon, Paul. 2008, *Northern Ireland: the Politics of War and Peace* (Basingstoke: Palgrave).

English, Richard. 2007, *Irish Freedom: The History of Nationalism in Ireland* (London: Pan Books).

Ferriter, Diarmaid. *The Transformation of Ireland 1900-2000* (London: Profile Books).

Forsythe, A. 2004, "Mapping the Political Language of the 1998 Good Friday Agreement," *Current Psychology*, 23: 3.

Galtung, J., C. Jacobsen and K. Brand-Jacobsen. 2002, *Searching for Peace: The Road to Transcend* (London: Palgrave).

Gandi, L. 1998, *Postcolonial Theory: A Critical Introduction* (New York: Columbia University Press). 한국어 번역본: 간디, 릴라. 2000, 『포스트식민주의란 무엇인가』

(서울: 현실문화연구).

Ganiel, G. and P. Dixon. 2008, "Religion, Pragmatic Fundamentalism and the Transformation of the Northern Ireland Conflict," *Journal of Peace Research*, 45: 3.

Haass, Richard N. ed., 1998. *Economic Sanctions and American Diplomacy*. New York: Council on Foreign Relations.

Hancock, L., J. Weiss and G. Duerr. 2010, "Prospect Theory and the Framing of the Good Friday Agreement," *Conflict Resolution Quarterly*, 28: 2.

Hayward, K. 2006, "Reiterating National Identities: The European Union Conception of Conflict Resolution in Northern Ireland," *Cooperation and Conflict*, 41.

Hayward, K. 2009, *Irish Nationalism and European Integration* (Manchester: Manchester University Press).

Kennedy, W. 1923, "Significance of the Irish Free State," *The North American Review*, 218: 814.

Kissane, B. 1998, "Majority Rule and the Stabilization of Democracy in the Irish Free State," *Irish Political Studies*, 13: 1.

Krasner, S., ed. 1983, *International Regime* (Ithaca: Cornell University Press).

Knox, C. 1994, "Conflict Resolution at the Microlevel," *Journal of Conflict Resolution*, 38: 4.

Laffan, Michael. 2005, *The Resurrection of Ireland: The Sinn Féin Party 1916-1923* (Cambridge: Cambridge University Press).

Lederach, J. 2003, *The Little Book of Conflict Transformation* (Intercourse, PA: Good Books).

Lederach, J. 2005, *The Moral Imagination: The Art and Soul of Building Peace* (Oxford: Oxford University Press).

McAuley, J. and J. Tonge. 2009, "Britishness (and Irishness) in Northern Ireland since the Good Friday Agreement," *Parliamentary Affairs*, 63: 2.

McDonough, Terrence, ed. 2005, *Was Ireland a Colon* (Dublin: Irish Academic Press).

McGarry, John and Brendan O'Leary, 2006, "Consociational Theory, Northern Ireland's Conflict, and its Agreement 2. What Critics of Consociation Can Learn from Northern Ireland," *Government and Oppostion*, 41: 2.

McIntyre, A. 2008, *Good Friday: The Death of Irish Republicanism* (New York:

Ausubo Press).

McMahon, E. 2007, "Does the Peace Process in Northern Ireland Offer a Model for Resolving Historic Conflict?" *American Foreign Policy Interests*, 29.

Mitchell, George C., 2000, *Making Peace*, Berkeley: University of California Press.

O'Brien, C. 2005, "Integrated Community Development/Conflict Resolution Strategies as 'Peace Building Potential' in South Africa and Northern Ireland," *Community Development Journal*, 42: 1.

O'connor, J. 1927, "What of the Irish Free State," *The North American Review*, 223: 833.

Power, M. 2005, "Building Communities in a Post-conflict Society: Churches and Peace-Building Initiatives in Northern Ireland since 1994," *The European Legacy*, 10: 1.

Sluka, J. 2009, "In the Shadow of the Gun: 'Not-War-Not-Peace' and the Future of Conflict in Northern Ireland," *Critique of Anthropology*, 29.

Tannam, E. 2007, "The European Commission's Evolving Role in Conflict Resolution: The Case of Northern Ireland 1989-2005," *Cooperation and Conflict*, 42: 3.

Todd, J. 2011, "Institutional Change and Conflict Regulation: The Anglo-Irish Agreement(1985) and the Mechanism of Change in Northern Ireland," *West European Politics*, 34: 4.

Treacy, M. 2013. *The Communist Party of Ireland 1921-1969: Vol. 1* (Dublin: Brocaire Books).

Young, R. 2001, *Postcolonialism: An Historical Introduction* (Oxford: Blackwell).

Waterman, Stanley. 1989, "Partition and Modern Nationalism," in C. H. Williams and E. Kofman, eds., *Community Conflict, Partition and Nationalism* (London: Routledge).

II. 아일랜드의 평화 프로세스

3

분단과 폭력에서 평화 조성으로:

아일랜드에서 남북 협력

션 파렌
(얼스터 대학교)

서론

아일랜드는 한국처럼 분단국가이다. 수 세기 동안의 영국 지배 후 아일랜드는 1921년 남북 두 개의 국가로, 즉 북아일랜드와 아일랜드자유국(1922-37)(이후 아일랜드공화국 혹은 남아일랜드와 북아일랜드)으로 분단되었다. 북부의 북아일랜드는 그레이트브리튼과 북아일랜드 연합 왕국인 영국연방(UK)에 남은 반면, 남부의 아일랜드자유국은 독립 주권국가가 되었다. 북아일랜드는 전체 32개 주 중 6개 주로 구성되어 있고, 나머지 26개 주를 오늘날 아일랜드공화국이라 부른다. 이러한 분단은 양 국가의 다수 공동체의 종교적, 정치적 차이에서 비롯되었다. 북부의 다수 공동체는 개신교를 믿고 자신을 영국인이라고 여긴다. 이에 반해 남부의 다수는 로마가톨릭을 믿고 스스로를 완전히 아일랜드인이라 생각한다. 이는 남부의 다수가 추구했던 독립국가에 북부의 다수가 반대했음을 의미한다. 그래서 1921년 남부가 분리되었을 때, 북부는 영국연방과의 결합을 성공적으로 유지할 수 있었다. 북부는 교육, 보건, 경제 발전, 기반 시설, 정치 등에서 광범위한 공공 서비스를 책임지는 지방정부로 인정받았다.

아일랜드의 분단 이후 몇 년 동안 남북 관계는 매우 부정적이었고, 무역은 감소했으며, 각자의 조직과 서비스를 발달시켜 감에 따라 과거에 양쪽을 연결해 주던 많은 고리들이 점차 사라져 갔다. 필수불가결한 부분을 제외하고는 정부 간 접촉은 거의 혹은 전혀 없었다. 실제로 상당한 정도의 상호 적대감이 있었는데, 남측이 자신들의 헌법에서 북부에 대한 지배권을 주장한 것 때문만이 아니라, 아일랜드의 분단에 대해 영국 정부를 비난했기 때문이다. 다만, 한국 상황과는 달리, 분단 이전에 있었던 남북을 연결하는 고리들이 분단 이후에도 완전히 사라지지는 않았다. 교회, 스포츠 기구를 비롯한 몇몇 고리들이 조직을 유지하며 아일랜드 전역에 남아 있었다. 또, 대부분의 철도와 도로가 끊기지 않은 채 상호 자유롭게 여행할 수 있는 상황이 지속되었다.

이후, 특히 1970년대에 소위 '분쟁'이 발생했는데, 정치적 불안정성을 기회 삼아 테러 활동이 시작되었고, 공화군(IRA)의 주된 목적은 영국이 북아일랜드를 포기하게 만드는 것이었다. 폭력을 거부하고 양국의 평화 합의를 위해 활동했던 정치인들은 평화와 화해를 증진할 수 있는 모든 합의가 남북 간의 긍정적인 정치, 경제, 사회 관계를 위한 계기를 담고 있어야 한다는 점을 깨달았다. 다시 말해, 양측 사람들에게 함께 가치 있고, 상호 이익이 되는 활동이 마련되어야 했다. 결과적으로, 폭력을 끝내고 평화를 이루기 위한 1998년의 성금요일(벨파스트) 협정이 성공적으로 이끌어 낸 협상 의제에는 당연히 미래의 남북 관계를 다루는 중요한 부분이 포함되었다. 이 협정에는 남북 아일랜드 장관급 협의회(NSMC)를 설립해, 아일랜드섬 전체에 상호 이익이 되는 프로젝트를 개발할 책임을 부여하자는 약속이 포함되었다.

1998년 합의를 통해 양측 정부 간 협력 형식을 확립했고, 이어 남북 관계를 도모하는 데 활발했던 공적 대표자들이 적극적으로 참여한 두 번째 단계가 있다. 지역 문제를 해결하기 위한 여러 컨소시엄을 결성하기 위해, 남북 아일랜드 국경 양측의 지방정부가 함께 모였다. 컨소시엄 중 하나인 아일랜드 중앙국경지구 네트워크(ICBAN)를 사례로 이 컨소시엄들이 수행한 기능을 살펴보겠다.

남북 협력의 세 번째 단계는 자발적 형태로 존재하는데, 이는 다양한 프로젝트를 통해 양측 관계를 증진하기 위해 설립된 NGO였다. 이러한 조직들은 종류가 많았다. 크고 작은 규모로, 넓고 좁은 지역에서 활동했는데, 이들 중 많은 수는 정치적 평화 프로세스보다 오랫동안 존재해 왔다. 이러한 단체들 중 일부는 다양한 방법을 통해 추가적인 재정을 마련하지만, NGO는 대개 정부로부터의 재정 지원에 의존하고 있다. 나는 이러한 조직이 수행한 업무들을 서술하기 위해, 이러한 협력 아일랜드 중 하나에 대해 간단히 다루겠다.

남북 아일랜드 장관급 협의회(North-South Ministerial Council)

첫째, 정부 간 협력 형태와 거기서 영감을 받은 몇 가지 프로젝트에 대해 논의해 보겠다. 1998년 합의는 '상호 관심사에 대한 ― 섬 전체에 기반한 항목을 포함해 ― 아일랜드섬 내의 협의, 협력, 이행을 발전시키기 위해 남북 아일랜드 정부의 행정 책임자들(즉, 장관들)이 한자리에 모이는' 특별 남북 장관급 협의회를 설립할 것을 규정했다.

이 합의는 협력과 이행에 관한 12개 항목을 열거한 뒤 다른 항목들이 추가될 수 있다고 규정했다. 이 항목들에는 농업, 교육, 운송, 환경 보호, 내륙 수로, 관광 등이 포함되어 있다. 전체 목록은 합의에 구체적으로 명시되어 있다. 각 분야에 책임을 맡고 있는 남북 장관들이 협의회를 구성하고, 각각의 정부와 의회에 보고해 각자 결정한 바와 프로젝트의 추진을 승인 받는다. 실제로 합의에서 협력과 관련한 12개 분야를 열거하고 있지만, 현재는 본래 12개 분야의 하위 범주까지 포함해, 남북에 기반한 항목이 거의 150개 분야에 이른다.

필자가 장관이던 시절, 남북 무역 및 관광과 관련한 장관급 협의회에 참석했다. 그래서 필자는 이 두 분야의 협력에 초점을 맞춰 서술하고자 한다.

무역 분야에서 장관급 협의회는 양측 간의 무역을 증진할 책임을 지는 아일랜드 상호무역(InterTrade Ireland)이라는 기구를 설립하기로 결정했다. 통계에 따르면, 양측의 무역 수준은 통상 이웃 국가 간에 기대되는 것에 비해 훨씬 낮았다. 고위직이 무역 기구를 이끌고 소규모의 행정, 연구, 마케팅 직원을 두었다. 상호무역 기구는 상대편 국가에서 시장을 개척하고자 하는 양측의 무역 회사들을 지원하는 다수의 프로그램을 개발했다.

이러한 프로그램들은 양쪽 지역에서 마케팅과 연구를 지원할 뿐 아니라 양측 지역의 고용 제도, 과세 문제에 대한 정보도 제공했다. 1999년 초에 설립된 프로그램 중 하나가 "퓨전(Fusion)"이라는 프로그램이다. 이 프로그램은 제품을 개발하고자 하는 과학, 공학, 기술 부문의 회사들을 지원한다. 이 프로그램은 일정한 자격이 있는, 과학, 공학, 기술 분야의 졸업생이 회사에서 일할 수 있도록 재정적으로 지원하고, 회사의 제품 또는 제품과 관련된 전문 지식을 갖춘 고등교육기관과 함께 협력한다. 졸업생은 회사에 고용되어 학술 파트너의 멘토링과 아일랜드 상호무역 퓨전(InterTrade Ireland FUSION) 컨설턴트의 도움과 함께 이 프로젝트(12~18개월)의 지원을 받는다.

혁신 지원 프로그램(Innovation Challenge)이라는 또 다른 프로그램은 기업들이 새로운 아이디어를 만들어 낼 수 있게 지원한다. 아일랜드 상호무역은 2012년부터 혁신 지원 프로그램을 통해 90개가 넘는 유망한 기업들이 새로운 아이디어를 창출할 수 있는 가장 효과적인 방법을 채택하고, 가장 성공 가능성이 높은 방식을 선택해 이를 시장에 내놓을 수 있게 지원해 왔다. 이 프로그램은 비즈니스 리더가 새로운 제품 및 서비스를 생산, 마케팅, 출시하는 가장 효과적인 방법을 학습해 채택할 수 있게 함으로써 회사를 일신할 수 있게 했다. 이를 위해 프로그램에 선택된 기업들에게 전문가 코칭과 지원을 제공하고 있다.

상호무역이 지원하는 또 다른 프로그램은 남북 아일랜드 및 미국의 과학자와 엔지니어를 초청해, 연구 관심 분야와 경제 발전을 진전시키는 협력 파트너십을 만들어 내는 것이다. 이 파트너십은 다음의 분야를 지원한다.

농업
보건
나노 과학 및 공학
센서 및 센서 네트워크
원격 통신
에너지 및 지속가능성

'아일랜드 관광'

두 번째 협력 분야는 관광으로 양측 모두에게 상당히 중요한 산업이다. 해외 마케팅을 개발하기 위해, 양 정부는 '아일랜드 관광(Tourism Ireland)'이라는 조직을 설립하여, 아일랜드섬을 휴가 및 비즈니스 관광지로 외국인에게 홍보하는 일을 담당하게 했다.

이 조직은 양측의 업계를 대표해, 전 세계 23개 시장에서 마케팅 프로그램을 제공하며, 매년 6억 명이 넘는 전 세계 고객에게 다가간다. 이 마케팅 활동은 온라인 광고, TV와 야외 장소, 영화와 신문, 잡지, eMarketing, 해외 홍보, 운송 업체 및 기타 파트너와의 협력 마케팅, 여행 업계 및 소비자 프로모션을 포함한다. 결과적으로, 외국인의 남북 아일랜드 방문은 지난 몇 년 동안 매우 크게 증가했다. 최근 보고에 따르면, 외국 방문자는 남아일랜드에서 6.6% 이상 증가했다. 2018년에는 외국 방문객 수입이 9% 이상 증가하였는데, 이는 2017년 상반기에 비해, 1억 8,000만 유로가 늘어난 수치다. 2016년 북아일랜드에서는 260만 명의 방문객이 7.5억 파운드 이상을 지출하며 시간을 보냈다. 아일랜드 관광 사업이 막 시작된 2000년에 북아일랜드는 150만 명 이하의 방문객을 맞이했다. '아일랜드 관광'의 마케팅 활동은 분명 중요하고 매우 긍정적인 경제적 이익을 가져다주었다. 주목해야 할 점은 아일랜드 주민들과 마찬가지로 관광객도 국경을 자유롭게 넘나들 수 있으며, 어떤 검사도 필요하지 않다는 것이다.

지방정부

필자는 지방 당국이 남북 관계 증진에 관여하는 다양한 남북 컨소시엄의 창설에 대해 언급했다. 이와 관련해 ICBAN(아일랜드 중앙국경지구 네트워크)에 초점을 맞추어 서술하고자 한다. ICBAN은 네 개의 북아일랜드 지역 협의회와 네 개의 아일랜드공화국 협의회가 결성한 조직이다. ICBAN은 '지방정부 차원에서 공동의 지역 개발 문제들에 대한 상호 의사소통을 촉진하기 위해' 창설되었다. ICBAN의 주장에 따르면, ICBAN

이 관여하는 지역들은 유사한 지리적, 경제적, 사회적, 행정적, 정치적 특징을 공유한다.

이 프로그램 중 하나는 유럽연합(EU)의 기금 지원을 받아 다음과 같은 목표와 활동을 달성하는 것에 기반하고 있다.

기본 목표는

중소기업을 강화해 국가적, 국제적으로 경쟁력을 갖게 한다.

관광객 수를 늘릴 수 있는 지속가능한 프로젝트를 관광 분야에서 개발한다.

비즈니스 및 관광 부문을 위한 새로운 시장 기회를 탐색하고 개발한다.

상호 이익이 되는 업무 영역에서 효과적인 국경 간 비즈니스 연계를 촉진한다.

상품 및 서비스의 공동 개발 및 마케팅을 해 나간다.

실현 가능한 지역에서 천연자원을 개발하고 보호하는, 환경적·경제적으로 지속가능한 프로젝트를 개발한다.

기본 활동은 다음을 포함한다.

국경 간 경제 구역 및 B2B(business to business) 연계/하위 공급자 네트워크 개발.

비즈니스 협력, 엔터프라이즈 개발 및 R & D 네트워크/클러스터 생성.

제품 및 기술 이전을 통한 비즈니스 확장 기회 개발.

지속가능하고 환경적인 관광 및 레저 인프라/제품 및 지역 기반 마케팅 프로젝트 개발.

위와 같은 목표 및 활동 목록을 통해, 이 네트워크가 NSMC와 비슷한 문제를 좀 더 지역적인 차원에서 다루고 있음을 알 수 있다.

공공 부문에서 운영되는 다른 여러 형태의 남북 프로젝트들도 있다. 이 프로젝트 중 하나는 대학 간 연계, 교사 교육 연계, 학교 연계 등의 교육 분야에 관심을 가지고 있다. 또 다른 프로젝트는 치안 및 보안 영역이다.

교육

교육은 협력, 상호 이해 존중, 화해를 도모하는 프로젝트를 발전시키는 명확한 부문이 되었다. 대학 연계, 교사 교육의 공급자들 간의 연계, 학교 간 연계의 세 가지 영역을 간략하게 살펴보겠다.

'아일랜드 대학들'

아일랜드 대학들(Universities Ireland, UI)은 남북 아일랜드 내 총 10개 대학의 총장으로 구성된다. 창설된 이래, UI는 아일랜드 대학의 해외 홍보 활동을 포함해 공동 학위 수여 및 대학 간 전학 제도 간편화와 같은 상호 이해와 이익을 위한 광범위한 활동에 참여해 왔다.

UI는 아일랜드의 모든 대학의 학문 및 행정 지도자들이 가장 높은 수준에서 모이는 조직이다. 대학들은 전체 섬 차원에서 대응해야 할 필요성을 인식했다. 이를 통해 고등교육 정책 문제에 협력하고, 또 아일랜드 대학 역사학자 그룹(University Ireland Historians Group)을 통해 평화와 화해를 지원해 변화를 추진해 나가고, 자국에서 박해의 위험에 처한 외국

연구자들이 아일랜드 내에 취업할 수 있게 공동으로 지원해 왔다. 아일랜드 대학 장학금 및 장학금 프로그램은 대학원 간 소속 변경, 섬 전체의 학술 교류를 지원한다.

남북 교사 교육자 상설 회의(The Standing Conference of Teacher Educators North and South, SCoTENS)는 교사 교육에 책임과 관심이 있는 아일랜드섬 내의 37개 교육대학, 대학 교육부, 교육위원회, 교과과정위원회, 교육노동조합, 교육 센터의 네트워크이다. 2003년에 설립된 이후 광범위한 연구, 회의, 교류 프로젝트를 지원해 왔다. SCoTENS는 또한 남북 학생·교사 교류 프로젝트를 후원해, 남북의 학생·교사들이 모여 서로의 학교에서 평가된 교수법의 핵심을 나눌 수 있게 지원한다. 공동 자금은 남측의 교육기술부와 북측의 교육고용학습부가 조성한다.

다수의 학교 기반의 프로그램이 있는데, 그중 경계 해제 프로그램(Dissolving Boundaries Program)이 특별하다.

경계 해제 프로그램

이 프로그램은 북아일랜드의 학교들과 경계 너머 아일랜드공화국의 학교들에 초점을 맞추고 있다. 이는 아일랜드공화국의 학교와 결연한 북아일랜드의 학교를 기반으로 하였다. 교사들은 함께 모여 가상 학습 환경과 실시간 화상회의 사용법을 교육 받았다. 접촉은 한 학기 내내 지속되며, 커리큘럼에 맞는 어떤 주제로도 참여할 수 있도록 계획되었다. 프로젝트 기간 동안, 적어도 1년에 5만 명이 넘는 학생들이 참여했다.

보안

아일랜드의 두 지역이 모두 테러 활동의 참화를 겪었다는 점을 감안할 때, 안보 협력이 양국 당국 간에 협력해야 할 또 하나의 핵심 분야라는 점은 놀랍지 않다. 남북 경찰 서비스는 분쟁 전반에 걸쳐 테러와의 싸움에 협력했다. 또 대규모 테러는 끝났지만, 그래도 일부 위협이 남아 있어 현재까지 협력을 지속하고 있으며, 앞으로 더 강화해 나갈 필요가 있다. 필자는 최근에 공석이 된 남아일랜드 경찰청장 자리가 북아일랜드의 고위 경찰 간부로 채워졌다는 점을 언급하고 싶다. 이는 몇 년 전에는 생각조차 할 수 없었던 일이다.

자발적 형태의 남북 협력

중앙과 지방 정부 이외에 경제적, 사회적 활동을 통해 평화를 증진하는 것을 목표로 하는 많은 자발적 기구가 존재한다. 오랜 세월 동안 존재해온 조직 중 하나는 협력 아일랜드(Cooperation Ireland)이다. 웹사이트에 따르면, '협력 아일랜드'의 비전은 모든 사람들이 보다 나은 미래를 위해 함께 살아가고 함께 일하는 평화롭고 안정된 섬이다. 이 조직은 다양한 프로그램을 실행하고 있는데, 그중 두 가지를 언급하겠다.

여성 발전 프로그램

'여성 발전 프로그램(Women's Development Program)'은 지역사회 내 젊은 여성 지도자들에게 개인적인 발전 기회를 제공한다. 각각의 프로그램은 20-25명의 여성 그룹과 함께 진행된다. 여성 발전 프로그램은 여성 참여가 존중 받고 여성이 평화 구축 과정에 참여할 수 있는, 활기 있고 통합된 시민사회에 기여하고자 한다. 참가자들은 지역사회 내에서 리더십 역할을 맡을 수 있는 기술과 역량을 개발하고, 지역사회에 영향력을 행사할 수 있는 기회를 갖게 된다. 이것은 상호 공동체 프로그램으로, 참여자는 공유된 이슈를 중심으로 상호 공동체 성원들과 연계해 협력하게 된다.

청소년

협력 아일랜드의 프로그램은 더욱 평화롭고 존경받는 안정된 사회가 만들어진다면, 한쪽 청소년들이 아일랜드섬에 살고 있는 다른 쪽 청소년들의 전통과 문화를 접하고 배울 수 있는 기회를 제공하는 것이 중요하다는 신념에서 청소년들에게 특별히 주목하고 있다.

북아일랜드에서는 대부분의 어린이들이 아주 어린 나이인 4세부터 종교적 전통에 따라 분리된다. 종종 그들은 다른 종교적·문화적 배경을 가진 또래를 만날 기회가 없는 상태로 자신의 성장 발달기를 보낸다. 마찬가지로 아일랜드의 두 지역에 거주하는 많은 청소년들은 섬의 다른 지역의 청소년들과 만날 기회가 없다. '협력 아일랜드'는 서로의 학교를 방문하고 공동 활동에 참여하는 것을 통해 그러한 기회를 제공한다. '협력 아일랜드'는 또한 지난 35년 동안 우리가 얻은 지식과 경험을 분쟁 중이

거나 분쟁 후의 다른 지역과 공유하는 것이 중요하다고 믿는다.

'어메이징 더 스페이스(Amazing the Space)'는 남북 아일랜드 전역의 청소년들이 지역사회의 평화 사절이 되도록 북아일랜드 행정부가 재정 지원하는 청소년 주도의 평화 구축 프로젝트이다. 이 프로젝트는 젊은이들이 지역사회를 변화시켜 가는 주요 매개자가 될 수 있다는 점을 인정하고 더 평화로운 사회에 기여할 수 있게 한다. 이 프로젝트는 각급 학교에 자신들의 학교가 어떻게 평화 서약을 지키고 있는지를 보여 주는 동영상을 보내도록 요청했다. 평화 서약 프로젝트는 잠재적으로 공동 집회, 상호 공동체 스포츠 이벤트, 공연 예술, 디지털 아트, 음악, 드라마 등을 이용한 예술 기반 프로젝트까지 포함한다. 이 프로젝트에는 3,000명 이상의 젊은이들이 참여하고 있다. 목표는 지역 및 국제 수준에서 평화 서약을 지키며 살고 있는 젊은이의 성과를 치하하는 것이다.

'협력 아일랜드'는 또한 세계 다른 국가의 조직에 참여하여 자국의 평화 구축을 지원하는 프로그램과 프로젝트를 개발할 수 있게 지원한다. 이러한 프로그램들 중에는 미얀마의 카친 주(Kachin State), 필리핀, 바레인의 단체들과 수행한 작업이 있다.

프로젝트와 프로그램의 효과

1998년 합의 이후 수년 동안 개발된 프로젝트의 범위를 감안하면, 남북 아일랜드 사람들 사이에 평화를 퍼뜨리는 가장 중요한 일을 달성하는 데 이것들이 얼마나 효과적이었는지 궁금해진다. 태도 변화를 목표로 하는 모든 프로젝트들과 마찬가지로 효과는 복합적이다. 말할 수 있는 것은, 사람들이 공동체의 상호 이익을 위해 함께 일하고 있다는 맥락에서, 다양한 프로그램이 섬 전체에서 사람들을 한데 모으는 것에 성공했다는 점이다. 이는 결과적으로 우리가 서로에 대한 오래된 고정관념을 깨뜨리고, 새로운 우정을 발전시킬 수 있게 하고, 지속적인 평화의 새로운 희망을 가져다주었다.

'아일랜드 상호무역' 프로그램을 논의한 한 보고서는 "협정 이후 섬 전체에서 국경을 넘는 연계를 개발할 수 있는 가능성의 새 시대가 열렸다"고 지적한다. 아일랜드와 영국 당국은 EU와 국제사회의 지원을 받아 섬의 평화를 증진시키기 위한 제도와 정책을 함께 제정했다. 이 제도들은 경제적 유대 관계에 더해 국경을 넘어 신뢰를 회복시키는 역할을 한다. 상호 이익이 되는 교류에 기대어 "평화의 혜택을 늘려 가려는" 의지가 정치적 의제에서 현재 높게 나타난다. 국경 간 협력은 혁신 가능성을 확대하는 연계에 기반하여, 국경 양쪽에서 (협력을) 강화해 나가는 한 가지 방법이다. 국경 간 협력 증진은 EU 및 세계 시장 개방과 함께 나란히 진행된다. 두 가지 전략은 서로 대체되는 것이 아니라 상호 보완적이다.

아일랜드의 경험이 다른 나라에 모델이 될 수 있을 것인가? 나는 그것이 당신이 대답할 질문이라고 생각한다. 더욱 평화롭고 화합된 한국을 건설하기 위한 노력이 성공하기를 기원한다.

참고 문헌

Austin, R. and Hunter W., *Online Learning and Community Cohesion: Linking Schools*, New York and London, 2013.

Austin, R. 'ICT, Enterprise Education and Intercultural Learning,' *International Journal of Information and Communication Technology Education*, 7(4), 60-71, October-December 2011

Austin, R. 'The Role of ICT in Bridge-building and Social Inclusion: theory, policy and practice issues,' *European Journal of Teacher Education*, Vol. 29, No. 2, May 2006, pp. 145-161 http://www.dissolvingboundaries.org.

Co-operation Ireland, *Annual Reports*, 1999–2018.

Farren, Seán and Robert Mulvihill, *Paths to a Settlement in Northern Ireland*, Gerard's Cross, 1998.

Farren, Seán, *SDLP and the Struggle for Agreement in Northern Ireland*, Dublin, 2010.

Humphreys, Richard, *Beyond the Border*, Dublin, 2018.

InterTrade Ireland, *Annual Reports*, 1999–2018.

Nauwelaers, C., K. Maguire and G. Ajmone Marsan, "The Case of Ireland-Northern Ireland (United Kingdom) – Regions and Innovation: Collaborating Across Borders," *OECD Regional Development Working Papers*, No. 2013/20, OECD Publishing, Paris, 2013. https://doi.org/10.1787/5k3xv0llxhmr-en.

Rickard, A. & Austin, R. (2017), 'Assessing Impact of ICT Intercultural Work. The Dissolving Boundaries Program,' in Tomei, L. (2017). *Exploring the New Era of Technology-Infused Education* (pp. 1-388). Hershey, PA: IGI Global. doi:10.4018/978-1-5225-1709-2, pp. 102-120.

Tourism Ireland, *Annual Reports*, 1999–2018.

Universities Ireland, www.universitiesireland.ie.

고질적 갈등에서 평화 조성의 지구적 모델로:

북아일랜드 평화 프로세스 사례

데이비드 미첼

(트리니티 칼리지 더블린, 벨파스트캠퍼스)

서론

프랑스의 정치사회 논객이며 알렉시스 드 토크빌의 지기(知己)인 구스타브 드 보몽(Beaumont)은 1830년대에 아일랜드 일주에 나선다. 여행의 목적은 그곳의 사람들과 발전 양상을 살펴보고 문제점들을 분석하는 것이었으며, 결과물은 『아일랜드의 사회, 정치, 종교(L'Irelande: Sociale, Politique et Religieuse)』(1839)라는 책으로 출간된다. 이 책에서 아일랜드는 종교 분쟁, 상류층의 부패, 소득 불평등에 의해 부진을 겪고 있는 불안하고 문제 많은 나라로 묘사되고 있다. 보몽은 아일랜드를 당시의 가장 심각한 분쟁지로 만든 주제가 다름 아닌 민주화라고 생각했는데, 같은 책에서 그는 '아일랜드라는 작은 나라에서는 정치, 윤리, 인간성에 대한 거대한 질문들이 철저히 논의되고 있다'고 적고 있다. 이 분쟁은 20세기 내내 지속되면서 아일랜드인들의 모든 경험을 장악했을 뿐 아니라, 이 시기는 폭력적 반란과 불안으로 특징지어졌다.

그러나 적어도 1990년대부터, '[아일랜드 역사의] 익숙한 양상들은 거의 옛 모습을 찾아볼 수 없을 정도로 변화'(Jackson, 1999: 417)한다. 최근 아일랜드에서 씨름하고 있는 '거대한 질문들'은 어떻게 하면 영원히 정치적 폭력의 막을 내리고 과거의 적들을 포용해 함께 통치할 것인가에 관한 것이다. 범세계적 관심사에 대한 작지만 중요한 모델로서 아일랜드는 가능성이라는 현대적 형상을 하고 있다. 이는 아일랜드의 평화 조성(피스메이킹) 경험이 정체성에서 비롯된 분쟁의 다른 맥락들에도 건설적인 영감을 줄 수 있다는 것을 의미한다. 1998년 '성금요일' 협정 이래, 남북 아일랜드, 영국과 미국의 정책 입안자들은 잠재적으로 다른 분쟁 국가에도 적용 가능한 모델로서 아일랜드 평화 프로세스를 홍보해 왔다. 비록 다른 국가들의 '교훈들'이 항상 동일하지 않고, 분명하고 구체적으로 연결되지 않아도 그렇게 했다(O'Kane, 2010 for a review 참조). 북아일랜드 내에서는 종종 더 회의적인 목소리들이 나왔는데, 그것은 아주 가까운 거리에서 결함, 복잡하게 얽힌 협상과 평화 프로세스의 지난한 측면들을 볼 수 있었기 때문이다. 이들은 여전히 공동체 내부의 폭력의 유산으로 인해 고통 받고 있다.

이 글은 북아일랜드 전이(轉移)의 원인, 특징, 결과를 설명하고, 그로부터 [북아일랜드의] 복잡한 전이 과정을 해석하고자 한다. 또, 영어권에서는 'the Troubles'로 알려진 북아일랜드 분쟁을 설명하기 위해 개발된 핵심 이론, 개념, 논의들을 검토함으로써 근대 분쟁의 본질, 평화 프로세스 및 북아일랜드 협정 이후 최근의 형세를 논할 것이다. 이 글은 '교훈들'을 규명하는 데 집중하기보다는 상이한 분쟁들의 개별적 특수성을 제시하고자 한다. 이러한 접근이 어리석게 보일 수도 있으나 적어도 북아일랜드의 맥락과 다른 상황들 간의 집중적인 비교가 가능할 것이기 때문이다. 하지만 동시에 이 글은 폭력적인 정체성 분쟁이 장기화되고, 이러한 분쟁들이 평화롭고 균형 잡힌 결론에 도달하는 일이 대단히 드문 현 세계에서, 북아일랜드의 경험에 대한 관심은 타당하고 잠재적으로 충분히 고려할 만한 가치가 있다고 주장한다.

근대적 적대감의 역사적 뿌리

보몽이 열정적으로 논쟁한 아일랜드의 문제에 대한 진단은 북아일랜드 분쟁의 기원을 숙고하기에는 더없이 유용한 기점이 된다. 보몽은 '[아일랜드가] 불행한 운명으로 인해 영국과 가까운 바다에 내던져진 탓에 노예와 주인을 엮는 것과 동일한 관계에 놓이게 되었다'(Beaumont, 2006: 121)고 기술한다. 이는 아일랜드 분쟁의 유일한 원인이 영국 제국주의라고 분석하는 전통적인 아일랜드 공화주의자들의 주장이기도 하다. '수 세기에 걸친 식민 지배의 위압과 노골적인 폭력 행위'는 아일랜드인들의 국민국가에 대한 권리와 민족자결권을 좌절시켰다(Adams, 2003: xxvii). 특히, 16~17세기 영국 왕실의 이주 정책의 일환으로서 아일랜드에 통치력을 확장하기 위해 고안된 '플랜테이션'이라 불리는 식민화 정책은 아일랜드 본토인들을 대체하고 예속시키기 위해 외래 인구를 이식하는 것으로 여겨졌다.

그러나 대부분 (플랜테이션) 이주민의 후손인 친(親)영국 성향의 통합주의 진영에서는 식민주의적 분석과 적용에 분개하는데, 이러한 설명이 아일랜드에서 자신들의 존재 자체를 .불법화하기 때문이다. 이들은 (아일랜드) '본토인'들이 인종적으로 '순수함'과는 거리가 멀다고 주장하면서, 아일랜드인들은 영국뿐 아니라 노르만족과 바이킹족들의 수 세기에 걸친 정착, 이주, 통혼의 단계를 거친 결과 나타난 혼혈이라는 점을 강조한다. 뿐만 아니라, 북아일랜드와 스코틀랜드의 유서 깊은 유대 관계를 언급하면서, 이러한 관계가 아일랜드 북부의 얼스터와 영국의 '자연스러운' 친밀감을 조성하기 위해 시행된 플랜테이션 식민정책보다 시기적으로 앞서 형성되어 있었음을 지적한다(Stewart, 1977: 34-41). 통합주의 진영은 아일랜드에 대한 영국의 정치적 관여가 상호 유익을 위한 것이라고 해석하고 있다. 어떤 상황에서건, 현대의 정체성과 관련된 분쟁은 틀림없이 플랜테이션으로까지 광범위하게 추적이 가능하다. 1500년대 이주민들의 새로운 종교 역시 대단히 중요한 요소였다. 개신교와 엄격한 스코틀랜드의 칼뱅주의는 통혼과 융화를 불가능하게 했고, 오늘날까지 계속되는 분리의 두드러진 패턴들을 지속시켰다. 이러한 양상은 일부 학자들로 하여금 분쟁을 설명하는 데 있어 종교에 우선순위를 부여하도록 했다 (대표적으로 Bruce, 2007). 플랜테이션 식민정책 이후, 아일랜드섬은 거의 전 지역이 영국의 정치적 통제 하에 놓이게 되었다. 하지만 아일랜드 내에서도 동북 지방은 나머지 지방과 상당히 다른 문화적, 경제적 발전을 경험한다. 얼스터의 개신교도들은 동북 지방의 위대한 번영, 농업 생산성 향상, 산업적 성공을 자신들의 '참(眞)' 개신교에 대한 신실함, 문화적 우수성과 직업윤리에서 비롯된 것으로 믿었다. 영국의 국가 정체성으로서 프로테스탄트적 성향은 영국 왕실에 의해 발전되고 아마도 신성하게 천명되었기 때문에, 얼스터 개신교도들의 정치적 충성은 영국의 책무임을 의미했다. 그리고 [이러한 상황에서] 아일랜드 구교도들이 정치적 힘을 획득하는 것은 두려움과 경계해야 할 대상이 되었다.

19세기 말, 영국으로부터의 자주권 회복을 위한 아일랜드의 정치 시위가 힘을 얻으면서, 이주 초기의 분열은 2개의 근대적 민족주의 운동으로 구체화된다. 두 운동의 목적은 세속적이었으나, 종종 표현 방식과 자기이해는 종교적인 형태로 나타났다. 운동의 한 축은 영국 개신교도들로 아일랜드의 북부에 밀집되어 있으며, 다른 한 축은 더블린을 거점으로 하는 아일랜드 구교도들이다. 두 집단의 심화된 적대감은 1920년 영국이 아일랜드를 분리시키는 결과를 낳는다.

아일랜드 공화주의자들은 분리가 명백한 식민 범죄이며, 런던이 [영국에서 유입된] 이주민들과 통합주의 진영의 지원을 받아 북부 지방에 권력의 기반을 남겨 두기 위해 아일랜드를 부자연스럽고 흉측하게 나눠 놨다고 규탄한다. 개신교 통합주의 진영은 분리가 자신들의 경제적 안전을 보장하기 위한 최선의 조치라고 이를 묵인하였고, 분리를 자신들의 '프로테스탄트적 생활방식'이라는 구별됨과 동일시했다. 그러나 분쟁 해결의 방식으로서 분리라는 조악한 선택은 20세기 아일랜드에 긴장과 폭동을 형성했다. 새로 만들어진 국경 지대는 주류와 비주류의 새로운 대치 상황을 만들었다. 수천의 얼스터 개신교도들은 남아일랜드에서 '유기'되었던 반면, 북아일랜드 주민의 3분의 1은 구교도이자 광범위하게는 아일랜드 민족주의자들로 구성되었다. 그러는 사이, 새로운 두 개의 정치단체가 냉전에 돌입하게 되는데, 이들 간의 의심과 반목은 종교와 문화적 정체성의 양극화로 발전한다. 남아일랜드 정부는 분리에 대한 슬픔을 자신들의 헌법에 기록하면서 북아일랜드에 대한 영유권을 주장하는데, 이는 북아일랜드 개신교도들을 동요시켰고 반감을 샀다(이 역사에 대한 최근의 분석은 Walker, 2012를 참조).

최근까지 통합주의자들은 자신들의 북아일랜드 정권 하에서는 어떠한 차별도 일어나지 않았다고 주장해 왔다. 하지만, 공화주의자들은 신교-구교의 관계를 나치와 유대인의 관계나 미국의 백인과 흑인 노예의 관계에 비유하는 등 통합주의의 주장과는 정반대로 움직였다. 1922년부터 1972년까지 통합주의 정권 하에서 구교도들이 얼마나 심하게 차별과 고통을 겪어야 했는가의 문제는 지금까지도 계속해서 격전을 촉발한다. 그 [질문에 대한] 답이 잠재적으로 30년에 걸친 폭력으로부터 여전히 회복 중에 있는 북아일랜드 통치에 대한 합법성 여부를 판단하는 근거가 될 수 있기 때문이다. 보다 신중하고 정치적으로도 객관적인 평가는 '상황은 흑백의 이원론을 거부하며, 오히려 회색에 가깝다'는 것이다(Whyte,

1983).

차별은 선거, 공공 기관 취업, 치안 정책, 주거 및 여러 영역에서 일어났지만 주장된 것보다는 적었고, 종종 비교의 대상이 되는 분쟁 기간 중 북아일랜드에서 경험했던 차별보다는 훨씬 더 적었다. 그러나 역사가 앤서니 테렌스 퀸시 스튜어트(A.T.Q. Stewart, 1977: 178-179)가 강조했듯이, 근대 비극의 감정적 과장은 부분적으로는 개신교도들과 구교도들이 자신들의 상황을 이전 세기의 관계의 양상이라는 렌즈를 통해 해석하려 한다는 사실에서 기인한다. 즉, 구교도들은 정치-종교적 억압과 배제의 경험을, 신교도들은 위태로움/불안과 고립의 경험을 이야기하는 것이다.

1920년 이후의 아일랜드는 긴장과 불안에도 불구하고, 북부에서 'the Troubles'로 알려진 근대 유혈 분쟁이 발발하기 이전까지는 거의 전 지역이 평화 상태에 있었다. 안정 상태가 깨진 이유는 정치적, 국제적, 사회적 요소들이 복합적으로 결합되어 나타난 결과로 설명된다. 통합주의 정권의 편파성에 분노하고, 미국과 유럽의 사회운동에서 영감을 받은 야심찬 구교도 신세대들[과 일부 개신교도들]은 시민권을 요구하며 가두 행진을 벌였다. 이들의 행동은 다수의 개신교도들에게 북아일랜드를 파괴하려는 시도로 받아들여지면서, 공권력과 개신교 폭력 집단들이 동원된 폭압적 대응을 불러일으켰다. 그리고 이러한 반응은 결과적으로 구교도들 내부에서 북아일랜드와는 관계 개선이 불가능하다는 사실만을 증명해 주었다. 결과적으로, 개신교도들의 두려움은 자기충족적인 예언으로 작용했다. 포터(2003: 187)가 지적했듯이, 통합주의 진영의 (과잉) 반응은 '통합주의자들이 자신들의 미래에 대해 갖고 있던 두려움에 역설적인 실체를 제공했다. 한층 더 급진화된 형태로 되살아난 민족주의가 이전보다 더 공정한 주거, 취업, 선거권을 요구하기 시작했기 때문이다.'

불안한 상황에서, 반-동면(semi-dormant) 상태에 있던 민족주의 무장 조직인 아일랜드 공화군(이하 IRA)이 활동을 재개하고, 정국의 불안을 틈타 북아일랜드에서 영국의 영향력을 제거하고 아일랜드 통일을 목표로 하는 반란을 선동하기 시작했다. IRA에 응전하기 위해 친정부 성향의 개신교 무장 단체가 일어났다. 이들은 경찰이나 영국 군대가 할 수 없는 '더러운 일'을 대신 처리하는 것이 자신들의 존재 목적이라고 스스로 천명하고 나섰다. 비상사태의 진압을 기대하며, 영국은 1972년 북아일랜드의 정치와 치안을 직접 통치하에 둔다. 하지만 민족주의 진영과 통합주의 진영 쌍방의 합의를 바탕으로 지역 통치권을 재건하려는 반복적인 시도는 번번이 실패로 돌아간다. 1960년대 후반에 발생한 국내 불안은 향후 25년간의 폭력과 근대기에 가장 다루기 힘든 내전의 하나로 연장된다. [이로 인해] 1969년부터 1998년까지 3,627명이 사망했다(Mckittrick et al., 1999: 1474).

북아일랜드 분쟁('the Troubles')의 해석

북아일랜드 분쟁은 과연 어떤 종류의 것이었을까? 이 질문은 분쟁 당사자와 이를 해석하는 전문 분석가 모두를 괴롭히는 곤란한 질문이다. 분쟁에 부당한 꼬리표를 붙이거나 분류하려는 시도는 전쟁의 일부였다. 과거를 표현하는 올바른 언어란 정치적 담론에서는 여전히 씁쓸한 주제다. 통합주의 진영에서 북아일랜드 분쟁('the Troubles')은 단순히 민주정부를 겨냥한 공화주의 진영의 테러 활동으로 간주된다. 그들 입장에서 '분쟁'이나 '전쟁' 같은 용어가 범죄자 테러 집단과 공권력 간의 도덕적 동등성을 암시하는 것 같은 느낌을 주기 때문이다. 따라서 정국 불안에 대한 통합주의 진영의 처방은 정부에 의한 가혹한 응징이다. 반면, 공화주의 진영에서는 '전쟁'이라는 단어를 사용하는데, 이는 지역의 이주민 민병대[경찰과 통합주의 무장 단체들]와 결탁한 제국주의 세력에 저항하는 IRA의 자유 투쟁이기 때문이다. 이들의 처방은 식민주의 정치 기관과 안보 기관의 해체와 분해이다.

지역 내 정치 논쟁의 열기 저편에는 또 일군의 학자들에 의해 무슨 일이 일어나고 있는지에 대한 분류 방식을 놓고 논쟁이 벌어지고 있다. 종종 인용되는 것은 맥게리와 오리어리 (McGarry & O'Leary, 1995: 1)의 설명이다. 이들은 공동 저서인 『북아일랜드 설명하기(*Explaining Northern Ireland*)』에서 단순한 분쟁은 존재하지 않았으며, 분쟁이 무엇인가에 대한 분쟁과 같은 '메타(meta)-분쟁'이 있었다고 언급한다. 분쟁은 정말 종교, 문화, 식민주의, 민족주의, 통일주의[혹은 실지 회복주의], 불평등에 의해 유발된 것이었을까? 존 화이트(John Whyte, 1991)는 북아일랜드 분쟁의 진행 과정이 아일랜드 문제를 이해하는 방식에 전이를 일으켰다고 주장한다. 1980년대까지, 분쟁에 대한 설명은 종종 다음의 3가지 차원으로 유형화되었다. 통합주의 진영(아일랜드 정부와 IRA 비난), 민족주의 진영(영국 식민주의 비난), 마르크스주의 진영(북아일랜드에 내재된 경제적 착취 비난)이 그것이다. 공동체 내부의 폭력이 깊어지고 길어지면서, (분쟁에 대한) 학술적 합의 역시 보다 복합적이고 만족스러운 새로운 관점을 중심으로 나타났다. 곧, '내전'을 무엇보다도 북아일랜드 내부의 [상이한] 민족-국가 정체성들 간의 충돌로 파악한 것인데, 비록 분쟁이 영국과 아일랜드라는 국경을 초월하는 국가 간 문제의 요소를 담고 있더라도 그랬다.

또, 북아일랜드 분쟁을 비교 연구의 관점에서 어떻게 이해할 것인가의 문제가 제기되었다. 여러 측면에서 북아일랜드의 사회적 갈등은 일탈처럼 보였다. 세계에서 가장 큰 규모의 경제를 운용하는 국가 중 한 곳에서 발발했으며, 서유럽 사회가 아일랜드 국경 고착, 민족주의, 자주권에 대단히 무관심했기 때문이다. 분쟁에서 종교의 지위는 아마도 가장 주목할 만한 이례적 요소였다. 얼스터에서 16세기는 결코 끝나지 않았던 것일까? 서유럽 사회에서 종족 간 정치 폭력은 분명히 드물다. 반면, 현실은 아일랜드 문제의 핵심인 국경분쟁, 민족의 어수선한 분포, 종족 집단들 간의 경쟁적인 정치적 주장에 대한 처리 방법을 전 세계, 특히 탈식민 국가들에서 고민하고 있다는 것이다.

틀림없이, 구소련의 붕괴에 따른 분쟁들은 아일랜드의 사례와 상당히 유사한 정체성 정치, 역사가 더해진 분노를 일으켰다. 또한, 북아일랜드 문제는 칼도어(Kaldor, 1999)의 '새로운 전쟁(new wars)' 혹은 '사회 안보 딜레마(societal security dilemma)' 같은 분쟁의 현대적 개념화(Roe, 2005; 적용은 Mitchell, 2015 참조)와도 유사성을 보인다. 북아일랜드 분쟁의 성격과 여타 분쟁 지역의 사례들과의 유사성을 이해하기 위한 접근으로 특히 명쾌하지만 덜 활용된 접근 방식은 북아일랜드 문제를 '만성 사회 갈등(protracted social conflict: PSC)'(Azar, 1990)이라는 범세계적 현상의 일부로 바라보는 것이다.

PSC라는 선구적 이론은 1970~80년대 레바논 분쟁을 분석한 에드워드 아자르(Edward Azar)가 발전시켰다. 아자르는 북아일랜드의 사례를 포함해 전 세계 최소 70여 개 가량의 분쟁, 내전, 갈등에서 공통적 특징들을 관찰했는데, "이러한 분쟁들의 핵심은 공동체의 종교적, 문화적 혹은 종족적 정체성이다. 환언하자면, [분쟁의 발발은] 치안, 공동체의 인정, 분배의 정의 같은 기본적 필요가 만족되는지 여부에 달려 있다(p. 2). PSC 이론의 상술한 세 가지 특징들은 전쟁과 분쟁에 대한 기존의 분석적 접근들을 부적절한 것으로 만들었다. 이러한 분쟁들은 국가적, 초국가적

충위를 모두 가지고 있으며, 다수의 우연한 요소들에 의해 촉발되고, 그 시작점과 종료 지점이 명확하지도 않다. 아자르는 계속해서 PSC 이론의 세 부분으로 이루어진 모델의 개요를 제시한다. 모델을 구성하는 세 부분은 '기원(genesis),' '역동(dynamics),' '결과(outcomes)'로, 이 모델은 북아일랜드 분쟁의 궤적과 영향에 놀라울 만큼 정확하게 부합한다.

PSC 이론의 적용을 위한 가장 기본적인 전제 조건은 아마도 식민주의의 유산이 남아 있는 다수의 공동체(multi-communal)로 구성된 사회일 것이다. 이러한 사회는 정부와 전체 사회 사이의 부정교합을 특징으로 하는데, 보통 정부는 단일 공동체 혹은 소수 집단의 통합에 의해 장악되고, 이들은 사회를 구성하는 다수의 나머지 공동체(혹은 집단)의 요구에 무반응으로 일관한다'(p. 7). 따라서 PSC 이론이 발아하기 위해서는 개인과 집단의 생존과 안녕을 위한 인간적 필요와 욕구가 지배 집단에 의해 정치적, 경제적 권력으로부터 배제되고 좌절되는 전제 조건이 충족되어야 한다. 이처럼 자신의 국민[혹은 시민]들의 이익에 반하는 지배집단의 행위는 [이들이 자신의 권력을] 강력한 외부 정권에 경제적, 군사적으로 의존하고 있기 때문에 발생했을 수 있다. 그러나 이러한 전제 조건들이 반드시 분쟁으로 연결되는 것은 아니며, '프로세스 역동(process dynamics)'이 시작될 수 있도록 촉매 역할을 하는 사건이 필요하다.

촉매가 되는 사건은 사소한 모욕이나 부상일 수 있지만 '개개의 폭력[혹은 피해]이 집합적으로 인지'(p. 12)되면서, 최초의 사건을 넘어선 훨씬 더 광범위한 불만에 대한 집단적 저항이 일어난다. 또, 이들 저항은 민주화부터 시민불복종, 폭력적 반란과 [권력] 승계의 요구에 이르는 일련의 반응들을 수반하게 된다. 이어지는 분쟁[혹은 갈등]의 강도는 정부가 수용 전략을 추구하는가, 반대로 억압 전략을 취하는가의 여부에 따라 달라지는데, 허약한 정부에서 후자의 전략을 선호하는 경향이 나타난다. 억압은 더 큰 저항을 촉발하고 정부와 저항 집단 둘 다 외부의 지원을 찾아 의존하게 된다. 그 결과, 분쟁은 통제 불가능한, 그리고 아마도 [행위 당사자들의 본래] 의도를 거스르는 작용-반작용의 소용돌이 속으로 빠져들게 된다. 그리고 아자르는 이러한 상태를 '분쟁의 빌트인 메커니즘(built-in mechanism)'이라 칭한다(p. 15). 분쟁은 소생된 상호 간의 부정적 이미지들, 공포, 신념, 역사적 기억을 바탕으로 해석된 타자의 행위를 통해 힘을 얻는다.

이러한 접근은 1960년대 후반 북아일랜드 분쟁의 출현을 명쾌하게 설명한다. [일종의] 식민주의의 결과로서 하나의 정체성을 가진 집단의 지배 하에 놓인 정부, 정부의 부적절한 수용에 의해 촉발된 저항, 적대감의 자가 순환과 이로 인한 정체성의 양극화와 감정 악화의 심화 등이 그렇다. 경제 둔화와 정치적 역기능이 악화되면서, 두 집단에 영향을 미치는 문화적, 심리적 효과들 역시 가장 심각한 형태로 나타났다. 아자르는 북아일랜드 분쟁이 가장 극심했던 시기를 직접적으로 기술한 단락에서 다루기 힘든 분쟁의 심리사회적 불안감을 다음과 같이 묘사한다.

[분쟁은] 사회 전체에 비관론과 염세주의를 강화해 지도자들을 무기력하게 만들고 평화로운 해결책의 모색을 불가능하게 한다. 만성적 분쟁을 겪고 있는 사회들을 조사한 결과, 이들이 [현재 자신들이 겪고 있는] 문제와 적대감에 대한 해답을 찾는 작업에 착수하는 데 어려움을 겪는다는 사실을 발견했다. 만성적인 사회 갈등이 황폐한 국가의 문화의 일부가 되면서, 국민의 집합 의식을 좀먹는 기능 마비를 초래한다. 절망적인 분위기는 사회의 모든 영역에 침투해 들어가고, 분쟁의 해소를 위한 어떠한 건설적인 협상도 불가능하게 만드는 편협하고 꽉 막힌 사고를 발전시킨다. (p. 16)

분쟁은 그들 자신의 문화, 일상의 삶을 형성하고 정당의 정체성을 지속하는 방식이 된다. 변화의 가능성에 대한 체념과 숙명론이 사회 전체를 사로잡고 있다. 마치 중국 손가락 올가미(Chinese finger trap)처럼, 정체성은 쌍방에 의해 강화된 적대감 속에 갇혀 버리고, 각 집단은 상대와 모방 경쟁을 벌인다. 이러한 양상은 니체의 아포리즘(1996: 183)을 연상시킨다. 즉, '적과 싸우기 위해 사는 사람의 관심은 그의 적이 살아 있는 것을 눈으로 확인하는 데 있다.' 행위자들은 자신들이 맺고 있는 경쟁적 관계에 예속되어 있는데, [바로 그러한 경쟁 관계가] 자신들의 목적의 명확성과 정체성의 근거가 되기 때문이다. 평화에 대한 두려움은 곧 새롭고 불분명한 정체성에 대한 두려움이다. '만약 우리가 상대 집단의 피해자이자 도전자가 아니라면, 그렇다면 우리는 누구인가?'

평화 프로세스 해석하기

이것이 분쟁 기간 동안 북아일랜드의 보편적인 상태가 되면서, 어느 학자가 그랬듯이 '해결책이 없는 문제다'(Rose, 1976: 139)라고 결론을 짓는 것이 어려운 일은 아니었다. 분할 불가능한 통치, 화해 불가능한 입장들, 상호 지속되는 증오와 같은 노골적인 사실들은 난치성이라는 평결을 내리기에 적절해 보인다. 그리고 도시의 길거리와 시골에서 나타나는 폭력의 역동성은 사라지지 않을 것 같고, 분쟁과 관련된 어휘 표현들은 상투어구가 되어 사람들은 거의 매일 뉴스와 방송에서 '보복 살인,' '관계,' '폭력의 순환,' '급증하는 긴장,' '종파(宗派) 간 공격' 등의 말을 듣는 데 익숙해졌다. 루안(Ruane, 2004: 122)의 지적대로, 분쟁의 누적된

영향력은 그야말로 '최초에 분쟁을 유발했던 공포, 적대감, 고통, 불만을 심화시켰다.'

그러나 동시에 북아일랜드는 유고슬라비아와 르완다의 사례처럼 철저히 파괴적인 국가 전체의 붕괴를 경험하지는 않았다. 로저 맥긴티(Roger Mac Ginty, 2011)는 자신이 관찰한 모든 사례에서 분쟁 기간 동안, '교양 있는' 중산층의 가치를 표현하는 전형과도 같은 백화점 체인, 마크스 앤 스펜서(Marks and Spencer)가 영업 중이었던 경우는 북아일랜드가 유일하다고 지적했다. 폭력은 도심의 노동자 계층과 국경 지대에 집중되어 있었고, 다른 곳에서는 일상의 삶이 계속되었다. 상대적으로 자제된 폭력의 '견딜 만함(tolerability)'이 분쟁의 장기 지속에 일정 역할을 했을 것이다. 하지만 변화가 도래했고, 북아일랜드는 점진적으로 '오랜 전쟁에서 오랜 평화'로 이동하고 있다(Cox, Guelke and Stephen, 2000). 남아프리카와 팔레스타인의 평화 발전과 냉전의 종식(Cox, 2006) 등 정치지리학적 전이가 평화 프로세스가 시작되는 데 일정 역할을 담당하고 있음이 인정되고 있다. 그렇지만 북아일랜드 가까운 곳에서 일어나고 있는 두 가지 프로세스가 가장 핵심적이라고 할 수 있다. 하나는 북아일랜드 문제의 정치적 해결을 위한 영국과 아일랜드의 심화된 협업이고, 다른 하나는 비(非)타협적인 결말을 무한정 추구하고 있을 수만은 없다는 북아일랜드 정당들의 자각이었다. 각 프로세스는 각자의 이유들을 가지고 있었다.

북아일랜드 '문제'를 해결해야 한다는 공통의 이해관계로 인해, 영국과 아일랜드 정부의 파트너십은 1980년대에 본격적으로 속도를 내기 시작했다. 둘의 파트너십은 1985년 영국-아일랜드 협정(Anglo-Irish Agreement)으로 제도화되었다. 하지만 런던과 더블린의 공동의 이해관계는 수십 년에 걸쳐 깊어지고 확대된 유대와 다층적이고 상호적인 경제적, 문화적, 정치적 관계들이 수반되는 가운데 더욱 확고해졌다(Gillespie, 2014).

유럽연합(이후, EU)의 동시 가입은 정치인들과 공무원들 간의 접촉을 촉진했고, 영국에 대한 아일랜드의 지위를 향상시키면서 식민 역사에 따른 불균형을 약화시켰다. EU 역시 초(超)국경 관계의 제도화에 대한 모형과 자치권, 정체성 및 국경에 대한 새로운 담론을 제시했다. 이러한 노력은 각 정부가 자기 자신과 영토 분쟁을 이해하는 방식을 재구성하는 데 도움을 주기 위한 것이었다(Gillespie, 2014; Hayward, 2009; Meehan, 2006). 평화 프로세스 설계 전문가인 존 흄(John Hume)은 유럽을 아일랜드에서 가능한 것들에 영감을 제공하는 사례로 줄기차게 인용한 것으로 유명했다(예를 들어 Hume, 1996). 단순하게, 유럽적 맥락이 아일랜드에 평화를 만들어 내는 것은 '상상하는 편이 훨씬 더 쉽다'고 반박할 수 있다(McBride, 2016). (이런 이유로, 브렉시트가 '성금요일' 협정에 의해 안정된 국내 정세를 뒤엎을 수 있다는 광범위한 공포와 우려가 존재한다.)

그러나 평화 프로세스는 영국과 아일랜드, 북부 정당들 간의 이해관계의 수렴 없이는 뿌리내리지 못할 것이다. 특히, 북부 정당들은 제재와 보상의 생산적인 결합을 경험했다. 치안 부대가 IRA의 공격을 저지하는 데 높은 성공을 거두고 있다는 점은 공화주의 진영에게 지속적인 무장 활동이 그들 자신의 공동체에 고난을 무기한으로 연장하고 극히 적은 정치적 보상만을 얻어낼 수 있을 뿐이라는 사실을 보여 주었다. 때문에 1980년대 주류 선거 세력이 되었던 공화주의 진영에서는 이용 가능한 정치적 방안들을 갖고 있었다. [방안들은] 곧 정부의 지원을 받는 초당(超黨)적 협상, 특히 북아일랜드 사회민주노동당(SDLP)과 범민족주의 연합을 형성할 기회, 그리고 자신들이 얻을 수 있는 어떤 정치적 이익을 위해서 언제든 압박할 수 있는 더블린과 미국이 있었다. 공화주의 진영에서 봤을 때, 통합주의 진영은 다음의 두 가지 이유 때문에 협상을 원하고 결국에는 합의할 수밖에 없었다. 첫째, 통합주의 진영은 영국의 직접 통치를 바라지 않는다. 그들은 더블린에 북아일랜드 문제에 대한 자문역을 허락한 1985년의 영국-아일랜드 협정을 파기했다. 북아일랜드에 대한 발전된 통치권의 회복은 쌍방의 문제를 다 해결할 수 있었으나, 영국은 통합주의자들이 민족주의자들과 권력을 공유하는 데 합의한다는 조건 하에서만 이를 허락할 것이었다. 둘째, 통합주의 진영은, 만약 자신들이 어물거린다면, 영국은 자신들이 결코 동의하지 않을 북아일랜드에 대한 영국-아일랜드의 공동 권한 같은 정책들을 강요할 것이라는 두려움이 있었다.

따라서 평화 프로세스는 정치적 계산의 현실적 산물로서 구축될 수 있었다. 이러한 해석에서 폭력은 이해타산이 정당들의 타협과 절충을 추동하는 정도까지 진전된다. 따라서 북아일랜드는 분쟁 해결에 있어 윌리엄 자트만(I. William Zartman)의 '성숙(ripeness)' 이론에 대한 설득력 있는 사례가 된다고 주장할 수 있다. 이론은 분쟁의 지속이 타협만 못한 '쌍방의 비참한 교착 상태'에 대한 인식과 실행 가능한 평화적 '출구'가 협상을 용이하게 한다는 사실을 깨닫기 전까지 분쟁이 계속될 것이라고 설명한다. 자트만은 자신의 이론이 폭력에 의존하고 있다는 유쾌하지 못한 측면에 대해서는 인정한다. 분쟁이 해소되기 전까지 충분한 고통을 겪어야만 하기 때문이다(Zartman, 2008: 28). 몇몇 친(親)평화 프로세스 통합주의자들은 이 점을 북아일랜드의 중재 경험으로부터 얻은 핵심 교훈으로 보았다. 즉, 무장 세력과 무조건적인 대화를 시도하기보다, 정부는 저항 세력이 어쩔 수 없이 협상을 요청하는 정도까지 반(反)테러 전략을 추구해야 한다는 것이다(Trimble, 2007; Bew, Frampton and Gurruchaga, 2009).

그러나 무장 교착 상태를 추동하는 가능성들에 대한 증거들이 존재하는 것과 마찬가지로 다른 요소들을 진지하게 받아들여야 하는 이유도 있다. 그 이유란 존 폴 레더라크(Lederach, 2008: 41)가 '성숙'의 메타포를 거부하고 평화 '구축(cultivation)'이라 칭한 것으로, 다층적 담화, 반성,

재평가를 통해 느리게 발전한 새로운 사고방식과 새로운 관계들이다. 이런 식의 평화 구축 작업은 전략적 현실보다 분석이 더 어렵지만, [이러한] 새로운 정치적 전략들과 함께 새로운 태도들 역시 나타났다는 점에는 의심의 여지가 없다. 공화주의 진영의 태도에 나타난 변화들 가운데는 통합주의자들의 지위에 대한 덜 멸시적인 평가도 포함된다. 하지만, 통합주의(unionism) 측에서는 북아일랜드에 대한 통치를 윤리적 의무로 만드는 것이 민족주의자들에게 유리하게 작용한다는 사실을 점점 더 뚜렷이 인식하게 되었다. 분쟁 초기 쌍방의 입장의 비현실성, 북아일랜드 분쟁 방지에 대한 공동의 실패, '분쟁'을 살고 있는 현세대의 삶을 다음 세대들이 답습하지 않도록 하고 싶은 소망 등 거의 모든 측면에서, 어느 정도의 '교훈'이 있었다(Ruane, 2004: 122-24). 투 트랙(track two) 외교에 의해 촉진된 정치 주체들 간 접촉, 비공식 담화, 조정 집단들의 작업과 정치 토론과 학술회의 등은 공동의 목적과 공감을 형성하는 데 도움을 주었다. 신뢰는 훨씬 달성하기 어려운 문제이긴 했지만, 두 정당의 신뢰가 구축될 수 있는 조건, 제도, 분위기를 조성하고자 하는 분명한 욕구들이 나타났다. 결국, 협업에 대한 자극은 성금요일 협정으로 결실을 맺었다.

1998년 협정에 대한 해석

1998년 4월 10일 체결된 '성금요일' 협정은 아일랜드 역사뿐 아니라 영국과 아일랜드 관계에 있어서도 분수령이 되는 사건으로 남아 있다. 이 협정은 아일랜드와 영국의 외교사적 승리의 하나로 간주될 뿐 아니라 세계적으로도 높은 인정을 받고 있지만, 그와 동시에 아일랜드 국내

언론의 경멸 역시 여전하다. 협정문의 사본은 북아일랜드의 각 가정마다 배포되었고, 절반을 약간 상회하는 통합주의 공동체의 지지에도 불구하고 남, 북 아일랜드의 동시 선거를 통해 승인되었다. 협정은 미래 지향적이고, 도전적이며, 동시에 결함이 있는 것이었는데, 이 결함은 당시 남북 두 정부 간의 좁혀지지 않는 거리를 반영하고 있었다. 협정을 시행하는 데 따르는 엄청난 고충, 합의에 대한 강력한 정치적 반대와 물리적 폭력과 저항, 협정 내용의 개정에도 불구하고, 북아일랜드는 지속적으로 1998년 협약에 따라 통치했고, 향후에도 이러한 관행에 변화는 없을 것으로 보인다.

아마도 협정의 가장 큰 위력은 그 포괄성에 있다. 존 흄은 모든 평화협정은 원칙적으로 '관계의 총체성'과 '갈등[혹은 분쟁]의 체계'에 대해 고심해야 하며, 이 체계가 '해결 방안의 틀'이 되어야 한다고 주장했다(Hume, 1996: 29). 흄의 주장은 지속성 있는 평화 합의는 다음의 성가신 세 가지 관계, 곧 북아일랜드의 공동체들 간의 관계, 남북 아일랜드 간의 관계, 아일랜드공화국과 영국 정부 간의 관계에 대해 다루어야 한다는 것을 의미했다. 협상은 이들 세 관계가 얽히면서 형성된 구조로부터 시작되었고, 분쟁의 다차원성을 인식하는 상호 의존적 제도와 규정들을 다루는 조직을 만들어 냈다.

'공동체 전 영역의 참여와 협업의 성공을 보장하는 다양한 안전 조치들'로 가득한 협정의 핵심은 북아일랜드 내에서 권력을 공유하는 의회의 존재였다(Agreement, 1998: 5). 의회는 비례대표제[또는 단기 이양 투표제]를 통해 선출 및 구성되므로, 웨스트민스터 체계와 달리 정당의 대의권이 민족공동체의 투표와 세력을 반영하고 있다는 점이 분명히 보장된다. 의회 의원들은 자신을 '통합주의자,' '민족주의자' 혹은 '기타'로 지정해야 하며, 범공동체적 의사 결정과 상호 거부권을 행사할 수 있다. 모든 유권 정당들을 구성하는 각료들의 집행위원회(비례대표제 방식 하에서)는 의회의 상호 동의에 따라 공동 선출된 수상과 부수상의 지휘를 받는다. 각료들은 의회 서약과 행동 강령에 따라야 한다. 서약과 강령 중에서도 각료들은 대단히 평화적인 방법으로, 북아일랜드 전 국민을 위해 봉사하고, 우호적인 관계와 평등한 대우를 증진하는 데 헌신해야 한다.

북아일랜드와 아일랜드공화국의 관계는 기본적으로 남북 아일랜드 장관급 협의회(이하 NSMC) 및 의회와 아일랜드 정부 각료들로 구성된 토론회를 통해 다뤄진다. 토론회는 주로 경제, 문화, 이해관계 등의 영역에서 상호 동의 및 합의가 가능한 정책을 만들기 위해 조직되었다. NSMC는 북아일랜드의 동서협회(east-west institution), 영국-아일랜드 의회, 아일랜드 정부와 여타 영국 사법기관의 각료들로 구성되어 '균형'이 잡혀 있다. 또, 영국-아일랜드 협정 하에서 설치된 정부 간 회의를 대체하는 영국-아일랜드 정부 간 회의가 수립될 것인데, 두 회의의 목적은 양국 정부의 권력과 연계된 문제에 공동 자문을 제공한다는 점에서 유사하다. 북아일랜드의 헌법상 지위에 관해, 토론 참여자들은 북아일랜드인 과반수의 결정에 따른다는 '합의의 원칙'을 수용했다. 이 규칙은 영국의 통치권이 지속되더라도 아일랜드 민족주의 진영이 향후 아일랜드 통일에 대한 자신들의 소망을 유지할 수 있도록 했다.

협정에서 가장 급진적인 조항은 아마도 정체성에 관한 부분일 것이다. 협정은 정체성, 에토스 및 통합주의와 민족주의 양 진영의 포부가 동등하게 합법적이라는 사실을 열정적으로 인정할 뿐 아니라, 다음의 세 번째 선택권을 승인한다.

[토론 참여자들은] 북아일랜드 모든 국민의 생득권을 인정한다. (북아일랜드의 모든 국민은) 자기 자신의 정체성을 규정하고, 자신들의 선택에 따

라 아일랜드인, 영국인, 혹은 둘 다로 받아들여질 수 있다. 그에 따라 영
국과 아일랜드의 이중국적을 보유할 수 있으며, 양국 정부는 이를 승인
한다. (p. 2, 저자 강조)

이러한 방식으로, 협정은 정체성의 문제를 영토와 통치권 등 분쟁의
쟁점들로부터 분리하고, 분쟁을 유발하는 정체성의 제로섬(zero-sum)
개념을 바꾸고자 한다. 아서(Arthur, 2000: 247)는 이러한 조항을 '1998
년 협약의 장점 ⋯ 배제와 배척을 지양하고, 경계를 지우고 다핵(多核,
polycentric)적 정체성을 지향하는 움직임'으로 설명한다.

그러나 제도적 조항들에 대한 동의와 시행이 협정 가운데 폭력의 유
산과 관련된 측면들보다 훨씬 수월한 것으로 판명되었다. 특히 논쟁적
인 질문은 불법 무장 단체의 무기들을 어떻게 할 것인가에 관한 것이었
다. 협정은 이 이슈에 대해 얼버무리면서 양국의 군사 조직이 최근까지
도 수많은 살상을 초래한 불법 무기들을 파괴하기 전까지 불법 무장 단
체와 연계된 정당들의 새 정부 가입 허가 문제에 대한 입장을 분명히 하
지 않고 애매한 상태로 남겨 두었다. '총이 없이는 정부도 없다'는 것이
통합주의 진영의 연설이자 주술이었다. 그사이, 협정은 군축이나 무장해
제에 대한 아무런 조건도 없이 불법 무장 단체 소속 수감자들의 석방을
허락했다. 단, 경찰력에 대한 대대적인 개혁이 있었다. 이것은 민족주의
진영의 요구였는데, 분쟁 기간 동안 북아일랜드 경찰 조직인 왕립경찰대
(RUC)가 무정부적 테러리스트에 대항해 공정한 방어만을 했다는 주장을
일축한, 통합주의 진영에 대한 공격이었다. 적절한 국기 게양과 상징들에
대한 거듭되는 문제 제기는 여전히 미결 상태로 남아 있다. 북아일랜드
는 공식적으로 여전히 영국의 일부로 남아 있지만, 민족주의 진영에서는
아일랜드의 정체성과 가톨릭 문화의 정서를 무시하는 영국계 상징들의

표출을 제한해야 한다고 주장한다.

상술한 모든 쟁점들과 협정의 결론을 둘러싼 낙관주의에도 불구하고 성공적 시행 여부는 불확실하다. 협정의 복합적인 의미를 조사하는 방법의 하나는 협정을 두고 벌어지는 세 가지 층위의 논쟁을 검토하는 것이다. 가장 근원적이고 열띤 정치적, 공적 논의는 거래가 의미하는 바가 무엇이며, [이러한 거래가] 분쟁의 당사자들에게 어떻게 영향을 미칠 것인가에 관한 것이다. 확실히, 협정은 어게이(Aughey)가 했던 것처럼 다양한 해석이 가능할 것 같다. 어게이(2005: 104-105)는 협정을 오리의 이미지가 토끼처럼 보일 수도 있다는 저 유명한 비트겐슈타인의 지각 퍼즐에 비유했다. 온건한 아일랜드 민족주의 진영과 영국, 아일랜드는 협정을 새로운 시작이자 구교-신교, 영국-아일랜드의 적대감을 종식시킬 잠재력을 지닌 역사적 타협으로 묘사했다. 공화주의 진영은 합의가 자신들의 통일 아일랜드(a united Ireland)라는 목표를 지속적으로 추구할 수 있도록 한다고 주장하면서 이에 동의했다. 공화주의 진영의 비주류는 협정을 패배이자 배신으로 보고 낮은 수준의 폭력 운동을 지속하고 있다.

하지만 가장 불안한 의견은 통합주의 진영에서 나타났다. 의견인즉 일종의 성취로서 영국의 통치권을 보존하는 것은 협정에 따른 거래의 훨씬 더 불편하고 불쾌한 측면들을 견딜 만하게 한다는 내용이었고, 얼스터 통합당 지도부는 그에 지지를 표했다. 보수적인 분파들은 강경한 통합주의 진영과 함께 협정에 반대했다. 이들은 협정이 결국에는 통일 아일랜드로 이어질 것인데, 수감자 석방과 '정부 내 테러 분자들'을 수용하는 문제에 대한 윤리적 타협은 부당하고 비양심적이라고 주장한다. 따라서 협정서의 잉크가 채 마르기도 전에 충돌하는 해석, 분노에 찬 분열, 협정의 생존을 의심하게 만드는 미온적 지지의 복잡한 양상이 나타났다(충돌하는 정치적 해석들에 관해서는 Mitchell, 2015 참조).

논쟁의 두 번째 층위는 협정의 '다극 공존적(consociational)' 측면에 관한 것이었다. 협정은 광범위하게는 네덜란드의 정치과학자 아렌드 라이파트(Arend Lijphart, 1977)와 연관된 이론인 다극 공존주의의 양상들을 드러내는 것으로 볼 수 있다. 라이파트는 다수의 다채로운 공동체 사회에서 정치적 안정을 설명하기 위해 다극 공존주의 개념을 사용했다. 분명히, 협정의 조항 가운데 정부 및 행정에서의 '대 연정,' '상호 거부권,' '비례 원칙'은 라이파트의 고전적 공식에 부합한다(Tonge, 2005: 25-40). 이러한 측면들은 토론에서는 정치적 학대와 배척이라는 역사에 비춰 볼 때 필수적인 보호라고 합의된 반면, 다수의 학계, 시민사회 및 정치권에서는 동일한 측면의 이데올로기적 의미를 규탄하고, 향후 가능한 영향력에 대해 경고했다. 이들은 다극 공존주의가 개인의 권리보다 집단의 정체성을 우선시해 정체성들 간의 소외와 대립을 완화하기보다는 도리어 강화할 수 있다고 지적하면서, 다극 공존주의가 반(反)자유주의적이라고 역설한다(예를 들어, Wilson, 2010; Tayler, 2009; Alliance Party, 2004).

한편, 종족 분쟁에 대한 다원 통합형 권력 분점이라는 처방을 지지하는 진영에서는 이러한 협의 방식이 [북아일랜드의] 정치적 현실에 불가피한 대응이었다고 주장했다. 또, 이러한 방식을 통해 정치적 안정을 연장하고 범민족적 협업을 가능케 함으로써 공유된 민족 정체성과 충성을 형성할 수 있는 잠재력을 갖게 되었다고 덧붙였다. 그래서 다원 통합형 권력 분점 구조는 장기적이고 기한이 정해져 있지도 않지만 '썩지 않는다'고 주장되고 있다(McGarry and O'Leary, 2009: 68). 결국, 종족성이 부차적인 문제가 되어 가면서, 여타 교차하는 정치적 대립 진영들은 종족적 단층선을 따르지 않고, [특정] 집단에 대한 보호가 불필요한, 보다 '정상적'인 통치 체계와 저항 구조를 가능케 하는 방향으로 점차 이동하고 있다. 이에 대한 논쟁은 지금도 진행 중이다. 흥미롭게도, 다원 통합형 구조 내에서의 자연발생적 진화에 대한 희망은 2016년에 어느 정도 성취되었다. 이때 처음으로 권력을 분점하는 두 정당은 대 연정을 그만두고 형식적 야당이 되기로 결정했다.

논쟁의 세 번째 단계는 아일랜드 역사에 있어서 협정이 차지하는 의미와 협정이 영국-아일랜드 및 구교-신교 관계를 얼마나 진정으로 반영하고 있는가 하는 문제와 관련이 있다. 역사가 톰 가빈(Tom Garvin)은 『아이리시 타임스(Irish Times)』에 쓴 기고문에서 1998년 성금요일 협정의 동의 조항에 대한 높은 기대감에 관해 다음과 같이 서술했다. 협정의 배후에 있는 기본적인 철학은 이 협정이 제로섬이 아니라 아일랜드의 질환에 대한 철저하고 정확한 진단에 근거하고 있다는 사실을 보여 준다. 아일랜드가 앓고 있는 질환이란, 남북 아일랜드 양국 모두가 정치를 전장에서 빠져나온 적들에 의해 형성된 전쟁의 연장선상에서 바라보고 있다는 사실이다(Gravin, 1998).

하지만 협정을 시행하는 데 직접적인 어려움은 전쟁의 질환이 수그러들지 않는 것처럼 보인다는 데 있다. 사실, 통합주의와 민족주의 진영의 지도자들은 모두 [협정의] 시행과 협상을 '또 다른 방식의 전쟁'으로 언급했다(Adams cited in Dixon, 2002: 731, Trimble, 2001: 144). 협정의 역사적 의미에 대한 이러한 불확실성은 조셉 루안(Joseph Ruane, 1999)이 협정 체결 후 얼마 지나지 않아 발표한 「아일랜드 역사의 종말?: 현 국면에 대한 세 가지 해석(The end of (Irish) history?: Three readings of the current conjuncture)」이라는 제목의 에세이에서 가장 명확하게 드러난다. 1998년 협정에 대한 낙관적인 해석은 이 협정이 구교-신교, 영국-아일랜드 간의 충돌의 종식을 의미한다는 것이었다. 분쟁과 충돌을 야기하는 조건과 구조들이 돌이킬 수 없을 정도로 변화했기 때문이었다. 덜 긍정적인 해석은 협정을 단순히 분쟁의 국면이 고강도에서 저강도로 이동했을 뿐으로 보았다. 반면, 가장 부정적인 해석은 분쟁에는 결정적인 방식으로는 아무런 변화도 일어나지 않았다고 설명하면서, 협정이 실패이자 끝없는 역사적 충돌에 대한 덧없는 사건의 하나로 기억될 것이라고 주장했다. 루안의 논의에서도 지적되었듯이, 세 가지 해석 모두는 분쟁의 구조와 행위자들의 태도와 위치에 대한 증거를 담고 있다. 따라서 그 가운데 한 가지를 선택한다는 것은 아마도 가장 성급한 일일 것이다. '분쟁은 단일한 해석의 논리 안에서는 파악될 수 없는 모순적인 힘들에 의해 구성된 것일 수 있다'(p. 146).

결론: 포스트 북아일랜드 협정을 해석하기

현시점에서 상술한 세 가지 해석은 어떻게 보이는가? 각각의 해석에 대한 논거들을 계속 만들어 낼 수는 있지만, 운이 좋게도 가장 낙관적인 해석이 가장 설득력 있다. 협정의 시행은 위기들, 정관 변화, 길거리 소요, 교착 사태와 전무후무한 정치적 폭력의 위협으로부터 시달려 왔다. 하지만 합의는 지속되었고, 합의의 핵심 기둥들 — 동의의 원칙, 권력 분점, 남북 법적 기관(institutions) — 은 어떠한 주류 정치 세력의 심각한 도전으로부터도 자유로웠다. 구교도들에 대한 배제와 차별이 끝났다. 가장 중요한 것은 공화주의가 폭력으로부터 굳건히 자신들의 노선을 고수했다는 것이고, 이는 통합주의 진영의 과반수 이상이 과거의 적들과 협업할 수 있도록 분쟁을 조정하는 데 도움을 주었다. 영국과 아일랜드는 그 어느 때보다도 가까워졌고, 양국 관계는 영국 왕가의 성공적이고 상징적인 아일랜드 방문을 통해 강화되었다.

그럼에도 불구하고, 협정의 시행은 소란하고, 몇몇 이슈는 여전히 미해결로 남아 있다. 안정적인 권력 분점은 협정 체결 후 9년이 지난 2007년까지 이루어지지 않았다. 가장 심각한 걸림돌은 무기 폐기에 관한 것이었다. 하지만, 협정의 이행 과정에서 감정적이고 복잡한 장애물들, 곧 경찰 개혁, 죄수 석방, 비무장화, 국기와 휘장에 대한 논쟁, 분쟁 관련 범죄, 무장 단체와 관련된 정당들의 포함과 배제에 대한 의문 등을 지속적으로 대면해야 했다. 협정은 양당 모두에게 위협이 되는 정당 간 윤리적 동등성을 이끌어 냈기 때문에, 엄청난 윤리적·이데올로기적 의미들을 담고 있는 이러한 이슈들에 대해 정당들은 해결점을 찾을 때까지 싸웠다. 이러한 이슈들에 대해 논쟁하면서, 통합주의자들과 공화주의자들은 협정이 [특정 정당에 대한] 비난이나 승리가 되는 것을 피하고자 했기 때문에, 이들 각각을 인정하고 보상하는 데 실패했던 지점에서 명백히 승리를 거두었다. 모로(Morrow, 2001: 14)는 포스트 협정 정치를 특징짓는 가장 핵심적인 관계 문제의 뿌리를 다음과 같이 정의 내린다.

협정을 통한 헌법 분쟁 해결에 많은 노력을 기울인 끝에, 분쟁은 아일랜드 국경의 미래보다 분쟁의 유산으로부터 스스로를 보호하고 또 복수하고자 하는 의도에 의해서 촉발될 수 있음이 밝혀졌다. 환언하면, 분쟁은 분쟁의 '원인들'이 설명되었음에도 해결되지 않았다. 분쟁은 결국 분쟁으로 끝났다. 북아일랜드의 경우, 어렵게 달성한 제도적 안정은 결국에는 내부 집단에 의해 다시 위협을 받게 될 것이다. 이러한 내부의 위협은 철천지원수를 신뢰하는 것을 터무니없는 일로 만들고, 우리 쪽이 공격으로 고통을 겪을 바에는 공격해야 한다는 인식들을 잠재적으로 돌이킬 수 없는 실수, 곧 현실로 만든다.

분쟁의 유산은 반복적으로 증오를 갱생시키고 각 정당들로 하여금 협정에 의해 부정된 승리를 모색할 수 있는 기회를 제공한다. 유혈 분쟁의 메아리 효과는 오랫동안 양자 간의 적대감이 발현되는 것을 막아 증오를 약화시키려는 목적을 가진 새로운 법적 기관들을 방해하고 무력화시켜 왔다.

루안의 불확실성과 모순에 대한 강조에 따르면, 북아일랜드 협정 이후의 학문적 작업의 대다수는 분쟁의 오래된 양상의 지속과 그로부터의 명백한 이탈에 대한 표지들 간의 명백한 충돌이라는 평화의 불완전성에 천착하고 있다. 예를 들어, 포스트 북아일랜드 협정에 관한 책 제목들을 보면, 주제에서 놀랄 만한 일관성을 발견할 수 있다. 주제들은 '소극적인 (reluctant) 평화'(Cochrane, 2013), '합의가 결여된 평화'(Cox, Guelke and Stephen, 2000), '무장된 평화'(Rowan, 2003), '끝나지 않은 평화'(Rowan, 2016), 화해는 '힘든 여정'이다(Porter, 2003)와 같은 것들이다. 북아일랜드의 상황에 대한 가장 일반적인 설명 중 하나는 '차가운 평화(cold peace)'이다. 비록 남아 있는 모든 문제들이 해결되었으나, 북아일랜드는 여전히 모순적이고 유동하는 상태로 남아 있으며, 아마도 그러한 상황은 불가피할 것이다. 북아일랜드 사회는 과도기적인 사회이다. 분쟁 기간 동안의 무수한 미해결 살인 사건들을 다루고, '피해자'들의 요구를 충족시키는 총체적이고 포괄적인 방법들에 대한 합의는 불가능한 것으로 판명되고 있다. 국가 상징에 대한 논쟁, 개신교 가두 행진을 두고 일어난 지역 영토 분쟁 등과 마찬가지로 현재 진행 중이다. 불법 무장 단체들은 여전히 도심의 빈민가를 통제하고 있다. 게다가, 실질적인 분리는 지속되고 있는데, 대부분의 구교도와 신교도들이 의미 있는 방식으로 상대방과 접촉하는 일은 거의 일어나지 않는다.

평화 구축에 대한 '아일랜드식 모델'은 존재하는가? 유럽적 맥락은 영국과 아일랜드 정부의 평화 프로세스에 대한 수문장으로서의 공동 역할과 결합해 북아일랜드에 PSC의 관리에 있어 두 가지 보기 드물고 부러워할 만한 강점을 부여하는데, 곧 안정적인 지역 환경과 강력한 제3자들의 헌신이다. 영국과 아일랜드는 안정적인 민주국가로 분쟁을 악화시킬 만한 양국 간 무장 충돌의 가능성은 전혀 없다. 평화 구축의 노력과 관련 조치의 시행에 있어서도 영국과 아일랜드는 투입할 수 있는 상당한 자원들을 갖추고 있으며, 유럽과 미국으로부터 거대한 재정적·외교적 지원을 기대할 수 있다. 때문에, 양국의 정당들을 합의로 이끄는 데 효과적으로 보이는 전략들, 기제들, 기술들을 규명할 수 있지만, 이들은 궁극적으로는 적용되는 배경적 맥락으로 인해 효과적일 수 있다. 정당들을 심사숙고하게 만드는 유인과 제약 조건들의 결합은 분쟁의 고통스런 과정과 영국-아일랜드-EU라는 독특한 맥락에 의해 생겨났고, 이러한 동일한 상황을 다른 곳에 복제한다는 것은 명백히 불가능한 일이다(O'Kane, 2010; Mac Ginty 2011; Guelke, 2011의 사례 참조).

그럼에도 불구하고, 아일랜드의 경험에 대한 전 세계적 관심은 단순히 살상이 중지되고 과거의 적들과 권력을 공유하고 있다는 사실 때문이다. 평화적 전이(轉移)라는 사실 그 자체가 '모델'이며, 그 점을 저평가해서는 안 된다. 아자르가 지적했던 것처럼, 강도 높은 분쟁이 마비와 절망의 문화를, 혹은 아서(Arthur, 2001: 143)의 언급처럼, '과거에 대한 선택적 집착, 현재에 대한 편협한 근성, 미래에 대한 적절한 무관심'을 만들어 왔기 때문이다. 평화적 전이의 실제는, 미래는 과거의 패턴으로부터 벗어날 수 없다고 주장하는 운명 결정론자들의 논리를 반박한다. 따라서 여타 심각한 분쟁 지역의 행위자들이 폭력과 증오의 소모적인 순환으로부터 자신들만의 길을 모색해 나가는 과정에서, 북아일랜드 사례로부터의 교훈과 성찰이 무언가 중요한 공헌을 할 수 있을 것이다.

참고 문헌

Adams, G. (2003) *A Farther Shore: Ireland's Long Road to Peace*. New York: Random House.

Agreement Reached in the Multi-Party Talks (1998). Page numbers given in the text refer to the original printed copy distributed in 1998. Also available at: http://cain.ulst.ac.uk/events/peace/docs/agreement.htm [accessed 2 June 2014].

Alliance Party (2004) *Agenda for Democracy: Alliance Party Proposals for the Review of the Agreement*. Available at: http://cain.ulst.ac.uk/issues/politics/docs/apni/apni070104.pdf [accessed 15 September 2013].

Arthur, P. (2001) 'Conflict, memory and reconciliation,' in M. Elliott (ed.) *The Long Road to Peace in Northern Ireland*. Liverpool: Liverpool University Press, pp. 143-153.

Arthur, P. (2000) *Special Relationships: Britain, Ireland and the Northern Ireland Problem*. Belfast: Blackstaff.

Aughey, A. (2005) *The Politics of Northern Ireland: Beyond the Belfast Agreement*. Abingdon: Routledge.

Azar, Edward (1990) *The Management of Protracted Social Conflict: Theory and Cases*. Aldershot: Dartmouth.

de Beaumont, G. (1839) *L'Irelande: Sociale, Politique et Religieuse*. Paris: Librarie de Charles Gosselin.

de Beaumont, G. (2006) *Ireland: Social, Political and Religious*. Cambridge: Harvard University Press.

Bew, J., M. Frampton and I. Gurruchaga (2009) *Talking to Terrorists: Making Peace in Northern Ireland and the Basque Country*. New York: Columbia University Press.

Bruce, S. (2007) *Paisley: Religion and Politics in Northern Ireland*. Oxford: Oxford University Press.

Clancy, M. (2010) *Peace Without Consensus: Power Sharing Politics in Northern Ireland*. Farnham: Ashgate.

Cochrane, F. (2013) *Northern Ireland: The Reluctant Peace*. New Haven: Yale University Press.

Cox, M. (2006) 'Rethinking the international: a defence,' in M. Cox., A. Guelke and F. Stephen (eds.) *A Farewell to Arms: Beyond the Good Friday Agreement*. Manchester: Manchester University Press, pp. 427-442.

Cox, M., A. Guelke and F. Stephen (eds.) (2000) *A Farewell to Arms?: From 'Long War' to Long Peace in Northern Ireland*. Manchester: Manchester University Press.

Dixon, P. (2002) 'Political skills or lying and manipulation? The choreography of the Northern Ireland peace process.' *Political Studies*, 50:4, 725-741.

Garvin, T. (1998) 'Deal marks beginning of the end for politics of total victory or total defeat,' *Irish Times*, 25 May.

Gillespie, P. (2014) 'The complexity of British-Irish interdependence,' *Irish Political Studies*, 29:1, 37-57.

Guelke, A. (2011) 'Lessons of Northern Ireland and the relevance of the regional context,' in LSE IDEAS, *The Lessons of Northern Ireland*, LSE (London School of Economics) IDEAS website. Available at: http://www.lse.ac.uk/IDEAS/publications/reports/SR008.aspx [accessed 13 March 2013].

Hayward, K. (2009) *Irish Nationalism and European Integration: The Official Redefinition of the Island of Ireland*. Manchester: Manchester University Press.

Hume, J. (1996) *Personal Views: Politics, Peace and Reconciliation in Ireland*. Dublin: Town House.

Jackson, A. (1999) *Ireland: 1798-1998*. Oxford: Blackwell.

Kaldor, M. (1999) *New and Old Wars: Organised Violence in a Global Era*. Cambridge: Polity.

Lederach, J. P. (2008) 'Cultivating peace: A practitioner's view of deadly conflict and negotiation,' in R. Mac Ginty and J. Darby (eds.) *Contemporary Peacemaking*. Basingstoke: Palgrave Macmillan, pp. 36-44.

Lijphart, A. (1977) *Democracy in Plural Societies: A Comparative Exploration*. New Haven: Yale University Press.

Mac Ginty, R. (2006) *No War, No Peace: The Rejuvenation of Stalled Peace Processes and Peace Accords*. Basingstoke: Palgrave Macmillan.

Mac Ginty, R. (2011) 'Bad students learning the wrong lessons?,' in LSE IDEAS,

The Lessons of Northern Ireland, LSE (London School of Economics) IDEAS website. Available at: http://www.lse.ac.uk/IDEAS/publications/reports/SR008.aspx [accessed 13 March 2013].

McBride, I. (2016) 'After Brexit, Northern Irish politics will again be dominated by the border,' *The Guardian*, 19 July. Available at: https://www.theguardian.com/commentisfree/2016/jul/19/brexit-northern-irish-politics-border-eu-good-friday-agreement [accessed 16 September 2016].

McGarry, J. and B. O'Leary (1995) *Explaining Northern Ireland: Broken Images*. Oxford: Blackwell.

McGarry, J. and B. O'Leary (2009) 'Power shared after the deaths of thousands,' in R. Taylor (ed.), *Consociational Theory: McGarry and O'Leary and the Northern Ireland Conflict*. Abingdon: Routledge, pp. 15-84.

McKittrick D, S. Kelters, B. Feeney, and C. Thornton (1999) *Lost Lives: The Stories of the Men, Women and Children who Died as a Result of the Northern Ireland Troubles*. Edinburgh: Mainstream.

Meehan, E. (2006) 'Europe and the Europeanisation of the Irish question,' in M. Cox, A. Guelke and F. Stephen (eds.), *A Farewell to Arms?: Beyond the Good Friday Agreement*, second edition. Manchester: Manchester University Press, pp. 338-56.

Mitchell, D. (2015) *Politics and Peace in Northern Ireland: Political Parties and the Implementation of the 1998 Agreement*. Manchester: Manchester University Press.

Morrow, D. (2001) 'The elusiveness of trust.' *Peace Review*, 13:1, 13-19.

Nietzsche, F. (1996) *Human All Too Human*. Cambridge: Cambridge University Press.

O'Kane, E. (2010) 'Learning from Northern Ireland?: the uses and abuses of the Irish 'model'. *British Journal of Politics and International Relations*, 12:2, 239-256.

Porter, N. (2003) *The Elusive Quest: Reconciliation in Northern Ireland*. Belfast: Blackstaff.

Richard, R. (1976) *Northern Ireland: A Time of Choice*. London:Macmillan.

Roe, P. (2005) *Ethnic Violence and the Societal Security Dilemma*. New York: Routledge.

Rowan, B. (2016) *The Unfinished Peace: Thoughts on Northern Ireland's Unanswered Past*. Newtownards: Colourpoint.

Rowan, B. (2003) *The Armed Peace: Life and Death After the Ceasefires*. Edinburgh: Mainstream.

Ruane, J. (1999) 'The end of (Irish) history?: Three readings of the current conjuncture,' in J. Ruane and J. Todd (eds.) *After the Good Friday Agreement: Analysing Political Change in Northern Ireland*. Dublin: University College Dublin Press, pp. 145-170.

Ruane, J. (2004) 'Contemporary republicanism and the strategy of armed struggle,' in M. Bric and J. Coakley (eds.), *From Political Violence to Negotiated Settlement: The Winding Path to Peace in Twentieth-Century Ireland*. Dublin: University College Dublin Press, pp. 115-32.

Stewart, A.T.Q. (1977), *The Narrow Ground: Aspects of Ulster, 1609-1969*. Faber & Faber.

Taylor, R. (2009) 'The injustice of a consociational solution to the Northern Ireland problem,' in R. Taylor (ed.), *Consociational Theory: McGarry and O'Leary and the Northern Ireland Conflict*. Abingdon: Routledge, pp. 309-30.

Tonge, J (2005) *The New Northern Irish Politics?*. Palgrave: Basingstoke.

Trimble, D. (2001) *To Raise up a New Northern Ireland: Articles and Speeches 1998-2000*. Belfast: The Belfast Press.

Trimble, D. (2007) 'Ulster's lesson for the Middle East: don't indulge extremists,' *The Guardian*, 25 October.

Walker, B. (2012) *A Political History of the Two Irelands: From Partition to Peace*. Basingstoke: Palgrave Macmillan.

Whyte, John (1983) 'How much discrimination was there under the unionist regime, 1921-68?' in Tom Gallagher and James O'Connell, *Contemporary Irish Studies*. Manchester: Manchester University Press. Available at: http://cain.ulst.ac.uk/issues/discrimination/whyte.htm [accessed 14 September, 2016].

Wilson, R. (2010) *The Northern Ireland Experience of Conflict and Agreement: A Model for Export?*. Manchester: Manchester University Press.

Zartman, I. W. (2008) 'The timing of peace initiatives: Hurting stalemates and ripe moments,' in Roger Mac Ginty and John Darby (eds.) *Contemporary Peacemaking*. Basingstoke: Palgrave Macmillan, pp. 22-35.

Zartman, I.W. (1985) *Ripe for Resolution: Conflict and Intervention in Africa* (Oxford: Oxford University Press).

5

북아일랜드의 다극 공존형 권력 분점:
성공 혹은 실패

조너선 텅
(리버풀 대학교)

I. 머리말: 성금요일 협정의 배경

3,600명 이상의 목숨을 앗아간 바 있는 북아일랜드의 심각한 분쟁이 성금요일 협정을 통해 사실상 종식되었다. 이 협정은 아일랜드공화군 (IRA)과 로열리스트(Loyalist) 무장 세력 사이에 1994년에 체결된 휴전협정(1996년에서 97년 사이, IRA에 의해 일시적으로 위반된 적이 있지만)을 공고히 했고, 다자간, 정부 간 협의를 바탕으로 목표에 다다르게 되었다. 평화 프로세스에는 국제적인 참여가 이루어졌는데, 성금요일 협정을 위한 대화는 미국 상원 의원인 조지 미첼(George Mitchell)과 같은 외부인에 의해 중재되었으며, 그는 협상이 타결될 수 있도록 하기 위해 정치적 협의 과정에 시간적 제약을 두는 등의 방법을 동원했다. 평화 프로세스는 1980년대까지 거슬러 올라가는 지난한 준비 과정을 거친 바 있다. 1993년의 다우닝가 선언(Downing Street Declaration)은 협상의 근간을 이루게 된 기본 원칙들의 대략적 형태를 규정하였다. 이러한 원칙들에는 아일랜드섬에 거주하고 있는 사람들이 자신들의 운명을 스스로 결정하되, 북부와 남부를 기반으로, 다시 말해 개별적으로 실현한다는 공동 결정의 원칙과 더불어 북아일랜드와 아일랜드섬 전체에 걸쳐 존재하는 두 가지 전통을 동등한 수준으로 존중한다는 원칙 등이 포함되었다. 성금요일 협정은 이러한 원칙들을 바탕으로 하는 세부적 준칙들을 제공하는 동시에 다극 공존형, 공동체 연합 성격의 권력 공유 행정부 및 입법부를 만들어 냄으로써, 런던의 웨스트민스터(Westminster) 정부로부터 권력이 이양될 수

있도록 했다. 돈트(d'Hondt)식 비례대표 선출 공식을 활용함으로써, 행정부의 위상이 입법부 내에서 정당이 차지하는 대표성과 연동될 수 있도록 했다. 가장 중요한 조항은 행정부가 사회를 구성하는 각 커뮤니티를 모두 아우를 수 있도록 하는 것이었으며, 그렇지 못할 경우 유효성을 상실하게 되는 것이다. 북아일랜드가 영국의 한 부분으로 남아 있기를 원하는 (개신교를 믿는) 영국계 통합론자들은 독립적이고 통일된 아일랜드를 열망하는 (가톨릭을 믿는) 아일랜드 민족주의자들과 반드시 함께 통치해야만 했다. 아일랜드 정부는 헌법에 명시된 북아일랜드 지역에 대한 소유권을 포기함으로써, 아일랜드의 통일을 단지 추상적 열망 정도의 수준으로 격하시켰다. 이에 대한 반대급부로서 영국 정부는 아일랜드정부법을 개정해 (그 가능성이 매우 희박하긴 하지만) 북아일랜드 의회 내에서 과반이 이를 지지할 경우 통일 아일랜드를 위한 입법이 이루어질 수 있도록 했다. 이 장은 다극 공존형 권력 분점의 측면에서 성금요일 협정의 본질을 분석하는 한편, 이러한 방식이 보여 준 성공과 실패를 평가하고자 한다.

II. 성금요일 협정은 얼마나 새로운 것이었는가, 그리고 다극 공존의 원칙에 얼마나 부합했는가?

성공적인 다극 공존형 권력 분점에 대한 북아일랜드의 희망은 이미 1970년대에 표출된 바 있다. 1973년의 서닝데일 협정(Sunningdale Agreement)에 뒤이어, 1974년에는 권력 분점형 위임 정부가 시도된 바 있다. 복수 커뮤니티의 연합, 상호 거부권, 정부 및 주민 자치에 있어서의 비례성 등 다극 공존의 전통적 특성들이 이 협약에 반영되었다. 하지만 이러한 협상을 통해 탄생한 권력 분점형 행정부는 5개월 이상 지속되지 못했다. 이전 50년 동안 압도적 다수의 1당 정부 체제에 익숙해져 버린 다수의 통합론자들에게는 권력 분점은 도무지 수용할 수 없는 타협이었던 셈이다. 1973년의 타협은 어떤 식으로든 실패할 수밖에 없는 운명이었는데, 당시 주류를 이루고 있었던 IRA를 비롯한 공화주의 불법 무장 세력을 통합하려는 노력이 전무했기 때문이다. 1975년의 헌법제정회의(Constitutional Convention)를 통해 권력 분점을 되살리고, 커뮤니티들 사이의 타협에 대한 희망을 바탕으로 북아일랜드로 다시금 권력을 위임하려는 시도 또한 실패로 돌아갔다.

1998년 성금요일 협정에 도달할 수 있었던 것은 서닝데일 협정의 근본적 변경뿐만 아니라 변화된 환경에 힘입은 바 크다. 1990년대 중반에 이르러 아일랜드 공화주의자들은 그 세력이 크게 약화되었으며, 지리하게 이어지는 IRA의 '무장투쟁'을 용인할 의지 또한 갖고 있지 않았다. 통합론자들은 웨스트민스터를 기점으로 하는 영국의 직접적 지배를 감내하기보다는 아주 조금이나마 권력을 나누어 갖기를 갈망했다. IRA를 완전히 궤멸시키는 데 실패한 영국 정부는 불법 무장 단체와 관련된 세력을 참여시킬 필요가 있음을 인정하게 된다. 아일랜드 정부는 북아일랜드에 대한 헌법적 소유권 주장을 포기하는 데 있어서 별다른 거부감을 갖고 있지 않았는데, 통일된 아일랜드에 (영국계) 통합론자들을 강제로 병합시키는 것은 정치적으로 불가능했을 뿐만 아니라, 바람직하지도 않다는 관점을 갖고 있었기 때문이다. 영국과 아일랜드 정부 사이에는 한층 향상된 관계가 존재하고 있었다. 영국 정부는 북아일랜드에 대해 보다 온건한 접근법을 마련해 놓은 상태였는데, 식민주의적 태도를 누그러뜨렸으며, 단지 안보만을 중시하는 듯한 시각도 버린 뒤였다. 아일랜드 정부의 경우, 잔존하고 있던 민족주의적 열망을 말끔히 청산해 버렸다. 이러한 패러다임 변화와 더불어 점차 협력적으로 변화하고 있는 정부 간 관계에 대한 오케인(O'Kane 2007: 191)의 분석을 살펴볼 필요가 있다. 그는 '제도상의 구조, 개인적 관계, 그리고 축적된 지적 자산'이 공고한 영국-아일랜드 관계 발전의 결정적 요소가 되었음을 강조한다.

서닝데일과 성금요일 협정은 명백한 유사성을 갖고 있는데, 이에 대해 아일랜드의 민족주의적 사회민주노동당(Social Democratic and Labour Party: SDLP)의 부당수 시머스 말론(Seamus Mallon)은, 성금요일 협정은 '학습이 느린 사람들을 위한 서닝데일'일 뿐이라고 일갈한 바 있다(Tonge 2000: 39). 이들 두 협정 모두 통합론자들과 민족주의자들에게 행정에서 권력 분점을 요구했으며, 정부 구성에서 비례의 원칙, 소수의 거부권, 그리고 낮은 수준의 주민 자치 등 다극 공존형 시스템의 일반적 특성이 수반되었다. 아일랜드섬 전체를 관할하는 일련의 무난한 제도들이 마련되었으며, 잉글랜드와 아일랜드 사이의 중대한 협력 관계가 지속되었다. 비록 말론의 이야기가 1998년식 다극 공존의 보다 의미심장한 뉘앙스를 간과하긴 했지만, 그가 결코 맥락을 잘못 짚은 것은 아니었다. 1973년 협정과의 가장 분명한 차이점은 포괄성과 분쟁을 종식시킬 방안들이었는데, 딕슨(Dixon 2008)은 1973년 협정에 대해 '평화 프로세스'의 일환이었지만, 막상 평화도 없었고 불법 무장 세력을 포함하는 어떠한 과정도 존재하지 않았다고 주장한다. IRA의 정치조직이라 할 수 있는 신페인(Sinn Féin)이 성금요일 협정 회담에 포함되었으며, 새롭게 구성된 북아일랜드 정부에서 한 자리를 차지할 수 있게 되었다. 동시에 휴전 상태에 돌입한 무장 단체 소속의 모든 죄수들이 방면됨으로써 논란이 벌어지기도 했다. 그리고 패튼위원회(Patten Commission)의 수립에 이어 경찰 제도에도 변화가 일어나게 되었다.

1998년 협약은 1973-74년에 걸쳐 이루어진 협정에서는 발견할 수 없는 대중적 지지를 확보하게 된다. 성금요일 협정에 대해 국민투표를 실시한다는 것은 실로 위험천만한 모험이었지만, 그 정당성을 확보하기 위해서는 반드시 필요한 절차였다. 서닝데일 협정에 대한 대중적 지지가 충분치 못하다는 사실은 협정이 발효된 후 2개월 만에 여실히 드러났는데, 통합론자, 즉 신교도 세력이 반서닝데일 성향의 의회 의원들을 압도적 지지로 당선시켰기 때문이다. 성금요일 협정이 미치게 될 영향력에 대한 통합론자들의 불만은 특히 조만간 '정부에 참여하게 될 테러리스트들'에게 집중되었는데, 신페인이 정부 내의 행정직을 차지할 수 있게 되었기 때문이다. 더불어 불법 무장 세력 소속 죄수들의 석방이나 경찰 조직인 RUC에 대한 변혁 등도 불만의 대상이 되었다. 개신교도들 가운데 성금요일 협정에 찬성표를 던진 사람들의 비율이 57퍼센트에 불과했던 것과는 대조적으로, 협정에 의해 처음으로 정부 내 요직을 차지할 수 있게 된 가톨릭교도들은 압도적인 지지를 나타냈으며(Hayes and McAllister 2001), 결국 81퍼센트의 투표 참여율과 71퍼센트의 찬성률을 기록하는 데 일조하게 된다. 북아일랜드에 대한 헌법적 영토권을 삭제하기 위해 아일랜드에서 치러진 국민투표에서도 (비록 절반 정도에 그친 낮은 투표율이었음에도 불구하고) 94퍼센트라는 압도적 지지를 보임으로써 1998년의 협정은 1970년대의 전례에서는 찾아볼 수 없었던 확실한 뒷받침을 확보할 수 있게 된다. 그럼에도 불구하고 성금요일 협정에 대한 통합론자들의 불만은 향후 몇 년간 사그라들지 않는데, 죄수들의 석방과 경찰권의 변화와 같은 쓰디쓴 약을 삼켜야 했기 때문이다. 민주통합당(Democratic Unionist Party: DUP)은 성금요일 협정에 반대하면서 주가를 높이게 되었고, 통합주의 세력 가운데 최대 정당으로 자리매김하게 되면서 당시까지 줄곧 반대해 왔던 협정을 실질적으로 수용하게 되었다. 물론 한 가지 전제 조건이 있었는데, 신페인이 새롭게 구성된 북아일랜드 경찰국(Police Service of Northern Ireland)을 정당한 경찰력으로 인정한다는 것이었다. 이전까지 IRA는 약 300명에 달하는 경찰관을 살해한 상태였다.

성금요일 협정이 실행되기까지 많은 시간이 소요되었다. 불법 무장 세력 죄수들의 석방, 경찰권의 변화, 그리고 협정 직후 몇 년간 이루어진 IRA의 느린 무장해제 속도 등으로 인해 협정에 반대하는 DUP를 지지하는 통합론자들이 주류를 이루게 되었다. 1998년 11월 얼스터통합당(Ulster Unionist Party: UUP)이 IRA의 해체에 앞서 정부에 참여하는 데 합의했는데, 합의서에 IRA 해체에 관한 요구 조건이 명시적으로 기술되어 있지는 않았다. 비록 통합론자들이 정반대의 주장을 펼치고 있었지만, IRA가 반드시 무장해제를 해야 한다거나, 신페인의 정부 참여가 이러한 무장해제에 달려 있다는 조항은 그 어디에도 없었다. 국제무장해제위원회(International Commission on Disarmament)의 수장을 맡고 있는 존 드 샤스텔레인(John de Chastelain) 장군은 다음과 같이 진술한 바 있다(2004: 161). '공화주의자들과 민족주의자들은 협정에 반영된 (IRA) 해체와 관련된 내용은 "전반적인 타협을 바탕으로 한 실행을 맥락"으로 하고 있다고 주장하는데, 그들에게 있어서 이러한 맥락은 실효성 있는 권력분점형 행정부의 수립을 의미했다.' 권력 이양이 이루어지고 있던 2001년과 2002년 두 차례에 걸쳐 IRA를 해체하기 위한 활동이 펼쳐졌음에도 불구하고, 신교 통합론자들의 불만을 누그러뜨리기에는 역부족이었다. 성금요일 협정에 대한 UUP의 지지는 '총을 빼앗지 못 하면 정부도 없다'는 기조를 바탕으로 한 것이었으며, 더 나은 조건의 합의를 약속했던 DUP에게는 확실한 우군이 되어 주었다. 제한적이지만 꾸준히 발생했던 IRA의 폭력 행위, 스파이 활동에 대한 의심, 그리고 2,650만 파운드에 달하는 2004년 노던 뱅크(Northern Bank) 강도 사건 연루설 등으로 인해 2000년대 중반 몇 년 동안 북아일랜드 의회(Northern Ireland Assembly)

는 개점휴업 상태에 빠지게 된다.

2006년 스코틀랜드 세인트앤드루스에서 이루어진 재협상 이후 성금요일 협정을 다시금 시행하게 된다. 2005년 IRA가 마침내 무장투쟁을 중단하기로 하고, 완전히 정치적인 성격으로 탈바꿈하면서 무장해제에 돌입한 것이 결정적이었다. 세인트앤드루스에서 신페인 지도부는 북아일랜드 경찰국을 지지하기로 약속했으며, 이러한 결정은 2007년 1월 치러진 특별 당 대회에서 비준된다. 이로써 자국의 경찰력을 인정하지 않는 정부 참여 정당의 어정쩡한 입장을 정리할 수 있게 되었다. 결과적으로 성금요일 협정과 관련된 가장 커다란 문제들 가운데 하나가 해결된 것이다. 패튼위원회의 1999년 보고서(Independent Commission on Policing, 1999)에 따라 개신교도가 88퍼센트를 차지하고 있었던(사실 공화주의자들의 주장에 따르면 100퍼센트 통합론자들로만 구성되어 있었던) RUC는 북아일랜드 경찰국에 의해 대체되었으며, 이후 경찰국은 10년간 가톨릭과 비가톨릭 인력을 각각 절반씩 선발하게 된다. 경찰 행정에 있어서의 변화는 경찰 내의 문화, 기풍, 그리고 구성 등을 변화시키는 것을 목표로 했는데, 구교 민족주의자들의 눈에 경찰은 본질적으로 개신교적인 통합론자들로 여겨졌기 때문이다. 경찰력을 인정하기로 한 신페인의 결정은 평화를 공고히 할 수 있는 방향으로 나아가는 중대한 한 걸음이었다. 맥게리(McGarry 2004: 388-9)의 기술에 따르면, 경찰 개혁은 '(신교) 통합론자들과 (구교) 민족주의자들 사이의 상상력 넘치는 타협을 보여 주는 셈인데, 통합론자들은 기존의 경찰 조직인 RUC가 이미 성금요일 협정의 조건들을 충분히 만족시키고 있다고 주장하고 있는 반면, 민족주의자들, 특히 공화주의자들의 경우 RUC의 과거 이력 때문에 즉각적인 해체가 필요하다고 주장하고 있었다.' 구교도와 신교도들에게 절반씩의 인원을 할당하는 방침은 경찰 인력 구성상의 명백한 불균형을 바로잡는 동시에 민족주의자들 사이에 만연한 경찰에 대한 반감을 해소하는 것을 목표로 했는데, 경찰에 대한 이러한 반감은 IRA의 위협과 더불어 구교도들이 경찰에 몸담는 것을 주저하도록 만들었다. 이러한 인원 할당 정책 덕분에 경찰 내부의 가톨릭교도 비율이 2011년에는 30퍼센트까지 높아졌으며, 이는 성금요일 협정이 이뤄지던 시점의 8퍼센트와 견주어 괄목할 만한 증가라 할 수 있다(Police Service of Northern Ireland, 2012). 그러나 종파를 기반으로 한 이러한 채용 방식은 다수의 통합론자들과 탈종파적 성격의 동맹당(Alliance Party) 등의 공공연한 반대에 부딪혔으며, 결국 2011년에 사라지게 된다.

III. 다극 공존주의와 아일랜드 공화주의의 온건화

2006년에 이르러 북아일랜드 국무장관 피터 하인(Peter Hain)은 허울뿐인 존재가 되어 버린 의회에 환멸을 느끼고 있었는데, 2002년 이래로 의회가 한 번도 개원하지 않았음에도 불구하고 의원들은 꾸준히 임금을 받고 있는 상황이었다. 비록 확실한 차선책이 존재하지 않았음에도 불구하고, 하인은 의회를 영구적으로 폐쇄할 수도 있다고 위협하면서, 몇몇 의회 의원들의 임금을 박탈하는 한편, 아일랜드 정부의 영향력을 증대시킬 것이 자명한 일종의 직접 통치 방안을 제시했다(Hain 2012). 이후 2003년 이래로 각 정파에서 지배적 정당 노릇을 하고 있던 DUP와 신페인 사이에 협상이 타결됨으로써 권력 분점을 복원시킬 수 있게 되었다. 마침내 2007년에 행정부가 복원되었는데, DUP의 이언 페이즐리(Ian Paisely) 목사와 신페인의 마틴 맥기네스(Martin McGuinness)가 수장을 맡게 된다. DUP는 자신들이 신페인을 변화시켜 합헌적 진정성을 실질적으로 수립할 수 있는 길로 이끌었다고 주장할 수 있었다. 결과적으로, 풀려난 죄수들 가운데 다시 투옥된 이들은 극히 드물었고, RUC가 지역 경찰로 다시 등장하는 일도 벌어지지 않았다. UUP와 SDLP의 헌정주의적 민족주의자들이 초기에 기울였던 노력이 상당했는데, 궁극적으로는 이것이 이들 두 당에는 치명적인 부담으로 돌아오게 되었다. 성금요일 협정이 지닌 아일랜드 전역을 아우르는 성격을 약화시키기 위해 DUP는 남북 아일랜드 장관급 협의회를 바탕으로 장관직을 순환 배분해 왔는데, 이제 그들이 좀 더 협력적인 접근법을 택하게 되었다. (매우 강력한) 두 가지 전통 사이의 막대한 간극을 넘어 이러한 다극 공존이 수립된 것은 여전히 놀라운 일로 여겨지고 있다. DUP와 신페인이 그들이 지닌 원심력에 의해 각자가 대변하는 인종 집단에서 지배적인 정치 세력으로 부상함에 따라 많은 어려움이 뒤따르게 되었다(Mitchell et al 2009). 통합주의와 민족주의 진영 내부의 이들 헤게모니 세력들은 개정된 협정에서 핵심적 역할을 맡게 되었으며, 당시까지만 해도 개신교 근본주의자로 여겨지던 DUP의 당수 이언 페이즐리가 신페인 지도부와 담판을 지었을 때, 국민의 상당수가 충격에 빠졌으며, 그가 이끌고 있던 자유장로교회(Free Presbyterian Church)의 교인들 중 일부는 분노하기에 이르렀다. DUP는 협정을 위한 기반을 제대로 마련해 놓지 못한 상태였고, 지지자들 가운데 3분의 1가량은 세인트앤드루스 협정을 반대하는 것으로 전해졌으며, 과반 이하인 42퍼센트만이 지지를 표명했다(Dixon and O'Kane 2011: 108). 그러나 대부분의 통합주의 유권자와 정치인들은 (변화된) 상황에 적응해야 한다는 사실을 깨닫게 된다.

주류 공화주의자들 사이에서 군사행동 지향적 양태가 정치 중심으로 변화하게 된 것을 설명하기 위해서는 선거 공학적인 측면을 살펴보아야 한다. 앤서니 다운스(Anthony Downs)의 논리에 따르면, 어떤 정당이든 자신들의 지지자들 가운데 중도적 성향의 유권자를 지향할 필요가 있는 것이다. 이러한 입장은 신페인의 가장 커다란 정치적 라이벌이라 할 수 있는 SDLP의 당수 존 흄(John Hume)에 의해 평화 프로세스가 성립되는 시기에 설파된 바 있다. 아일랜드 정부에 의해 방조된 측면이 없지 않은 흄의 이러한 범민족주의는 결과적으로 그의 당내 입지를 흔들게 되는데, 신페인이 자신들의 노선을 온건하게 바꾸고, 공화주의에 대한 자신들의 입장을 재정립했기 때문이다. IRA는 결코 승리를 거둘 수 없지만, 그렇다고 손쉽게 패배하지도 않으리란 사실을 분쟁의 초기 단계부터 인식하고 있었던 신페인은 1983년 이래로 당을 이끌고 있던 게리 애덤스(Gerry Adams)의 통솔에 따라 이러한 중도 유권자에 부응하기 위한 작업에 착수했다(Arthur 2002; Murray and Tonge 2005). 2005년 IRA는 자신들의 무장투쟁이 종결되었음을 공식적으로 선언했으며, 같은 해 하반기에는 무장해제를 완료하였다. 통일된 아일랜드를 구현할 수 있는 민주적 경로가 존재하게 되었다는 신페인의 주장이 IRA의 무장해제에 영향을 미치긴 했지만, 당시까지의 분열이 봉합될 수 있었던 것은 북아일랜드 주민 대다수의 지지에 힘입은 바 크다. 아일랜드섬에 살고 있는 주민의 절대다수가 하나의 소망으로서 아일랜드의 통일을 지지하는 것처럼 보였다. 하지만 1998년에 시행된 성금요일 협정 국민투표를 통해 분명히 알 수 있듯이, 대다수의 시민들은 영토적 통일이 '강제'되는 것을 원하지는 않았다.

신페인은 구교도 주민의 숫자가 늘어나길 희망했는데, 그런 일이 실제로 벌어지고 있었다. 전체 인구 가운데 차지하는 비율이 1960년대까지 35퍼센트였던 가톨릭은 2011년의 조사에서 45퍼센트를 기록하게 되었다. 이 수치는 개신교에 비해 단지 3퍼센트 모자란 기록이었으며, 신교도가 50퍼센트 이하를 기록한 최초의 사례였다. 성금요일 협정 이후 치러진 네 차례의 선거에서 민족주의 진영이 차지한 득표 비율은 36.9퍼센트에서 41.4퍼센트로 상승했다. 하지만 구교 인구의 증가분을 상쇄시키는 현상이 함께 벌어지고 있었는데, 통일된 아일랜드라는 꿈에 대한 가톨릭 교도들의 애착이 시들해지고 있었던 것이다. 2016년에 시행된 『북아일랜드 라이프 앤드 타임스(Northern Ireland Life and Times)』의 설문 조사에 따르면, 북아일랜드 문제에 대한 장기적 해결책으로서 44퍼센트의 구교도들이 영국 내에서 권력을 위임받은 정부를 갖는 방안을 선호한 반면, 35퍼센트만이 통일된 아일랜드를 희망했다. 2017년 북아일랜드 총선 여론조사에서는 52퍼센트의 주민이 북아일랜드가 영국의 일부로 남아 있기를 희망한 반면, 27퍼센트만이 통일된 아일랜드를 지지했다. 이 설문 조사에 따르면, 영국의 일부로 남아 있기보다는 통일된 아일랜드의 수립을 지지하는 가톨릭교도들의 숫자가 더 많았다. 그럼에도 불구하고 장기적 데이터를 분석한 헤이스와 맥칼리스터(Hayes and McAllister 2013)에 따르면, 심지어 1970년대에도 통일 아일랜드가 실현 가능한 일이라고 생각하는 구교도는 거의 없었다고 한다. 2011년의 인구총조사에 따르면, 북아일랜드 주민들 가운데 40퍼센트는 자신을 영국인이라고 규정했으며, 25퍼센트는 아일랜드인, 21퍼센트는 북아일랜드인이라고 스스로의 정체성을 드러낸 바 있다.

애초 신페인이 갖고 있던 평화 프로세스 전략은 영국 정부를 설득해 아일랜드 통일의 조력자로 삼는 것이었지만, 이러한 전략은 가시적 성과를 내놓는 데 실패했으며, 신페인이 통합론자들에게 기울인 노력 또한 근본적 태도 변화를 이끌어 내지는 못할 것이 자명하다. 북아일랜드 내에서는 영국으로부터 분리를 지지하는 투표 결과가 나올 가능성이 거의 희박해 보인다는 점을 고려했을 때, 신페인이 이러한 투표를 지지한다는 것은 놀라운 일이다. 실제로 논의가 이루어지지는 않았지만, 아일랜드섬 전체를 대상으로 한 투표 결과는 박빙이 될 것이다. 비록 '남부(아일랜드)

가 북부(북아일랜드)를 원하지 않는다'는 주장이 빈번하게 등장하긴 하지만, 통일된 아일랜드를 지지하는 정서는 여전히 존재하고 있다. 2012년에 실시된 IPSOS-MRBI 설문 조사에 따르면, 세금 인상 등에도 불구하고 아일랜드 국민들 가운데 69퍼센트가 통일 아일랜드를 지지했으며, 반대는 20퍼센트였다(*Irish Times*, 2012년 11월 27일자). 물론 그러한 선택지는 1998년 성금요일 협정 국민투표에 참여한 유권자들에게는 주어지지 않았다. (결국 투표자들이 찬성표를 던졌을지도 모르지만, 영국과 아일랜드 정부에게는 너무나도 큰 위협이 되었을 것이다.) 또한 적당한 분리 상태에 대한 자족과 묵인의 정서와 끈질긴 민족주의와 진정한 아일랜드는 (북아일랜드를 포함한) 32개 주로 이루어진 아일랜드섬 전체를 의미한다는 의식이 공존하고 있었다. 이러한 민족주의적 공감대는 신페인이 자신들이 공언한 바 있는 아일랜드의 통일을 추구함에 있어서 커다란 힘이 되고 있으며, 아일랜드섬의 남과 북에 살고 있는 다수의 유권자들의 궁극적 열망과 공명하고 있다는 점을 고려했을 때, 굳이 이러한 이상을 포기할 특별한 이유도 존재하지 않는 것이다.

모든 사람들이 북아일랜드의 한시적 다극 공존 시스템에 찬성을 표한 것도 아니었으며, 분단 상황을 순순히 받아들이려 하지도 않았다. 2005년에서 2015년 사이에 북아일랜드 경찰국은 719건의 총격 사건, 524건의 폭파 사건, 불법 무장 세력에 의한 851건의 인명 사상, 안보 상황과 관련된 26명의 사망자, 반테러 범죄 법률에 의한 1,829회의 체포, 그리고 동일 법률에 의거한 436건의 기소 등을 보고한 바 있다. 또한 15,369건의 종파 관련 사건이 벌어지기도 했다. 그럼에도 불구하고 안보 상황 때문에 발생한 사망자 수는 급격히 감소해 왔다. 최악을 기록했던 1972년에 500명이었던 사망자 수는 1990년에서 1997년 사이에는 한 해 평균 56명을 기록하게 되었다. 2006년 이후 벌어진 대부분의 총격 및 폭파 사건들은 2005년 IRA가 무장투쟁을 포기한 이후 등장한 반체제 공화주의 집단들에 의해 벌어졌다. 비록 미미한 수준이기는 했지만, 이러한 행위들이 지속되었다는 것은 결코 자신들의 의지를 굽히려 하지 않는 소규모 집단들이 '무장투쟁'에 대해 굳건한 신념을 갖고 있었음을 의미한다. 영국 정부가 이러한 위협의 정도에 대해 공식적으로 정의한 바에 따르면, 표면상의 분쟁 종식 이후에 나타난 이러한 행위들 가운데 다수가 '심각한' 수준이었다. 무장을 갖춘 반체제 공화주의자들의 전략과 전술을 통해 통일된 아일랜드라는 최종적 목적을 달성할 가능성은 전혀 없지만, 이러한 집단들은 '무장을 갖춘 투쟁'을 지속함으로써 북아일랜드가 완전히 정상화되는 것을 가로막고 있다. 공화주의 무장 세력은 그 지향성에 있어서 군국주의적 경향을 띌 수 있으며, 전술에 있어서 매우 허술할지도 모른다. 하지만 이들이 끈질기게 버티는 능력을 갖고 있음은 이미 입증된 바 있다. 패터슨(Patterson 2011: 89)은 그들의 행동이 '평화 프로세스가 진행되는 중에 발생하는 일시적 현상이 아니며, 1923년에서 1950년대까지 북아일랜드와 아일랜드가 함께 직면했던, 간헐적이지만 만성적이었던 IRA와 같은 문제가 될 것'이라고 결론 내린 바 있다. 반체제 투쟁의 상당수가 보여 줬던 미미한 수준과는 대조적으로, RIRA가 1998년에 자행한 북아일랜드 오모(Omagh) 폭탄 테러로 인해 29명의 민간인이 목숨을 잃게 된 사건은 분쟁 기간 전체를 통틀어 가장 잔혹한 만행으로 기록되어 있다. 격렬한 후폭풍에 직면한 RIRA는 휴전을 선언했지만, 2000년까지 잉글랜드에 대한 미약한 수준의 폭탄 테러 공격을 지속할 수 있을 정도로 힘을 회복하게 된다. 비록 이들의 항쟁이 전반적으로 미미한 수준에 머물렀던 것이 사실이지만, 2010년까지 이러한 활동으로 기소된 반체제 인사들의 숫자가 200명에 육박했다. 반체제 폭력 행위는 2007년 이후 되살아나게 되는데, 프러비저널(Provisional) IRA가 폭력 투쟁 종식을 선언한 뒤, 2005년 이들에 대한 무장해제가 완료되고, 2007년 1월 신페인이 북아일랜드 경찰국을 지지한다는 경천동지할 결정을 내리게 되자 반체제 투쟁의 새로운 물결이 밀려오게 된 것이다. 신페인 지도부는 공화주의자들에게 잔존하는 무장 공화주의자들에 대한 '정보 제공'을 요청하게 되었으며, 이들 중 일부는 한때 그들의 동지이기도 했다. 다수의 반체제 공화주의자들에게 있어서 신페인의 2007년 결정은 1998년에 있었던 북아일랜드 의회 진출보다 훨씬 더 커다란 의미를 갖고 있었다. 이제 신페인과 무장 공화주의자들은 분명한 적대 관계에 처하게 되었으며, 애매한 상태가 지속되었다. 공화주의자들의 반체제 폭력 행위가 폭발적으로 증가하는 추세라는 사실에는 의문의 여지가 없었는데, 결국 매서린 배럭(Massareene Barracks)에서 두 명의 영국군 병사가 살해당했고, 루건(Lurgan)에서는 북아일랜드 경찰국 소속의 경관이 피살됐는데, 반체제 저항 세력에게 피해를 입은 최초의 치안 요원이기도 했다. 신페인의 마틴 맥기네스는 가해자들이 '아일랜드의 반역자'라며 강하게 비판했다. 2011년 반체제 세력은 차량 하부에 설치한 폭탄으로 경관을 살해했으며, 2012년에는 총기로 간수를 사살했다.

IV. 지속되는 분열과 종파적 문제들

북아일랜드는 성공적인 평화 프로세스의 훌륭한 사례를 보여 준다. 비관론자들은 끈질기게 이어지는 분절적 자치의 처참한 수준 등을 위시로 한 결함들을 꾸준히 지적할지도 모른다. 윌슨(Wilson 2009: 235)이 지적한 것처럼, '높은 담장은 결코 바람직하지 못하며, 도리어 불신에 가득 찬

이웃을 양산할 뿐이다.' 도대체 어떻게 실재론적 정체성이 집단적 가치를 정당화하고 구체화시키고자 고안된 정치 구조 속에 스며들 수 있는가에 대해서는 근본적인 비논리성이 존재하고 있다. 언제쯤 북아일랜드의 정치체제가 통합주의자들과 민족주의자들 사이에 강제된 의무적 연합 형태에서 자발성 그리고 정부 및 야당으로 구성된 보다 보편적인 형태로 변화할지에 대해선 여전히 의문이 존재하고 있다. 다극 공존을 지지하는 사람들의 희망은 각 인종 공동체가 보다 큰 안정성을 느끼게 됨에 따라 그들의 인종적 결속력은 줄어들거나 희석될 것이며, 상반되는 정체성을 강조할 필요성 또한 줄어드는 것이다. 지금까지는 이러한 과정이 제대로 자리 잡지 못했다. 한 가지 사례를 들자면, 2012년 벨파스트 시의회는 시청사 꼭대기에 항구적으로 게양되어 있던 유니언잭을 제거해 지정된 날짜에만 사용하기로 결정했는데, 이후 한동안 로열리스트들의 시위와 폭동에 시달려야만 했다. 윌슨(2009)은 성금요일 협정에 명시되어 있는 두 가지 민족성과 문화가 공존하는 상황을 만들기보다는 도리어 상호 문화주의를 북돋웠어야 했음에도 이를 실현시키지 못했음을 아쉬워했다. 북아일랜드에 대한 충성과 국가 재건은 협정의 최우선 과제가 아니었다. 대신 협정이 초점을 맞추고 있었던 것은 동일한 공간과 정치적 제도 속에 존재하는 두 가지 민족적 전통의 동등성이었다. 평화 프로세스에 대한 맥그래턴(McGrattan 2010)의 비판에 따르면, '제도상의 엔지니어링은 만병통치약이기보다는 위약 효과에 가깝다.' 그는 북아일랜드가 민주적 장치들 속에 공공의 영역을 만들어 내지 못하고, 이로 인해 과거로부터 벗어나지 못하는 것을 한탄했다.

그러나 상호 문화주의자들과 다극 공존에 반대하는 이들은 세 가지 현실적 요소들을 간과하는 경향이 있다. 첫째, 북아일랜드는 두 가지 국가 정체성으로 갈라진 곳이며, 가슴 깊이 간직한 국가 정체성을 결코 빼앗을 수 없다는 점이다. 둘째, 전 세계적으로 그 어떤 평화 프로세스도 전면적인 이념적 전환과 과거에 대한 전적인 부인에 입각해 이루어지지 않는다. 셋째, 비관론자들은 한층 향상된 북아일랜드의 치안 상태를 무시하고 있다. 폭력의 정도(20세기 후반부 30년 동안에 비해 현격히 낮아진 살인율) 또는 보다 공평한 경찰 인력 채용 등과 같은 핵심적 지표에 있어서 명백한 개선이 있어 왔다(McGarry and O'Leary 2009). 게다가 비관론자들은 일반 대중의 견해와도 사뭇 상이한 양상을 띠고 있다. 2010년 거의 3분의 2에 이르는 사람들이 이전 5년 동안에 걸쳐 신교도와 구교도 사이의 관계가 향상되었다고 믿고 있었던 반면, 단지 3퍼센트의 주민들만이 관계가 악화되었다고 응답했으며, 향후 5년 동안 관계가 지속적으로 악화될 것으로 내다본 사람은 고작 5퍼센트에 불과했다(Nolan 2012: 136-7). 북아일랜드가 영국 내에서 차지하는 위치를 인정(혹은 묵인)하는 가톨릭교도의 숫자가 명백히 늘어남으로써, 민족적 정체성과 헌법상 더 선호하는 것이 자동적으로 연결되는 현상이 더 이상 존재하지 않게 되었으며, 한때 격렬한 반대의 대상이었던 정치제도 내에서 자신의 민족적 정체성을 유지하는 것이 보다 수월하게 되었다. 이른바 강경파들이 이제 새로운 온건파가 되어 버렸으며, 이 사실을 애써 외면하려는 사람들조차 새로운 북아일랜드에서는 폭력보다는 무관심이 대세가 되어 버렸다는 사실을 인정하게 되었다. 투표율은 꾸준히 떨어지고 있었다.

북아일랜드의 분열을 해결하는 데 따르는 문제들 가운데 하나는 자신들의 대의명분에 대한 압도적 합의가 이루어지지 않는다는 점인데, 당면한 문제에 대한 정확한 진단이야말로 서로 다른 공동체 사이의 관계를 향상시키는 데 있어서 필수적이기 때문이다. 종교적 차이가 북아일랜드 문제의 근본적 원인은 아니었지만, 아일랜드의 분열에서 상당한 영향을 미친 것은 사실이며, 종교가 민족적 정체성과 일치하는 상황에서 종족 민족주의적 다툼을 촉발시켰다는 것을 부인할 수 없다. 종교가 어느 정도로까지 분쟁을 촉발시켰는지에 대해서는 오랜 세월 동안 논쟁이 있어 왔는데, 그 중요성을 강력하게 부인하는 사람들(Mcgarry and O'Leary 1995)과 그 기여도를 강조하는 좀 더 적은 숫자의 사람들(Bruce 1986)이 존재한다. 불법 무장 세력들 가운데 자신들의 종교를 실천하는 사람들은 거의 없다. 단지 그들은 종교적 영감을 이용하고 있는 셈이다. UVF가 내세운 '신을 위해, 얼스터를 위해' 같은 슬로건은 종교를 영토 수호와 결합시킨 사례를 분명히 보여 준다. 프러비저널 IRA는 다수의 구성원과 지원을 가톨릭으로부터 얻고 있었으며, 단식투쟁과 같은 고통의 순간에는 종종 종교색이 강한 상징들을 활용하기도 했지만, 가톨릭의 위계질서 등에 대해서는 비판적 태도를 취하기 일쑤였다. 북아일랜드 평화 프로세스에 있어서 커다란 난관이라면, 각 공동체 사이의 차이를 인정하는 것을 근간으로 이루어진 협정을 이러한 차이를 극복하는 프로그램으로 전환할 수 있는 방법을 찾아내는 것이었다. 양대 세력을 대표하는 이들은 상대 공동체의 행동에 분개할 수 있는 역량을 여전히 탁월한 수준으로 유지하고 있다. 여러 증거들에 대한 헤이즈와 맥칼리스터(2013)의 자세한 분석을 살펴보면, 성금요일 협정 체결 이후 10년 동안 공동체 간의 관계는 상당히 개선되었지만, 진정한 통합을 이루어 내기 위해서는 아직도 해야 할 일이 많은 상태이다. 공동의 미래를 보장할 수 있는 프로그램을 실행하기 위해서는 또한 공화주의자들이 제기하는 지적인 의문점을 해소시켜야만 한다. 즉, 아일랜드섬에 존재하는 두 가지 전통 사이의 차이점은 그리 대수롭지 않아서 재통합을 통해 제거될 수 있을 정도이지만, 막상 두 공동체를 갈라놓기 위한 경계선이 반드시 필요할 정도로 서로 간의 차이가 거대한 이유는 대체 무엇인가 하는 의문은 여전히 남아 있다.

군사행동을 일삼던 신페인의 전임자들과 DUP는 권력 분점을 매우 어려운 과업으로 만들어 버렸다. 극단적 투표 성향이 사라지지 않고 서로 간의 차이에 대한 인식이 깊이 자리 잡고 있다는 사실을 고려했을 때, 정치적 제도가 지닌 지속가능성은 실로 대단한 것임을 알 수 있다. 『북아일랜드 라이프 앤드 타임스』가 실시한 설문 조사(2016)에 따르면, 구교도들 가운데 자신의 정체성을 전반적으로 혹은 절대적으로 영국인이라 정의한 비율은 3퍼센트에 불과하다. 대다수의 가톨릭교도들은 자기 자신을 전적으로 아일랜드인이라 규정하고 있으며, 그 수치는 젊은 구교도들 사이에서 최고를 나타냈다. 어쩌면 이러한 결과는 정체성에 있어서 배타성이 점증하고 있음을 보여 주고 있는지도 모른다. 신교도들 가운데에서는 단지 4퍼센트만이 전반적으로 또는 절대적으로 아일랜드인이라고 대답했다. 2퍼센트의 개신교도만이 스스로를 민족주의자라 칭했으며, 자신이 통합론자라 응답한 가톨릭교도는 단 한 명도 없었다. 성금요일 협정 체결 이후 치러진 여섯 차례의 북아일랜드 의회 선거에서 PR-STV 제도[비례대표제-단기이양식 투표제도] 속에 신페인에게 낮은 선호도의 표나마 던질 의사가 있는 개신교도들의 비율은 1퍼센트 미만이었으며, DUP 지지로 전향하는 가톨릭교도들의 비율 역시 비슷한 수준으로 저조한 상태이다. 아일랜드인 민족주의자와 가톨릭교도로서 자신의 정체성을 인식하는 것은 선거에서 신페인의 핵심적 지지 기반을 형성하고 있으며(Evans and Tonge 2013), 북아일랜드 정치에서 이들과 라이벌 관계에 있는 집단의 정체성을 이루는 패러다임 역시 어마어마한 규모를 유지하고 있다. 이처럼 양극단에 치우친 경향이 조금씩 와해되고 있다는 증거는 자신을 통합론자 또는 민족주의자라고 정의하는 비중이 감소하고 있다는 사실인데, 『북아일랜드 라이프 앤드 타임스』의 설문 조사(2016)에서 46퍼센트를 기록함으로써 각각 29퍼센트와 24퍼센트를 기록한 통합론자나 민족주의자들보다 높은 수치를 나타냈다. 자신의 민족적 정체성에 대해 모호한 태도를 갖는 사람들의 숫자가 점차 증가하는 추세에 있긴 하지만, 자신이 속한 공동체에 따라 극명하게 갈리는 투표 양상과 기권 경향을 분석해 보면, 북아일랜드의 투표소를 찾아 한 표를 행사하는 사람들은 확실한 신념을 지닌 사람들이라는 사실을 알 수 있다. 특히 젊은 층의 경우 통합론자나 민족주의자로 낙인찍히는 것을 회피하려는 경향을 보이며, 현존하는 통합론자-민족주의자 대립 구도를 바탕으로 투표하려는 사람들의 비율이 점점 줄어들면서 2017년 선거까지 투표율이 지속적으로 하락하는 결과를 낳게 되었다. 종교와 특정 정당에 대한 몰표 사이의 연관성은 여전히 강고한 상태이다. '북아일랜드인'이라는 혼합적 성격의 정체성을 수용하는 유권자의 비율은 거의 늘어나지 않았으며, 극단적으로 영국인 또는 아일랜드인 집단에 소속되어 있다고 느끼는 사람들이 여전히 다수를 차지하고 있다. 북아일랜드인이라는 정체성을 인정하는 사람들의 비율은 구교도와 신교도 모두에서 비슷한 수치를 기록하고 있지만, 최근 몇 년 동안 이러한 정체성에 대해 전향적 태도를 취하는 젊은 개신교도들의 비율이 가장 높은 것으로 나타났다(Tonge and Gomez 2015). 구교도들은 '북아일랜드인'이라는 정체성을 활용함으로써 아일랜드적인 측면을 강조하려는 반면, 개신교도들은 하나의 실존하는 대상으로서 북아일랜드가 지닌 정당성을 부각시키고자 한다.

투표와 이념에 있어서 지속적으로 존재하는 이러한 분열은 종파적이라는 신랄한 비판에 빈번하게 노출되곤 한다. 어떤 민족이 국가를 통치해야 하는가에 대한 특정한 견해를 갖는 것과 그러한 견해를 정치적 선택을 통해 표명하는 것은 종파적이라 할 수 없다. 그럼에도 불구하고 이것은 지금도 분명하게 존재하고 있는 종파주의를 보여 주는 확실한 증거임에 틀림없다. 종파주의는 여러 가지 형태를 띠지만, 벨파스트 및 런던데리의 주로 노동 계층이 살고 있는 지역에서 나타나는 구교도와 신교도 사이의 거주지 분화를 통해 가장 극명하게 드러난다고 할 수 있다. 북아일랜드 전역에서 90퍼센트 이상의 공영주택이 분리되어 있다. 벨파스트에서 서로 다른 공동체들을 갈라놓은 이른바 '평화의 장벽'의 숫자는 1970년대에 20개에서 2012년에 99개로 증가하였다(Gormle-Heenan and Byrne 2012: 4). 비록 이러한 장벽들 다수가 과거에 비해 절대적인 힘을 갖고 있지는 못하고, 장벽 양쪽에 살고 있는 주민들 대부분이 이러한 경계선이 언젠가 제거되기를 원하고 있음에도 불구하고, 단 13퍼센트의 주민들만이 즉각적인 철거를 열망하고 있다. 이는 곧 양측 모두가 느끼고 있는 불안감을 보여 주는 셈인데, 소수의 주민들만이 이러한 평화의 장벽이 완전히 사라진 미래의 모습을 그려 볼 수 있으며, 가톨릭교도들에 비해 개신교도들이 더 비관적인 태도를 보여 준다(Ibid: 4-5).

가두 행진, 특히 전체 행진의 3분의 2 가량을 차지하는 프로테스탄트 오렌지 기사단(Protestant Orange Order)의 가두 행진을 두고 벌어지는 대립 양상은 매우 확연했다. 해당 지역에서 벌어지는 행진의 절대다수가 특별히 논란의 여지가 없음에도 불구하고, 나머지 소수의 일부는 가두행진위원회(Parades Commission)에 의해 (그 주제가) 민감하다는 평가를 받았으며, 종종 시위에 대한 제재가 이뤄지기도 했다. 2016년에서 2017년 사이에 4,643건의 집회 신고 가운데 363건이 '민감하다'는 판정을 받았으며, 이 가운데 342건이 제재를 받았다(Parades Commission 2017). 북벨파스트(North Belfast)에서 가장 중요한 오렌지 가두 행진의 날인 7월 12일에는 폭동이 일어나는 것이 당연시될 정도였는데, 2000년대 중반부터 최근 몇 년 전까지 이러한 상황이 지속되었다. 오렌지 기사단에게 있어서 가두 행진은 신앙과 왕권에 대한 자신들의 충성심을 보여 줄 수 있는 매우 중요한 기회이며, 종족 민족주의적이고 종족 종교적인 결속을 드러낼 수 있는 의식 행사의 일환이었다. 오렌지 기사단의 구성원들은 그러한 문화적, 종교적 표현이 지극히 정당하다고 여기고 있지만, 이에 대한 사회 전반의 합의는 존재하지 않는다. 신교도의 거의 절반가량이 오렌지 기사단이 어떠한 제재도 받지 않고 행진할 수 있어야 한다고 믿고 있는 반면, 0.2퍼센트의 구교도만이 비슷한 정서를 갖고 있다. 72퍼센트의 구교도들은 오렌지 기사단이 주로 민족주의자들이 거주하고 있는 지역을 행진할 수 있는 권리를 가져서는 안 된다고 믿고 있는 반면, 고작 8퍼센트의 신교도만이 그러한 금지를 지지하고 있다(McAuley et al 2011: 180). 이처럼 사회적 합의가 결여된 상태에서 준사법기관인 가두행진위원회는 행진의 경로를 지정해 주는 시도를 하고 있다. 오렌지 기사단에게 있어서 가두행진위원회는 애초부터 기피의 대상이었으며, 위원회의 결정 사항은 지나치게 제한적이며, 개신교도들의 집회 권리를 지나치게 제한한다는 이유로 통합주의 정치 지도자들로부터 거센 비판을 받아왔다. 구교도들은 이러한 행진을 신교도들의 우쭐함이 표출되는 못마땅한 순간으로 여기고 있으며, 평화 프로세스에도 불구하고 이러한 적대감은 대부분 그대로 남아 있다. 모든 신념을 동등하게 대우해야 한다는 주장과 더불어 이러한 정체성의 표출에 참가하는 사람들의 숫자가 꾸준히 증가해 왔다.

종파적 분열은 어린 시절부터 선명하게 존재하는데, 대부분의 가톨릭교도들은 5살 무렵부터 가톨릭 학교에 다니기 시작한다. 중등교육에 접어들게 되면 구교와 신교가 공존하는 통합 학교에 다니는 아이들의 비중이 조금 올라가는 경향이 나타나는데, 2011년에 약 14퍼센트에 이르렀다. 이런 성격의 학교가 처음 문을 연 것은 1989년이었다(Hayes and McAllister 2013). 하지만 아직도 대부분의 구교도와 신교도들은 분리된 상태로 교육받고 있다. 이러한 상황이 그 자체로 문제를 일으키지는 않는데, 리버풀과 같은 몇몇 영국 도시에서도 여전히 비슷한 방식이 그대로 유지되고 있지만, 종파적 색채는 거의 남아 있지 않은 상태이다. 하지만 북아일랜드의 경우 상황이 좀 더 심각한 상태이며, 분리된 상태로 교육받은 사람들은 상대 진영에 속한 친구나 지인이 거의 없다. (영국계) 통합론자 지도자들이 통합 교육을 옹호하고 나섰을 때, 그들의 추종자들은 이러한 생각에 보다 더 큰 호응을 나타냈는데, 막상 일부 구교도들은 이러한 기획을 그들의 정체성을 희석시키고 말살하려는 시도로 간주하며 의심의 눈초리를 보냈다. 따라서 '온건한 아파르트헤이트'와 다름없는 분리 교육을 철폐하고 그러한 교육에 대한 국가 예산 지원을 중단해야 한다는 선임 장관 피터 로빈슨(Peter Robinson)의 2010년 주장은 민족주의자들뿐만 아니라 로마가톨릭교회로부터 커다란 반감을 사게 된다(『벨파스트 텔레그래프』 2010년 10월 16일자). 사회적 양극화를 나타내는 지표들은 여전히 처참한 모습을 보여 주고 있다. 신교도와 구교도 사이의 결혼 비율은 아직 한 자리 숫자에 머무르고 있으며, 신교도와 구교도 모두를 아우르는 공공 주택의 비율은 고작 7퍼센트에 불과하다(Nolan 2012).

성금요일 협정에는 제도적 실패와 정치적 실패가 뒤따랐다. 권력을 위임 받아 분점하게 된 북아일랜드 행정부와 입법부는 2007년 5월부터 2016년 말까지 상대적 안정기를 거친 뒤 2017년 1월부터 작동을 멈춘 상태이다. DUP가 여전히 최대 정당이지만, 2017년 3월의 의회 선거에서 패배한 뒤 근소한 차로 그 지위를 유지하는 중이다. 2002년 10월에서 2007년 5월 사이에 행정부 및 입법부의 기능은 마비된 상태였으며, 이에 앞서 1999년에서 2002년 사이에도 세 번에 걸쳐 기능이 정지된 적이 있었다. 권력을 분점한 기구들이 비효율적으로 보이는 경우가 빈번했는데, 2007년 이래로 특히 DUP와 신페인 사이에 권력을 공유하기보다는 분할하는 경우가 많았기 때문이다. 장관직은 마치 특정 정당의 영지처럼 여겨져 왔다. 2016년이 되어서야 비로소 공식적으로 야당이 구성되었으며, 곳곳에서 무능함이 목격되었는데, 특히 심각했던 것은 재생 난방 에너지

지원 제도의 대실패였다. 정확한 금액이 얼마였는지에 대해서는 논란의 여지가 있지만, 어마어마한 규모의 공적 자금이 검증도 되지 않은 난방 보조금으로 과도하게 탕진되었다. 상호 거부권에서 비롯되는 전통적인 다극 공존형 제도의 문제점이 명확하게 드러난 것은 한쪽 공동체에 속한 대표자들이 상대방에 의해 추진되는 입법 시도를 원천 봉쇄해 버릴 때이다. 통합주의적 성향의 의회 의원들은 동성 결혼 법안을 현재까지 총 다섯 번 부결시켰는데, 전통적인 방식을 더 선호했기 때문이다. 또한 아일랜드어 (진흥)법의 제정도 좌절시켰는데, 이들 두 가지 법률 모두 민족주의자들에 의해 요구되었던 것이다. 깃발, 문화, 전통, 그리고 상징 등에 대한 문제들이 아직까지 해결되지 않고 있으며, 그러한 사안들을 해결하기 위한 위원회를 설립하는 쪽으로 가닥이 잡힌 상태이다. 이러한 문제들을 바로잡을 수 있도록 영국 정부가 더 많은 자금과 지원금을 약속한 바 있지만, 결국 헛된 희망을 불러일으키는 공수표에 불과했으며, 가장 대표적인 최근의 사례로는 2014년의 프레쉬 스타트 협정(Fresh Start Agreement)과 2015년의 스토몬트 하우스 협정(Stormont House Agreement)을 꼽을 수 있다. 현재 영국의 보수당 정권이 런던 웨스트민스터 의회 의석을 확보하기 위해 DUP의 지지에 의존하고 있는 상황이기에 위임된 권력을 기반으로 하는 북아일랜드 자치 정부의 복원을 DUP가 크게 원하지 않을 것이라 추측하는 사람들도 존재한다. 북아일랜드는 향후 2년 동안 10억 파운드의 자금 지원을 받기로 되어 있는데, DUP의 지지에 대한 보답의 성격을 띠고 있다. 행정부에 대한 통제권은 차치하더라도, 통합론자들과 민족주의자들은 브렉시트에 대한 전혀 다른 입장을 가지고 있다. 통합주의 유권자들 가운데 3분의 2가 브렉시트를 지지한 반면, 민족주의자들 가운데에서는 고작 15퍼센트만이 지지 입장을 나타냈다(Garry 2016). 성금요일 협정의 두 가지 주요 근간이 현재 무너질 위기에 처해 있다. 첫 번째 근간이라 할 수 있는 권력 분점은 현재 자취를 감춘 상태이며, DUP와 보수당이 현재와 같이 밀접한 관계를 맺고 있는 한 영국 정부가 성금요일 협정이 요구하는 '엄격한 중립성'을 유지하기는 어려우리란 우려가 존재한다. 그러나 현재까지 DUP는 그 배경과 상관없이 북아일랜드에 거주하는 모든 사람들을 위해 자금을 확보하는 일에 매진해 왔기에, 영국 정부가 중립성을 유지하려는 노력을 기울이고 있다고도 할 수 있다. 성금요일 협정의 두 번째 근간은 북아일랜드와 아일랜드가 모두 UN에 가입하게 될 것이라 가정하고 있으며, 이러한 맥락을 바탕으로 몇 가지 사항을 명시하고 있다. 비록 UN에 정식으로 등재된 국제적 조약이긴 하지만, 협정의 몇몇 문구들에 대해서는 변경의 필요성이 대두될 것이다. 이 모든 문제들에도 불구하고 위임된 권력을 분점하는 방식에 대해서는 여전히 대중적 지지가 존재하는데, 71퍼센트의 북아일랜드 유권자들이 지지 의사를 갖고 있으며, 반대 측에서는 충분히 대중적 공감대를 이끌어 낼 만한 일관성 있고 효율적인 대안을 제시하는 데 어려움을 겪고 있다.

V. 결론

매우 제한적으로 지속되고 있는 공화주의자들의 군사행동을 제외하면, 서로 다른 정체성을 가진 세력 간의 다극 공존형 정치 모델은 북아일랜드에서 무력 충돌을 몰아내는 데 기여해 왔다. 구교도와 신교도들 사이에는 아직도 근본적인 차이들이 존재하는데, 구교도 인구의 상당수가 통일된 아일랜드를 열망한다는 점에서 민족주의적 성향을 나타내고 있기 때문이다. 그러나 많은 가톨릭교도들은 영국 내에서 위임된 권력을 분점하는 효율적 정부에 대해서는 충분히 만족할 것으로 보인다. 세심한 분쟁 관리 및 개선, 북아일랜드 구교도들의 현실적 이해관계, 그리고 영국 국민으로서 누리게 될 실질적 혜택 등으로 인해 1960년대 후반 갈등을 촉발시켰던 차별적 처우에 대한 분노가 어느 정도 사그라든 것도 사실이다. 북아일랜드는 전보다 조용한 곳이 되었지만, 여전히 정치적 분쟁의 대상이기도 하다. 북아일랜드는 또한 이데올로기로부터 벗어날 가능성을 지니고 있는데, 통합론자와 민족주의자로서의 정체성이 점차 영향력을 잃어 가고 있기 때문이다. 그렇지만 여전히 그러한 이념적 경향성을 지니고 있는 사람들은 민족적, 정치적, 문화적 정체성을 드러내는 데 있어서 거침이 없으며, 극명하게 분열된 투표 지형 속에서 한쪽 편을 들 가능성이 매우 높다. 전통적인 통합론자나 민족주의자로서의 정체성을 받아들이는 사람들의 비중이 감소한 것이 그러한 낙인을 회피하려는 사람들이 심대하게 증가한 것과 직접적으로 연관된 것은 아니다. 전체적으로 보았을 때, 다극 공존이 두 개의 공동체 사이에 균형을 가져오는 데 중대한 기여를 한 것은 사실이다. 그들은 여전히 갈라져 있지만, 전반적으로 평등하다. 게다가 다극 공존형 정치체제로 인해 한때 극단적이라 여겨졌던 정파들이 자신들의 의제를 온건하게 조정할 수 있게 되었다.

평화 프로세스는 폭력의 강도를 완화시키는 데 있어서 성공을 거둬 왔다. IRA의 몇몇 분파들처럼 평화를 가로막는 세력들이 처음부터 존재했지만, 이들의 영향력은 미미했으며, (무장 공화주의 세력의 유구한 역사를 고려할 때 그리 적합한 명칭은 아니지만) 이른바 '반체제 세력'은 무장투쟁을 지속하는 데 많은 어려움을 겪었다. 물론 이들의 존재 자체만으로 북아일랜드 문제를 완전히 '해결했다'고 말할 수 없긴 하지만 말이다. 반체제 세력을 낳게 된 확실한 의문점은 그들의 훨씬 제한된 무장투쟁이 프로비저널 IRA도 성취해 내지 못했던 것을 성취해 냈다는 점이다. 북아일랜드 평화 프로세스에 대한 현실주의적 해석은 다음과 같다. 프로비저널 IRA 와 신페인에 소속된 그들의 정치적 동료들은 전통적으로 추구했던 목표들을 간과한 상태에서 타협을 하게 되었는데, 이때는 그들의 무장투쟁이 실패했다는 사실이 자명하게 드러난 상황이었다. 물론 이러한 결론을 통해서는 평화 프로세스가 왜 하필 그 시점에 시작되었는지를 설명할수 없다. 왜냐하면 똑같은 시나리오가 이미 1970년대에도 존재하고 있었기 때문이다. 1998년에 탄생한 다극 공존형을 위한 협정 덕분에 공화주의자들은 그들이 1974년에 제안 받았다면 단호히 거절했을 내각 참여의 기회를 얻게 되었다. 더불어 탄생 100주년을 향해 나아가는 북아일랜드를 어엿한 정치적 실체로 격상시키게 된다. 공화주의자들의 타협이 실로 엄청난 규모였다는 사실을 감안하면, 이러한 '매국 행위'에 불만을 품은 반체제 세력이 등장한 것도 놀라운 일은 아니다. 아일랜드 정부가 북아일랜드 지역에 대한 헌법적 영토 소유권을 포기한 것은 무장 공화주의와 통일 아일랜드 수립이라는 이념 사이에 존재하는 차이가 어떻게 영국의 지배를 종식시킬 것인가에 대한 방법론적 차이 이상임을 의미하는 것이다. 북아일랜드에 대한 민족주의자들의 반감은 이전에 비해 한결 줄어들었으며, 이로 인해 아직도 저항 의지를 버리지 않고 있는 이들이 투쟁을 펼쳐 나가기에 상대적으로 어려운 상황이 되었다.

북아일랜드의 다극 공존 체제를 비판하는 사람들에게 있어서 가장 중요한 부정적 요소는 종파주의를 묵인하고 있다는 점이다. 신교 영국 통합론적 정체성과 구교 아일랜드 민족주의적 정체성 사이의 간극은 여전히 어마어마한 상태이며, 제도적 장치들은 이러한 이분법적 구조를 반영하고, 묵인하며, 악화시키고 있다. 북아일랜드 의회 의원들은 통합론자, 민족주의자, 그리고 기타 세력 등으로 구분되는 현재의 상황을 완화시키기 위한 과정에 반드시 참여해야 한다. 이른바 '기타 세력'은 정파를 초월하는 입법을 달성하기 위한 요구 조건에 있어서 그 중요성이 그리 크지는 않다. 정치 엘리트들 사이에 만연한 분파적 접근법을 고려했을 때 사회 전반에 걸쳐 통합을 위한 노력이 전무하다시피 한 것이 그리 놀라운 일은 아니다. 1998년보다 더 많아진 평화의 장벽, 분리 교육의 득세와 한 자리 숫자에 머무는 종파 간 결혼 비율, 그리고 미미한 수준의 통합 공동 주택 등은 모두 분열이 영속화되고 있음을 입증한다. 사회 통합론자들은 다극 공존 체제를 지지하는 사람들을 비판하고 있는데, 공동체 사이의 장벽을 허물 수 있는 방법에 있어서 모호한 태도를 보이고 있다는 점이 비판의 이유이며, 이는 정당한 지적이라 할 수 있다. 또한 다극 공존 체제가 사회적 분열을 기반으로 하고 있다는 지적 역시 올바른 비판이라 할 수 있다. 하지만 사회 통합주의자들 역시 지나친 이상주의와 엘리트주의에 빠져 우쭐댄다는 비판에서 자유로울 수 없을지 모른다. 종파적 편 가르기에서 자유로운 제도에 대한 그들의 열망은 박수 받을 만하지만, 그들은 오늘날의 분쟁을 불러일으킨 선명하고 뿌리 깊은 정체성에 대한 이해나 공감을 거의 보여 주지 못한다. 나아가 종족 국가적이거나 종족 종교적인 정체성이 타고난 것이라기보다는 학습된 것이라는 사회 통합론자들의 가정은 일견 타당하지만, 그들은 특정한 민족적 정체성이 다소 시대에 뒤떨어진 것에 불과하다는 자신들의 인식을 종종 드러내는 것처럼 보인다. 다시 말해, 이러한 요소들이 극복의 대상일 뿐이지 결코 수용의 대상이 될 수 없다는 인식을 보여 주는 경우가 더러 있다. 공화주의적 관점에서 보면, 사회 통합론자들이 갖고 있는 가장 커다란 맹점은 그들이 현재 아일랜드섬을 가르고 있는 북아일랜드와 아일랜드 사이의 국경을 무시한 채 영국의 한 부분으로서의 현 상황을 유지하는 상태에서 통합을 달성해야 한다는 입장을 취한다는 점이다. 따라서 자녀들을 자신이 가진 종교적 신념에 따라 교육하기를 원하는 구교도 부모의 경우, 영국 식민 지배의 전통 및 분단보다 몇몇 사회 통합론자들로부터 더 큰 압박을 경험하게 된다. 따라서 공화주의적 사회 통합 프로젝트는 대안적 정치 지형 속에서 두 가지 전통을 조화롭게 만들기 위해 노력해야 할 것이다. 비록 성금요일 협정에 대한 지지가 분열에 대한 암묵적 용인을 의미한다는 선명한 비판이 뒤따르더라도 이는 유효하다. 서로 대척점에 서 있는 이러한 주장들 사이에서 다극 공존 체제는 끝없는 싸움을 펼치고 있는지도 모른다. 하지만 적어도 이제 서로 다른 두 가지 종족 국가적 전통 사이의 물리적 전쟁은 존재하지 않게 되었다.

참고 문헌

Arthur, P. (2002) 'The Transformation of Republicanism,' in Coakley, J. (ed.) *Changing Shades of Orange and Green*, Dublin: UCD, 84-94.

Bruce, S. (1986) *For God and Ulster: The Religion and Politics of Paisleyism*, Oxford: Oxford University Press.

de Chastelain, J. (2004) 'The Northern Ireland Peace Process and the Impact of Decommissioning,' in Bric, M. and Coakley, J. (eds) *From Political Violence to Negotiated Settlement. The Winding Path to Peace in Twentieth Century Ireland*, Dublin: UCD, 154-78.

Dixon, P. (2008) *Northern Ireland. The Politics of War and Peace*, Basingstoke: Palgrave Macmillan.

Dixon, P. and O'Kane. E. (2011) *Northern Ireland since 1969*, Harlow: Pearson.

Evans, J. and Tonge, J. (2013) 'Catholic, Irish and Nationalist: Evaluating the importance of ethno-national and ethno-religious variables in determining nationalist political allegiance in Northern Ireland,' *Nations and Nationalism*, 19.2, 357-75.

Garry, J. (2016) 'The EU referendum vote in Northern Ireland: Implications for our understanding of citizens' political views and behaviour,' Belfast: Northern Ireland Assembly Knowledge Exchange Seminar Series paper.

Gormley-Heenan, C. and Byrne, J. (2012) 'The Problem with Northern Ireland's Peace Walls,' *Political Insight*, December, 4-7.

Hain, P. (2012) *Outside In*, London: Biteback.

Hayes, B. and McAllister. I. (2001) 'Who voted for peace? Public support for the 1998 Northern Ireland Agreement,' *Irish Political Studies*, 16.1, 73-93.

Hayes, B. and McAllister. I. (2013) *Politics and Society in Northern Ireland over Half a Century*, Manchester: Manchester University Press.

Independent Commission on Policing (1999) *A New Beginning. Policing in Northern Ireland*, Belfast: HMSO.

McAuley, J., Mycock, A, and Tonge, J. (2011) *Loyal to the Core? Orangeism and Britishness in Northern Ireland*, Dublin: Irish Academic Press.

McGarry, J. (2004) 'The Politics of Policing Reform in Northern Ireland,' in McGarry, J. and O'Leary, B. (eds.) *Northern Ireland. Consociational Engagements*, Oxford: Oxford University Press, 371-403.

McGarry, J. and O'Leary, B. *Explaining Northern Ireland*, Oxford: Blackwell.

McGarry, J. and O'Leary, B. (2009) 'Response: Under Friendly and Less-Friendly Fire,' in Taylor, R. (ed.) Taylor, R. (ed.) *Consociational Theory: McGarry and O'Leary and the Northern Ireland Conflict*, London: Routledge, 333-88.

Mitchell, P., Evans, G. and O'Leary, B. (2009) 'Extremist outbidding in ethnic party systems is not inevitable. Tribune Parties in Northern Ireland,' *Political Studies*, 57.2, 397-421.

Murray, G. and Tonge, J. (2005) *Sinn Féin and the SDLP: From Alienation to Participation*, London: Hurst.

Nolan, P. (2012) *Northern Ireland Peace Monitoring Report, Number One*, Belfast: Community Relations Council.

O'Kane, E. (2007) *Britain, Ireland and Northern Ireland since 1980*, London: Routledge.

Parades Commission (2017) *Annual Report and Financial Statements for the year ended 31 March 2017*, Belfast: Parades Commission.

Police Service of Northern Ireland (2012) *Workforce Composition Figures*, Belfast: PSNI.

Police Service of Northern Ireland (2016) *Security Situation Statistics*, Belfast: PSNI.

Tonge, J. (2000) 'From Sunningdale to the Good Friday Agreement: Creating Devolved Government in Northern Ireland,' *Contemporary British History*, 14.3, 39-60.,

Tonge, J. and Gomez, R. (2015) 'Shared identity and the end of conflict? How far has a common sense of "Northern Irishness" replaced British or Irish allegiances since the 1998 Good Friday Agreement?' *Irish Political Studies*, 30.2, 276-98.

Wilson, R. (2009) 'From Consciationalism to Interculturalism,' in Taylor, R. (ed.) *Consociational Theory: McGarry and O'Leary and the Northern Ireland Conflict*, London: Routledge, 221-36.

6

북아일랜드와 아일랜드 접경지대에서의 갈등 전환을 위한 외부 사회·경제 지원 평가

산드라 부캐넌

(독립연구자)

도입

폭력에서 평화로 이동함에 있어, 실천적(그리고 이론적) 노력의 대부분은 보통 단기간, 상위 수준의 정치적 개입을 통해 직접적인 폭력을 제거하는 데 집중해 왔다. 북아일랜드 평화 프로세스에 대한 학계의 담론도 크게 다르지 않다. 그러나 갈등 전환은 장기간에 걸친 접근을 요한다. 이는 단지 몇 년이 아니라 수십 년, 혹은 리치먼드(Richmond)가 지적한 대로 "수 세대, 평생을 말하는 것이며, 그렇게 하지 않으면 자멸의 위험으로 몰아갈 수 있다."[1] 더욱이 성공적인 갈등 전환은 이에 직접적으로 영향을 받는 사람들의 의미 있는 참여를 필요로 하며, 평화가 장기간 지속되어야 한다면, 그것은 내부적으로 풀뿌리 행위자들을 개입시킬 때 가능하다.[2] 그러나 정부는 그 정치적 사고가 단기적이고 "필요한 만큼 오

---

1. O. Richmond, 'Conclusion: Strategic peacebuilding beyond liberal peace,' in D. Philpott and G. F. Powers (eds), *Strategies of Peace: Transforming Conflict in a Violent World* (New York: Oxford University Press, 2010), p. 361.
2. 예시로 다음을 참조. J. P. Lederach and R. S. Appleby, 'Strategic peacebuilding: An overview' in D. Philpott and G. F. Powers (eds), *Strategies of Peace: Transforming Conflict in a Violent World*, pp. 19-44; F. Cochrane, Ending Wars (Cambridge: Polity Press, 2008), p. 182; S. Ryan, *The Transformation of Violent Intercommunal Conflict* (Aldershot: Ashgate, 2007); T. Paffenholz, 'Peacebuilding: A comprehensive learning process,' in L. Reychler and T. Paffenholz (eds), *Peacebuilding: A Field Guide* (Boulder: Lynne Rienner Publishers, 2001), pp. 537-40; J. P. Lederach, *Building Peace: Sustainable Reconciliation in Divided Societies* (Washington, D.C.: United States Institute of Peace Press, 1997).

래 프로그램을 지속하는 것의 중요성"[3]을 이해하지 못하기 때문에, 폭력적 사회를 전환시키려는 노력에서 장기간 지속되는 특수한 지원은 거의 고려하지 못한다. 그러나 그러한 노력은 존재하고 또 실현 가능하다. 북아일랜드의 경우, 1980년대 중반 이래 수많은 외부 자금 지원 프로그램들이 사회·경제 발전을 통한 평화 프로세스 지원에 노력을 기울여 왔다. 이는 아일랜드 국제기금(International Fund for Ireland, IFI)과 유럽연합(EU) 평화 프로그램(평화 I, II, III, IV) 하에 수행되었으며, 지역의 갈등 전환 프로세스에 수십억 유로가 지원되었다.

평화 I 프로그램을 통한 참가자가 80만 명 이상에 이르고, 아일랜드 국제기금(IFI)을 통해 55,000개 이상의 일자리 창출이 지원됨으로써, 이전에는 볼 수 없었던 수준의 시민들의 역량 강화와 북아일랜드 프로세스에 대한 주인 의식을 촉발한바, 이 프로그램들은 평화 프로세스에 대한 외부 자금 지원의 노력을 평가하는 데 연구 사례를 제공한다. 이들 프로그램은 가장 어려운 시기에 평화 프로세스가 지속되도록 도왔다. 이 글은 그들 활동의 중요성을 고찰하고자 하며, 몇 가지 교훈을 제시하기에 앞서 갈등 전환에서 사회·경제 발전의 역할을 이론적으로 맥락화하고, 두 프로그램의 조직 구성과 활동에 대한 배경 정보를 제공하며, 전환 프로세스 및 사회 전 층위의 참여를 통한 수직적, 수평적 역량 개발과 통합에 미친 영향을 탐색하고자 한다.

---

3. A. Pollak, 'How does cross-border co-operation contribute to peace building in Ireland?' in *Bordering on Peace? Learning from the Cross-Border Experience of Peace II. Learning from Peace II, Volume 4* (Belfast: Community Relations Council, 2006), p. 28. 다음도 참조. Ryan, *The Transformation of Violent Intercommunal Conflict*, p. 155.

갈등 전환에서 사회·경제 발전의 역할

갈등 전환(Conflict Transformation)은 갈퉁(Galtung)의 분리되고 동적이면서도 상호 연관된 세 가지 폭력 형태에 관한 해석에 영향을 받았다. "많은 직접적 폭력은 착취나 억압 같은 수직적인 구조적 폭력에서 비롯될 수 있다. … (한편) 그 배경에는 구조적 폭력과 직접적 폭력을 정당화하고, 이를 촉발하고 지속시키는 문화적 폭력이 있다."[4] 따라서 갈등은 불평등하고 억압적인 정치적, 사회적 구조의 결과로 볼 수 있다. 평화를 구축한다는 것은 장기적으로 건설적이고 지속가능한 사회적, 경제적 변화를 추구하는 것을 의미한다. 레더라크(Lederach)의 주장에 따르면, "오늘날과 같은 갈등 속에서 평화 구축은 사회 전 층위에 걸쳐 그 기반을 구축하는 데 장기적으로 헌신해야 한다. … 이러한 기반은 사회 내부의 화해를 위한 자원들을 강화하고 외부로부터의 지원을 극대화한다."[5] 평화 구축은 레더라크의 평화 구축 피라미드(peacebuilding pyramid)에서 설명된 것처럼 수직적, 수평적 역량의 개발과 통합을 필요로 한다.[6] 예를 들어 IFI의 활동은 "수천 명의 개신교인과 가톨릭교인이 북아일랜드 지역 내에서, 그리고 북아일랜드와 아일랜드공화국 사이에서 함께 일하는 관계로 이끌었다."[7] IFI와 평화 프로그램은 전략적으로 다층적 · 다부문적 접근을 채택하였는데, 외부에서 지원을 받는 한편, 풀뿌리 층위에 노력을

---

4. J. Galtung, *Peace by Peaceful Means: Peace and Conflict, Development and Civil-isation* (Oslo: PRIO International Peace Research Institute, 1996), p. 270.

5. J. P. Lederach, *Building Peace*, p. xvi

6. 같은 책, p. 39.

7. W. McCarter, 'Economics of peace making: The case of the International Fund for Ireland,' *Asia Europe Journal*, 6:1 (2008), 94.

집중하였다. 이러한 전략적 접근은 지역의 전환 노력을 추진하는 힘으로 작용됨을 보여 주었다. 갈퉁이 언급한 바와 같이, "갈등에 대한 가장 순진한 시각은, 갈등 전환 당사자의 엘리트들이 해결안을 수용하기만 하면, 새로운 앞날의 윤곽을 그린 서류 위 서명이 입증하는 대로 갈등이 해결된다고 믿는 것이다."[8]

갈등 전환의 최종 목표에 대한 이해는 '정의로운 평화(justpeace)'라는 개념을 통해 제시될 수 있다. "정의로운 평화란 문제의 역동적인 상태로, 이 상태에서 폭력의 축소 및 관리, 그리고 사회경제 정의의 실현이 상호적인 것으로 이해되고, 이로써 건설적 변화의 차원이 강화된다."[9] 북아일랜드의 경우, 사회 전 층위의 지지 속에 양국 정부에 의해 성금요일 협정의 형태로 정치적 틀이 수립되었지만, 이 정치적 틀은 "헌법적 합의 내에서 3개의 관계 세트 중 특정한 하나의 제도화"[10]로, 갈등 전환 프로세스에서 단지 작은 부분을 대표할 뿐이다. 실제로, 스미스(Smith)의 "평화 구축 팔레트(peacebuilding palette)"는 4개의 요소를 포함하는데, 정치적 틀은 그중 단지 하나에 해당한다. 다른 세 요소로는 안보, 화해와 정의, 사회경제적 토대가 있다.[11] IFI 및 EU 평화 프로그램은 북아일랜드의 장기적 평화에 필요한 사회 경제적 변화에 기여하는 제도이다.

레더라크가 보기에 "평화 계획을 세우고 유지시키는 우리의 능력에는 상당한 격차가 있다. … 그 격차는 환원주의(reductionism)로부터 발생되

---

8. J. Galtung, *Peace by Peaceful Means*, p. 89.
9. J. P. Lederach and R. S. Appleby, 'Strategic peacebuilding,' p. 23.
10. L. O Dowd, 'The future of cross-border co-operation: Issues of sustainability,' *Journal of Cross Border Studies in Ireland*, 1 (2006), 5.
11. D. Smith, *Towards a Strategic Framework for Peacebuilding: Getting their Act Together. Overview Report of the Joint Utstein Study of Peacebuilding* (Oslo: Royal Norwegian Ministry of Foreign Affairs, 2004), p. 28.

는데, 이 환원주의는 평화 구축을 과정-구조로 체계적으로 이해하기보다는, 복잡하고 장기적인 문제에 대해 빠른 처방과 해결책을 찾으려는 필요가 자극하는 기술들에 초점을 둔다."[12] 북아일랜드의 경우, 갈등에 대한 많은 해결책들이 결국 실패로 끝났는데, 부분적으로는 정치에 과도하게 집중했기 때문이다. 일단 협정이 체결되자 갈등은 해결된 것처럼 보였는데, 사실 그 (정치적) 협정은 완전히 새로운 과정의 문을 연 것에 불과했다. IFI와 평화 프로그램의 활동은 갈등에 영향을 가장 많이 받은 사람들이 지역 평화 프로그램의 기획과 실행에 발언권을 갖도록 했고, 이는 프로세스에 대한 소유권, 프로그램의 지속가능성과 성공에 대한 기득권을 보장해 주었다.

아일랜드 국제기금

배경과 자금 조달

아일랜드 국제기금은 1985년 영국-아일랜드 협정 체결에 따라 1986년 12월 12일 설립되었다. 협정의 10조a항은 다음과 같이 언급한다. "양 정부는 최근 수년간 불안정의 결과로 고통 받아 온 아일랜드 양 지역의 경제적, 사회적 발전을 촉진하기 위해 협력할 것이며, 이에 대한 국제적 지원 보장 가능성을 고려할 것이다."[13] 이는 갈등에 대한 대안 모색에

---

12. J. P. Lederach, 'The challenge of the 21st Century. Just peace,' in European Centre for Conflict Prevention (ed), *People Building Peace: 35 Inspiring Stories from Around the World* (Utrecht: European Centre for Conflict Prevention, 1999), p. 28

서 사회 경제 발전의 역할을 공식적으로 인정한 첫 사례로, "경제적, 사회적 도약을 촉진함, (그리고) 아일랜드 전역에서 통합주의자(Unionists)와 민족주의자(Nationalists) 간 접촉, 대화, 화해를 장려함"[14]이라는 협정의 양대 목표와 마찬가지이다. 미국, 유럽연합, 캐나다, 호주, 뉴질랜드는 2017년 9월까지 9억 1천4백만 유로/7억 2천8백만 파운드를 지원하였다.[15] 총 누적 자금은 훨씬 많은데, 공적, 사적, 자원봉사의 영역에서 추가 지원을 활용할 수 있는 능력에 따라 총 투자액은 약 27억 4천만 유로/21억 8천만 파운드에 이를 것으로 추정된다.[16]

운영 구조

IFI는 복잡한 다층적 운영 구조를 가지고 있는데, 이는 유동적인 초국경적 기반 위에 업무를 수행하는 데 중요한 역할을 해 왔다. 아일랜드와 영국 정부는 공동으로 이사장 및 기금의 방향과 운영을 감독하는 6명으로 구성된 이사회를 임명한다. 이사회는 국경 양측의 지역사회를 대표하며, 남북 교대로 회의를 개최한다. 그러나 기금 업무의 조정과 관리는 더블린과 벨파스트에 본부를 둔 사무국(Secretariat)에서 수행하며, 사무국

---

13. Anglo-Irish Agreement, 1985. 다음 사이트에서 확인할 수 있다. www.cain.ulst.ac.uk/events/aia/aiadoc.htm, 2015년 8월 15일 접속.

14. International Fund for Ireland, *Annual Report and Accounts 2017* (Dublin/Belfast: International Fund for Ireland, 2017), p. 8.

15. 같은 책.

16. IFI는 2005년 9월 누적 기금 데이터를 단 한 차례 공개하였다. 이에 따르면, "기금은 1:2 이상의 비율로 공적, 사적, 자원봉사의 영역에서 비롯되는 추가적 지원을 레버리지로 활용해 더 많은 기금을 운용할 수 있었고, 총 15억 파운드(22억 5천만 유로) 이상의 투자액을 산출하였다." International Fund for Ireland, *Annual Report and Accounts 2005* (Dublin/Belfast: International Fund for Ireland, 2006a), p. 5. 이 비율을 2017년 9월 현재 직접 기부액에 적용하면 이와 같은 총 투자액이 도출된다.

은 영국 및 아일랜드 공무원으로 구성되고, 두 명의 공동 사무총장이 지휘한다. 이사회는 아일랜드와 영국 정부가 임명하고 정부를 대표하는 임원들로 구성된 자문위원회가 보조하는데, 자문위원회는 프로젝트나 기타 이슈에 대한 조언을 위해 이사회 회의 이전에 모임을 갖는다. 자문위원회의 공동 위원장 또는 부위원장은 이후 이사회 회의에 참석한다.

기금의 프로그램은 남북 정부 각 부처와 전문 기관으로부터 관련 전문 지식들을 취합하는 공동 프로그램 팀이 운영한다. 이 팀은 지정 이사(Designated Board Members)의 감독 하에 IFI의 운영 주체로 활동할 뿐만 아니라, 적합한 프로젝트를 선별하고 기획안을 작성함에 있어(前 10개, 現 3개) 지역 커뮤니티와 협력하는 지역 기반 개발 요원/프로그램 관리자 팀으로도 활동한다. 양 정부가, 특히 이사회가 임명한 사람들은 정부로부터 독립적 지위를 갖는다. 이에 각 공여국은 독립적으로 각자의 업무를 관찰하기 위해 매 이사회 회의에 참관인을 보낸다.

프로그램 활동

IFI의 활동은 지역 평화 프로세스 환경의 변화에 따라 수년에 걸쳐 수정되고 조정되어 왔다. 프로그램 시행 초기에는 소외 지역의 경제 발전이 기금의 주요 우선순위를 점했다. 그러나 1995년 포괄적 지역사회 주도 프로그램을 포함하기 위해 프로그램이 구조 조정 되면서, 지역사회 역량 구축을 목표로 하는 활동이 증가하기 시작했다. 가령 '지역사회 리더십(훈련)' 프로그램과 함께 '행동하는 커뮤니티' 프로그램, '다리 구축' 프로그램(화해와 갈등 해결에 초점을 맞춘 지역사회 관계 프로그램의 대체) 등이 도입되었다. 1999년 추가 개편으로 모든 프로그램이 '소외 지역 재생,' '지역사회 역량 구축,' '경제 발전'의 세 부문으로 재편되었다. 2006

년 정치적, 경제적, 사회적 맥락 변화에 대한 인식에 따라 기금은 활동을 '행동 전략(Strategic Framework for Action) 2006-2010'의 4가지 포용적 표제 아래 재편했는데, '토대 구축(Building Foundations),' '다리 구축(Building Bridges),' '통합(Integration),' '유산 남기기(Leaving a Legacy)'가 그것이다. 이는 종파주의 및 분리주의와 맞서기 위한 5년간의 출구 전략인 '이 공간 공유하기(Sharing this Space)'를 통해 시작되었다. 그러나 이러한 출구 전략의 착수에도 불구하고, 기금은 계속 축소되는 규모로 운영을 지속하고 있다. 2012년부터는 '행동 전략 2012-2015' 하에 어느 정도 '완료 및 지속가능성'에 초점을 맞춰, 주로 '평화 벽 프로그램(Peace Wall Programme),' '평화 영향 프로그램(Peace Impact Programme)'에 초점을 맞춘 '커뮤니티 전환 전략'에 총력을 기울이고 있다.[17] 2015년에 기금은 추가로 '개별 청소년 개발 프로그램(Personal Youth Development Programme)'[18]을 도입하고, '평화 통합 전략(Peace Consolidation Strategy) 2016-2020'인 '지역사회 통합(Community Consolidation)'에 착수하였다.[19]

---

17. 자세한 정보는 다음을 참조. *IFI Annual Reports and Accounts 1989-2015*.

18. 이 프로그램은 위기에 처한 청소년들이 좋은 관계를 형성하고, 자신감과 회복력을 키우고, 고용 가능성을 높이는 생활 기술을 개발하고 구비하도록 돕는 것을 목표로 한다. International Fund for Ireland, *Annual Report and Accounts 2016* (Dublin/Belfast: International Fund for Ireland, 2017), p. 44.

19. International Fund for Ireland, *Community Consolidation - Peace Consolidation. A Strategy for the International Fund for Ireland 2016-2020* (Dublin/Belfast: International Fund for Ireland, nd).

EU 평화 프로그램 개요

배경, 자금 조달 및 활동

1994년 준군사 조직의 휴전 선언 이후, 유럽연합 집행위원회(European Commission)는 이 지역의 초기 평화 프로세스에 실질적 도움을 제공하기 위해 양국 정부의 1억 6천7백 유로에 더해 5억 유로를 지원하여 '평화와 화해를 위한 EU 특별 지원 프로그램(평화 I, 1995-1999)'을 출범시켰다. 자금은 북아일랜드와 아일랜드공화국 국경 지역에 각각 8:2의 비율로 배정되었다.[20] 이 프로그램의 전략적 목표는 "경제 발전과 고용 증대, 도농 재생 장려, 그리고 초국경 협력 개발 및 사회 통합 확대를 통해 평화롭고 안정적인 사회로의 진전을 강화하고 화해를 촉진하는 것"[21]이었다. 프로그램의 우선순위에는 고용 지원, 도시 및 농촌 재생, 초국경 개발, 사회 통합, 생산적 투자 및 산업 개발, 그리고 구 파트너십(district partnership, 북아일랜드에 한함)이 포함되었다.[22]

2000~2004년의 평화 II는 본질적으로 평화 I의 연속으로, 8억 3천5백만 유로가 추가로 지원되었다. 2005년 2월, 2006년 말까지 2년 연장이 발표되어 1억 6천만 유로가 더 지원되었다. 연장 근거는 "평화를 위한 추

---

20. 1997~1999년 기간에 첫 3억 유로가 지급되고, 나머지는 집행위원회 심리 하에 마지막 2년 사이에 지급되었다. 결과적으로, 1억 유로씩 2회의 추가 분할분이 1998년과 1999년에 각각 사용할 수 있게 되었다.

21. European Structural Funds, *Special Support Programme for Peace and Reconciliation in Northern Ireland and the Border Counties of Ireland 1995-1999* (nd), p. 31.

22. 지면 제약으로 본고에서 평화 I의 하위 조치들을 모두 열거하지 못한다. 다음을 참조. European Structural Funds, *Special Support Programme for Peace and Reconciliation in Northern Ireland and the Border Counties of Ireland 1995-1999* (nd), pp. 49-50.

진력을 지속해야 한다는 계속되는 압도적인 필요성에 기반하였는데, 특히 사전 평가에서 지역을 지배하고 있는 경제적·사회적 요구가 확인되었다."[23] 평화 II의 전략적 목표인 "평화롭고 안정적인 사회로의 진전을 강화하고, 화해를 촉진함"[24]은 평화 I의 목표를 그대로 반영한다. 그러나 평화 II의 두 가지 전략적 목표, "갈등의 유산을 다룸 (그리고) 평화로부터 발생되는 기회를 포착함"[25]은 이전보다 더욱 세밀하게 조정되었다. 평화 II는 또한 프로그램의 목표와 목적을 달성하기 위해 경제 회복, 사회 통합, 포용 및 화해, 지역 기반 재생 및 발전, 외부 확장적이고 미래 지향적인 지역 발전, 초국경적 협력 등 수많은 우선 사항을 포함하고 있다.[26] 평화 III은 공식적으로 2007~2013년(일부 활동은 2014년까지 지속) 동안 3억 3천3백만 유로로 운영되었는데, 평화 II의 전략적 목표를 유지하면서 지역사회 화해와 공유 사회 기여라는 두 가지 전략적 우선 사항에 초점을 맞추었다.[27] 평화 IV(2014-2020)는 2억 7천만 유로로 2016년 3월 신청되었다(2017/2018년 프로젝트 시작). 평화 IV의 전략적 목표는 지역 내 사회적·경제적 안정 증진으로, 특히 공유 교육, 아동 및 청소년, 공유 공간 및 서비스, 지역적 수준에서 긍정적 관계 구축 등 4가지를 우선 대상으로 하여 지역사회 간 응집력을 증진시키는 활동을 통해 달성하고자 한다.[28]

---

23. EU Programme for Peace and Reconciliation in Northern Ireland and the Border Region of Ireland 2002-2004, *Operational Programme* (nd), p. 14.

24. 같은 책, p. 30.

25. 같은 책, p. 31.

26. 거듭 언급하건대 평화 II의 하위 조치들을 모두 열거하는 것은 불가능하다. 다음을 참조. EU Programme for Peace and Reconciliation in Northern Ireland and the Border Region of Ireland 2002-2004, *Operational Programme* (nd), pp. 59-160.

27. Special EU Programmes Body, *European Union Programme for Territorial Cooperation, Peace III, EU Programme for Peace and Reconciliation 2007-2013, Northern Ireland and the Border Region of Ireland. Operational Programme* (Belfast/Omagh/Monaghan: SEUPB, nd), p. 43.

운영 구조

평화 I, II 프로그램의 운영 구조는 매우 복잡하였다. 평화 I의 우선 사항과 하위 조치들은, 중앙 집중적인 정부의 부서들, (분권적인) 중간자금조달기관(Intermediary Funding Bodies, IFBs), 그리고 새로 설립된 지역 전달 체계인 북아일랜드의 '구 파트너십'과 아일랜드 국경 지역의 '주 의회 주도 태스크포스(County Council-Led Task Forces, CCLTFs)' 등, 총 64개의 개별 실행 기관이 참여하는 복잡한 혼합 경로를 통해 전달되었다. 일부 우선 사항은 복수의 기관들 사이에 공유되어 복잡성을 증가시켰다. 그럼에도 이러한 전달 구조는 높은 수준의 책임감을 상당 부분 고양시켰다. 프로그램은 더블린과 벨파스트의 재무부가 공동으로 관리했지만, 국경 양측에서 중간자금조달기관(IFB)의 대규모 활용을 개척하는 데 중요한 역할을 했다. IFB는 국가로부터 독립된 기구로, 보육, 청소년 사업, 지역사회 관계/개발, 농촌 개발, 빈곤 퇴치 등 전문 분야에 따라 특정 우선 사항과(또는) 하위 조치 전달의 역할을 수행하도록 불러들인 것이었다.

추가적인 (지역적) 전달 체계는 평화 I에서 북아일랜드에 한해 특별 우선순위로 부상된 구 파트너십이었다. 이 새로운 파트너십 구조는 26개 모든 구 의회 지역에 하나씩 설치되었는데, 구성원은 크게 선출된 구 의원, 지역사회 및 자원봉사 분야 대표, 노동조합 및 사업주 대표로 삼분 형식을 갖추었다. 이들은 가장 우선시되는 4가지 주제, 곧 사회 통합(지원금의 거의 50%), 도농 재생, 생산적 투자, 고용과 관련해 해당 영역에

---

28. SEUPB, *Citizen's Summary PEACE IV Programme (2014-2020). European Territorial Cooperation Programme Ireland-United Kingdom (Northern Ireland - Border Region of Ireland)*, January 2016, https://seupb.eu/sites/default/files/styles/ PEACEIV/PEACE%20IV%20-%20%20Draft%203.pdf, 2018년 10월 20일 접속.

필요한 요구를 충족시킬 행동 계획(화해 전략 포함)의 개발을 책임졌다. 이 계획은 독립적인 북아일랜드 파트너십 위원회(NI Partnership Board)의 승인을 받기 위해 제출되었다. 아일랜드 국경 지역에서는 프로그램의 10.6%만을 운영하긴 하지만, 구 파트너십과 유사한 지역 전달 역할을 담당할 6개의 '주 의회 주도 태스크포스'가 구성되었다. 또한 프로젝트는 회계, 행정, 직원을 지역적으로 관리할 관리위원회 설치가 요구되었고, 관리위원회는 프로젝트 기획을 발의하는 지역사회를 대표해야 했다. 이러한 기능은 평화 II에서도 계속되었다.

평화 II에서는 전달 체계에 많은 변화가 있었다. 복잡성 면에서는 프로그램 전달에 관여하는 기관 상당수가 계속되었다. IFB의 활용도 계속되었다. 가장 큰 변화는 프로그램의 전반적인 관리 주체로, 재정부로부터 업무를 넘겨받은 '특별 EU 프로그램 기구(Special EU Programmes Body, SEUPB)'라는 또 다른 (중앙 집중적) 관리 층이 추가된 것이다. SEUPB는 1998년 성금요일 협정의 제2 핵심 요소에 따라 설립되었는데, 공동 헌장[29] 이행 책임과 함께 특정 EU 구조기금(EU Structural Funds)을 관리할 남북 6개 실행 기구의 하나이다. SEUPB는 프로그램 감독 모니터링 위원회(Monitoring Committee)의 위원장직도 수행한다. 뿐만 아니라, 평화 I에서 동등한 삼분 회원 구조를 지녔던 구 파트너십은 지방정부와 지역의 주요 법정 기구, 그리고 사회적 파트너 간의 이분 구조가 되었다. 이러한 구 의회의 역할 증대는 새로 수립된 의회와 지역 당국으로부터 비롯된 것이었다. 평화 I에서 구 파트너십의 활동을 감독했던 북아일랜드 파트너십 위원회는 지역 파트너십 위원회(Regional Partnership Board)로 대체되었다. 아일랜드 국경 지역에서는 6개의 CCLTFs가 주개발위원회

---

29. 국경 통로, 남북 아일랜드, 아일랜드 및 영국, 유럽, 국제사회 간 동서 협력을 포함하여 적절하고 상호 이익이 되는 협력 형태 구축 및 개발을 위한 기본 틀.

(County Development Boards)의 하부 위원회가 되어, 현재 국경 지방 당국이 감독하고 있다.

평화 III에서 운영 구조는 더욱 중앙 집중화되었다. SEUPB는 공동기술사무국을 설치해, 법인 서비스를 비롯해 관리 주체로서의 역할을 계속했고, 모니터링 위원회 위원장직도 계속 수행했다. 초국경 프로젝트 선정을 위해서 운영위원회(Steering Committee)가 설립되었다. 단 하나 다른 IFB가 아일랜드공화국과 북아일랜드 지역사회 관계위원회의 국경 행동(Border Actions, 前 ADM/CPA), 곧 '과거 인정 및 처리'의 주제를 이행하기 위해 임명되었다. 국경 지역의 CCLTFs는 평화 파트너십(Peace Partnership)으로 알려지게 되었고, 주 의회 내에 위치하여 프로그램 이행 책임 면에서 훨씬 더 큰 역할을 보유하게 되었다.

평화 IV는 이러한 중앙 집중적인 접근을 계속해 오고 있는데, "평화 프로그램의 성과와 결과에 직접 기여하는 평화 행동 계획의 개발과 이행을 책임질 지역적 차원의 파트너십 구축"[30]을 실행하는 지역 당국과 함께, 보육, 청소년, 공유 공간 및 긍정적 관계 구축과 같이 프로그램의 중요한 부분을 전달하기 위한 파트너십 모델을 활용하기 위해서이다.

장기적 접근 채택

IFI가 처음 설립되었을 때, 평화 구축에 대한 장기적 접근은 채택되지 않았다. 그러나 아래로부터의 압력에 의해 장기적인 접근이 빠르게 등장하였다.[31] 그 결과 장기적 기반의 평화 프로세스에 대한 헌신이 기금의

---

30. Cooperation programmes under the European territorial cooperation goal. Ireland-United Kingdom (PEACE), EC decision (2018년 7월 26일), p. 72.
31. 필자 인터뷰, 2005년 3월 29일.

핵심 강점이 되었고, 성공적인 갈등 전환을 위한 기초 전략이 되었다. 한 독립적 평가는 기금의 다음과 같은 측면, 즉 "소외된 지역에서 지역 차원의 조직과 장기적 관계를 구축하는 특별한 능력" 그리고 "과도한 관료주의를 피함으로써 … 독립적인 이사회가 제공하는 유연성"에 주목하였다.[32] 지역 투입에 대한 강조는, 북아일랜드 평화 구축 자금 조달의 대체 수단이 되었을지도 모르는 미국국제개발기구(USAID) 프로그램 등 다른 자금 조달 체계와 차별된다. 기금의 장기적 초점은 빠른 성공을 성취하려는 요구에 의해 훼손되지 않았다. 공여국은 "사업의 장기적 차원에 대해 아주 잘 이해하고 있다."[33] 최대 공여국인 미국에 대한 의존도에도 불구하고,[34] IFI는 지원금 혜택을 계속 받아오고 있으며, 비록 단기적 차원의 지원금을 받게 되더라도 전체적 운영에는 결코 부정적 영향을 미치지 않았다.[35]

　IFI의 프로그램은 기간이 한정되어 있기 때문에, 혹자는 기금이 정말로 전환 프로세스에 장기적 관점을 취하고 있는지 의문을 가질 수 있다. 하지만 이는 내부자들이 보는 관점이 아니다. 오히려 "기금의 접근은 전반적으로 매우 장기적이었다. 그러나 … 때로 다양한 요구가 있는데, 기금은 경제적인 것에 대한 강조를 줄이면서 보다 사람 지향적인 것으로 이행하고 있다."[36] 곧 갈등 관리보다 지역사회 전환으로, 화해에 대한 집중

---

32. KPMG Management Consulting, The International Fund for Ireland, *Assessment of the Fund's Impact on Contact, Dialogue and Reconciliation between the Communities and on Employment* (Belfast: KPMG, 2001), p. 9. 강조는 인용 원본에 따름. 위에 언급된 과도한 관료주의의 최소화는 일례로 EU 평화 II 프로그램의 경우와 극명하게 대비된다.

33. 필자 인터뷰, 2006년 7월 13일.

34. 예시로 다음을 참조. C. O'Clery, 'Bush to look for cut in Fund for Ireland,' *The Irish Times* (March 2003년 3월 12일).

35. 필자 인터뷰, 2005년 3월 29일.

36. 필자 인터뷰, 2005년 2월 15일.

으로 이동하는 것이다. 이런 유연성은 장기적 속성을 지닌 기금 활동의
또 다른 핵심 특징이다. "[기금은] EU 프로그램 전체나 정부보다 본질적
으로 훨씬 더 유연한 집단이다. … 독립적인 이사회가 있기 때문이다. 이
사회는 … 불법 무장 단체에 주는 것만 아니라면, 지원금으로 무엇이든
할 수 있다."[37] 게다가 IFI는 지출 규정이 엄격한 EU 구조기금에 의존하
지 않기 때문에 지속적인 기반 위에 프로젝트를 추진할 수 있고, 성공적
전환을 위한 장기적 요구 사항을 다루는 데에 평화 프로그램보다 더 유
리하였다. 이런 유연성이라는 것은 "프로젝트를 끝까지 해낼 만한 배경
이나 경험이 없는 취약한 기반을 가진 곳에서, 그것을 때로는 깊숙이 때
로는 얕게 붙잡고 늘어지며 … 이를 위해 부적절하고 부당한 비판을 감
수하는 것"[38]을 의미한다.

　한편, 평화 프로그램의 장기적 접근은 이론적으로는 존재하지만, 프로
그램의 시작과 끝이라는 특성 때문에 문제가 되어 왔다. 그 최악의 상황
은 1999년 평화 I 말에서 2002년 평화 II(2000-2004)의 효과적 개시 사이
의 길고 혼란스러웠던 시기가 보여 주며, 평화 III(2007-2014)에서 2016
년 3월 겨우 신청받기 시작한 평화 IV(2014-2020)로 넘어가는 시기가 어
느 정도 보여 준다. 일부 기관이 공백기에 자금을 지원받긴 했으나, 그
과정은 결코 순조롭지 않았고, 특히 평화 I에서의 성과를 잃거나, 평화
기금에 대부분 혹은 전적으로 의존하게 된 많은 단체가 폐쇄의 위협을
받기도 했다. 직원들의 높은 이직률, 전문성, 경험, 지식의 손실, 프로젝
트 목적 이탈 및 조직의 불안정 등의 어려움들이 있었으며, 또한 두 프
로그램 사이의 이행은 유럽과 정부 양측의 대규모 인력 교체에 따른 불
연속성도 특징적이었다. 하원의 북아일랜드사안위원회(Northern Ireland

---

37. 같은 글.
38. 필자 인터뷰, 2006년 8월 15일.

Affairs Committee)는 그 결과를 다음과 같이 분명하게 요약한다. "평화 I 과 평화 II가 자체적으로 관리되었고 관리되고 있는 것만큼이나 이행의 공백을 관리함으로써 평화 프로그램을 전체적으로 성공시키는 것의 중요성에 대해서는 거의 관심이 없었던 것으로 보인다."[39]

이는 외부 지원을 받는 프로젝트나 기관의 장기적 지속가능성에 대해 숙고할 것을 요청한다. 이것이야말로 모든 전환 과정의 핵심이기 때문이다. 한 연구는 "평화 I에서 평화 II로 프로젝트가 연속되는 곳에서 지역 이니셔티브가 미친 막대한 영향"[40]을 강조한 바 있다. 프로젝트의 지속가능성이 없다면, 성공적 전환도 의문스러워진다. 상당수의 평화 II 프로젝트가 주류화 되었다는 사실 덕분에 지속되었지만, 많은 프로젝트들은 그저 중단되었다. 많은 풀뿌리 활동가들이 "가장 훌륭하고 가장 필요한 프로젝트 중에 어떤 것은 지속가능하지 않다"[41]는 것을 받아들였으나, 고위층이 이를 받아들이게 하는 시도는, 특히 IFB가 시도하였는데, 쉽지 않았다. "주류 예산선이라는 것이 없고, 특수한 평화 구축 사업의 필요성을 인정하지 않으며, … 사람들은 새로운 것보다 그들이 알고 있는 것으로 범주화하려 할 것"[42]이기 때문이다. 정부는 "지역사회 발전과 혁신은 본질적으로 자립적이지 않다. … 프로그램을 3, 4, 5년 안에 지속가능하게 만들 수는 없다. 아주 오랜 기간 그 [지역사회] 속에 있어야만 한다"[43]라는

---

39. House of Commons Northern Ireland Affairs Committee, *Peace II. Seventh Report of Session 2002-03 Volume 1* (London: The Stationary Office Ltd., 2003), pp. 23-4.
40. S. Pettis, 'Round table reflections: Highlighting the key Issues' in Community Relations Council (ed), *Shaping and Delivering Peace at Local Level? Learning from the Experience of Peace II. Learning from Peace II, Volume 3* (Belfast: Community Relations Council, 2005), p. 34.
41. SEUPB 참가자 논평, 'Peace II Extension 2005 to 2006 Consultation,' Derry, 07 September 2004.
42. 필자 인터뷰, 2005년 7월 21일.

것을 인정하지 않았다. 이러한 문제에도 불구하고 평화 프로그램에 참여한 사람들 대부분은 사업의 장기적 속성을 인정한다. "많은 훌륭한 계획으로부터 배운 핵심 교훈은 평화 구축은 느리고 장기적인 과정이라는 점이다. 그러므로 현실적이고 지속적인 진전을 위해 이런 활동을 계속하는 것은 매우 중요하다."[44]

수직적, 수평적 역량 개발 및 통합의 영향

IFI가 수직적, 수평적 역량 개발에 미친 영향을 평가할 때, 관여도를 평가하는 한 가지 근거는 프로그램을 개념화하고 수립할 때 수행되는 협의이다. 안타깝게도 IFI를 설립하기 전에는 협의가 거의 이루어지지 못했다. "그때는 지금과 달랐다. 정치 상황이나 테러 상황이 정말 힘들었던 때"였기 때문이다.[45] 협의의 결여는 "얼스터는 미국의 피 묻은 돈을 원치 않는다"[46]라고 수차례 노골적으로 언급하며, 기금을 영국-아일랜드 협정을 수용하게 하려는 매수공작이라고 굳게 믿은 통합주의자 집단의 지속적인 적대감과 비판에서 명백히 드러났다. 정부가 현장에서 그들과의 협의를 원했더라도, 실제로 행하기는 결코 쉽지 않았을 것이다. 그래서 정부는 개발 컨설턴트들을 활용해 "중앙정부가 가지 않는 곳,"[47] 갈 수 없

---

43. 필자 인터뷰, 2005년 1월 6일.
44. H. Johnston, 'Peace process needs to focus on poverty and inequality,' *The Irish Times* (2004년 9월 1일).
45. 필자 인터뷰, 2005년 1월 15일.
46. News Letter, (1996년 3월 8일, 1986년 5월 8일).
47. 필자 인터뷰, 2005년 3월 29일.

는 곳으로 가고자 했다. 컨설턴트는 지원 기획 및 이행과 관련해 처음부터 지역사회와 협의할 임무를 맡았는데, 이러한 컨설턴트 활용은 기금이 협의 과정을 전적으로 폐기하지 않도록 하고 레더바크의 평화 구축 피라미드에서 풀뿌리, 중간, 고위층 간 필요한 연결 고리를 만들었으며, 이로써 수직적, 수평적 역량의 개발과 통합을 가능하게 했다. 초기에 공식적 협의가 결여되었음에도 불구하고, 기금은 "실질적 사회 인프라가 없는 커뮤니티"[48]를 포함해 모든 수준의 지역사회와 일할 수 있게 되었다.

이러한 과정 속에서 기금은 "이제까지 인정받은 것보다 훨씬 더 많은 것을 해내었다."[49] 처음에 통합주의 집단으로부터 혹독한 비난을 받은 기금은 공화주의 집단으로부터도 저항에 직면했다. 그럼에도 불구하고 기금은 풀뿌리 층위의 사람들에게 "자신의 두 다리로 일어서게 하고, 자신의 사례를 분명히 표현하며, 중앙정부에서는 제공하지 못했던 지역사회를 위한 자원을 찾을 수 있도록"[50] 역량을 부여했다. 중간 층위의 사람들에게는 "자신의 지역사회에 지분을 갖게 하고 … (또한) … 자신의 지역에서 공유 공간을 만들 수단을 제공함으로써" 역량을 부여했다.[51] 이러한 지역의 역량 개발과 통합은 다양한 수준에서 이루어졌다. "시민들이 지역사회 경제 회복에 … 참여하도록 IFI가 창출한 엄청난 기회들"[52]과 더불어, "더 넓은 지평(Wider Horizons) 훈련 프로그램이 실업 청소년에 미치는 영향"[53]이 시민사회 수준에서의 수평적 역량 개발 사례로 자주 언급

---

48. 필자 인터뷰, 2006년 7월 13일.
49. 필자 인터뷰, 2005년 2월 15일.
50. 필자 인터뷰, 2006년 8월 15일.
51. 필자 인터뷰, 2005년 1월 13일.
52. 필자 인터뷰, 2006년 8월 15일.
53. 이 프로그램은 국경 남북(북아일랜드 개신교인 1/3, 가톨릭교인 1/3, 남쪽 아일랜드공화국 1/3)의 실업 상태의 청소년들을 모아 함께 직업훈련과 직업 체험뿐만 아니라 상호 이해와 화해 이슈 해결에도 참여하도록 하였다.

되지만, 수직적 역량 개발과 통합도 과소평가해서는 안 된다. 이는 남북의 다양한 정부 부처가 IFI 자금 운영과 프로그램 전달을 위해 같이 일하는 과정에서 이루어졌고, 이는 공무원들에게 "함께 일하는 이유"[54]를 제공해 주었다.

IFI가 상향식이라기보다는 하향식 구조임을 생각한다면, 사람들이 자신의 정치인과 밀접히 관련되고, 따라서 정부와도 밀접히 연관되면서 후견주의[55]의 역할이 큰 아일랜드 국경 지방정부와 대조할 때, 역량 강화 과정에서 IFI의 역할 범위는 명확하다. 그러나 북아일랜드에서 지난 수년간 풀뿌리 층위의 사람들은 그들의 정치인들과 아무런 관계가 없었다. "그럴 필요가 없었어요. … 준군사 조직들이 아주 오랫동안 그들 지역사회의 실질적 지배자였습니다. … 만약 당신이 뭔가 처리하기를 원한다면, 당신은 그들을 찾아갈 겁니다. 그러나 그 대가는 당신이 (그들과) 연루된다는 것입니다."[56] 이렇듯 사람들은 자신을 대표하는 정치인과 관계되지 못함으로써 역량 강화의 기회를 박탈당했다. 이는 상부 층위까지도 확장되었는데, 심지어 오늘날 "의회나 대의민주주의가 뭔지 제대로 이해하지 못하는 정도입니다. … 북아일랜드 공무원들은 정치적 대의권을 어떻게 다뤄야 하는지 모릅니다. … 그러나 기금과 같은 기관들이 공무원들에게 이런 문제와 싸우도록 했지요."[57] 기금이 인지하는 바와 같이, 좋은 지역사회 지도자가 나오면, 그들은 자신감을 갖고 정부에 영향을 미치게 된다. "정치는 여전히 종속적 관계입니다. … 기금은 이 종속적 관계를 좀 더 협력적인 파트너십 관계로 만들기 위해 고심해 왔습니다."[58]

---

54. 같은 글.
55. 정치적 지지와 상품 및 서비스 간 교환.
56. 필자 인터뷰, 2005년 3월 29일.
57. 같은 글.
58. 같은 글.

평화 프로그램은 지역 사람들을 목표로, 지역적 차이를 고려하면서, 엘리트 차원 너머로 평화가 촉진되도록 도왔다. 그중 가장 기초가 된 평화 I 프로젝트들은 지리적으로 광범위하게 분산되었다. 자금은 북아일랜드 인구의 97%에 해당하는 인구조사 단위 구역 556개 중 약 96%에 지원되었다.[59] 나아가 프로젝트의 20% 이상이 프로젝트 개발 및 관리에서 소외된 집단과 지역 커뮤니티를 참여시켰는데,[60] 이는 사회 통합 실천의 핵심 요소라고 할 수 있다. 예를 들어, 북아일랜드 지역사회재단(Community Foundations for Northern Ireland)의 추산에 의하면, "북아일랜드 전역에서 1만 명 이상이 프로젝트 관리위원회에 참여했다. 이 프로젝트들은 중간자금조달기구들 중 하나인 본 재단이 운영하는 평화 I 프로그램에서 직접 자금을 수령했다."[61]

분산과 참여의 또 하나의 구체적 형식은 평화 I의 구 파트너십이다. 구 파트너십은 레더바크의 평화 구축 피라미드 상의 세 층위의 대표가 모두 참여하도록 했는데, 이들은 지역 의사 결정 과정에서 공식적인 부분이 되어 본 적이 없는 많은 사람들을 포함해 구 파트너십이 아니었다면 결코 만나지 않았을 사람들이었다. 구 파트너십은 평화 II에서 지역전략 파트너십(Local Strategy Partnership)으로 계속되었지만, 지리적 영향 범위는 예전만큼 광범위하지 않았는데, 부분적으로는 평화 I에서 이를 강력 추진한 유럽연합 집행위원회의 부재에 기인한다.[62] 그리고 더욱 중앙 집중화

---

59. PricewaterhouseCoopers, *Ex-Post Evaluation of Peace I and Mid-term Evaluation of Peace II. Final Report* (Belfast: Special EU Programmes Body, 2003), p. 35.
60. 같은 책.
61. The Community Foundation for Northern Ireland, *Taking 'Calculated' Risks for Peace II* (Belfast: CFNI, 2002), p. 21.
62. 한 인터뷰 대상자는 다음과 같은 의견을 가지고 있었다. "영국이나 아일랜드가 아닌 유럽인들은, … 그 돈이 퍼져 나기기를 … 아주 원했어요. … (평화 I에서) 돈은 분산되었고 광범위한 참여와 광범위한 협의를 끌어냈습니다. … 그때 이후로 점점 후퇴하고 있어요.

된 SEUPB의 관리 구조와 경제적 의제에 혈안인 새 의회도 이에 영향을 미쳤다. 그럼에도 불구하고 구 파트너십과 같은 프로그램 전달 체계의 이용은, 지역사회의 긴밀한 참여로 상향식 접근법을 촉진, 강화하는 지역 기반 의사 결정이 보장되도록 했다.

이러한 진전에도 불구하고, 수직적, 수평적 역량의 개발과 통합은 전반적으로 그다지 선명하지 않다. 확실히 프로그램은 프로젝트와 지역사회 참여 및 자발적 참여를 통한 풀뿌리 층위와, "의사 결정 기구 … 준-국가 … 행정 서비스, 그리고 작업 방식과 심지어 구조에 대한 많은 이해와 제안들을 잘 연계"[63]함으로써 중간 층위에서 모두 수평적 역량 개발을 도모했다. 또한 "중간 단계와 하위 단계 간 충분한 이해와 상호 연결"[64]로 두 층위 간 수직적 역량 통합도 가능케 했다. 프로그램은 분명 원칙적으로는 가장 어려운 사람에게 다가가려고 노력했으나, 현실은 녹록치 않았다. 평화 I은 "참여할 기회는 누구에게든 있지만 참여 역량이 더 높은 커뮤니티가 있다는 것"[65]을 알고 있었으며, 바로 이 점이 프로그램이 마주해야 하는 가장 힘든 과제 중 하나였다.[66] 가장 소외된 사람들이 프로젝

… 정부는 이제 더 자기 뜻대로 합니다. 평화 II는 … 적은 수의 큰 단체들에게 지원됐어요. 그러니까 시민사회의 아주 광범위한 참여는 … 이제 끝난 겁니다"(필자 인터뷰, 2005년 4월 11일).

63. 필자 인터뷰, 2005년 1월 7일.

64. 같은 글.

65. 필자 인터뷰, 2005년 1월 6일.

66. 한 인터뷰 대상자는 다음과 같이 말한다. "가장 소외된 사람이 프로젝트 지원금이나 평화 프로그램이 요구하는 감사 요청 사항들을 정말 다룰 수 있을까에 대해서 여전히 논쟁이 있습니다. 특히 내부적으로 주민들끼리나 단체 사이가 분열된 지역에서는 문맹 문제라든가, 기타 어떤 형태로든 문제가 있을 수 있어요. … 자금 제공자로서 당신은 때로 뒤로 물러서서, 이 그룹을 격려해야 하나? 실패할 게 뻔한데 정말 지원해? … 다른 데서 자금을 찾는 게 나을지도 몰라…. 이렇게 말할지도 모릅니다. … 그리고 이건 평화 I보다도 평화 II의 현실에 더 가까웠습니다"(필자 인터뷰, 2005년 1월 28일).

트 자금이나 회계감사, 평화 프로그램의 행정 요구 사항을 실제로 다룰 수 있을지 의문이었다. 이러한 역량 부족은 지난 수년간 명백했지만, 고위층으로부터 확실히 도움을 받지 못했다. "영국-아일랜드 협정이 체결되었을 때, … 가톨릭 커뮤니티는 지역개발을 향해 잘 나아갔습니다. … 신교도 측에서는 그게 없었어요. … 페이즐리(Paisley)와 그의 당은 개신교인은 돈을 공평하게 받지 못했다고 자주 당신한테 말할 겁니다. 그건 돈을 공평하게 나누는 것과 상관이 없어요. 문제는 돈을 사용할 능력이 없다는 겁니다."[67]

게다가 구 파트너십의 성공에도 불구하고 풀뿌리 수준의 많은 사람들은 "정치인은 평화 구축에 기여하는 바가 거의 없다"[68]고 생각했다. 2004년 평화 II 연장에 대한 공개 협의와 2006년 평화 III 프로그램에 대한 공개 토론에서, 풀뿌리 대중은 중앙정부에 대해 폭발 일보 직전의 분노를 드러냈다. 참가자들은 평화 II의 주요 결함 중 하나가 정부 부처에 자금의 45%를 허용한 것이라고 생각했다. "이것은 계속되면 안 된다. 도로 건설을 위해 돈을 모으는 중앙정부는 틀렸다. 지역사회를 기반으로 하는 평화 구축이야말로 앞으로 나아가야 할 핵심이다."[69] 이런 시각은 IFB의 일부 직원들에게도, 또한 평화 I, 평화 II 자금 운영에 책임이 있는 CCLTFs의 입장에서도 어느 정도 공유되었다. 이는 평화 III에서도 계속되었는데, 특히 프로그램 전달 및 이행을 위해 CCLTFs(평화 III의 평화 파트너십), SEUPB 등 법정 기구의 역할이 늘어난 아일랜드 국경 지역에서 계속되었다. 풀뿌리 대중은 중앙정부보다 분권화된 지역 전달 체계를 확

---

67. 필자 인터뷰, 2005년 1월 6일.

68. 참가자 논평. SEUPB Peace II Extension 2005 to 2006 Consultation, Derry, 07 September 2004.

69. 참가자 논평. SEUPB public discussion on the European Territorial Cooperation Programmes 2007-2013 (Peace III and INTERREG IV), Derry, 15 June 2006.

실히 더 지지한다. 대중은 중앙정부가 본질적으로 "기존 상황을 강화한 다고 본다. 오랫동안 방치되어 온 역사 때문에 이젠 대중을 위해 제대로 작동하지 않을 시스템을 강화할 수 없는 것이다."[70] 이는 정부와의 연관 도가 낮은 사회를 변환시키려 할 때 내재된 위험을 암시하지만, 시민사 회 내부의 많은 사람들은 균형이 필요하다고 느낀다. 하지만 균형의 적 정한 수준이라는 것은 "자원이 가장 적은 사람들에게 평화와 화해의 짐 을 지우면서 거대한 국가기구가 책임을 모면하게 되는"[71] 것처럼 존재하 지 않는다. 그러나 첫 번째 프로그램의 성공을 상부 (정치적) 층위에서 분 석할 때, 당시 세 명의 북아일랜드 유럽의회 의원은 관대한 의견이었는 데, "고위층이 정치 프로세스에 대해 기여한 바는 무엇보다 모든 정당에 서 선출된 모든 정치인들이 프로그램을 지지하고 프로그램에 참여하고 있으며, 프로그램이 계속되기를 만장일치로 단호하게 희망한다는 사실 로 평가될 수 있다"[72]라고 보았다. 그러나 많은 전문가들은 고위층의 참 여에 의문을 가진다. "어느 정도는 그들이 프로그램을 고안하기도 하고 또 프로그램을 결재하지만, 실제로 프로그램의 수용에 얼마나 참여하는 지는 … 제한적이다."[73] 그럼에도 불구하고 평화 II에 대한 중간 평가는, 가령 전환 활동과 전략 지원에 필수적인 역할을 했음이 명백하다고 결론 내렸다. "그런 프로그램이 없었다면 평화 구축과 화해 진전에 대한 책임 이 시민사회에 참여하지 않는 정치인이나 공무원에게 대부분 위임되었을

70. 참가자 논평. SEUPB Peace II Extension 2005 to 2006 Consultation, Derry, 07 September 2004.

71. 참가자 논평: Cross Border Consortium, 3 September 2004.

72. Northern Ireland's MEPs, Ian Paisley, John Hume, Jim Nicholson, *Special Support Programme for Peace and Reconciliation in Northern Ireland and the Border Counties of Ireland Revisited. Report to Jacques Santer, President of the European Commission* (1997), p. 3.

73. 필자 인터뷰, 2004년 12월 14일.

것이고, 광범위한 지역사회와의 상호작용도 아마 없었을 것이다. 평화 II
를 통해 지역사회, 사회적 파트너들, 그리고 일반 대중이 단합되고 평화
로운 지역사회를 모색하는 데 활발히 참여할 수 있었다."[74]

공유를 위한 교훈

장기적으로 (외부적으로) 평화를 지원하는 것, 그러한 지원에서 사회경
제 발전의 역할, 그리고 "경제 발전, 사회 통합과 화해 간 정확한 연결에
관한 이론에서 포착될 수 있는 결함"[75] 등과 관련하여, 우리의 이해는 여
전히 부족하다. 그렇지만, 상기 두 가지 특수한 외부 지원 프로그램을 통
해 많은 교훈이 공유될 수 있다.[76] IFI의 경우, 운영 구조가 중추적 역할을
했다. 그 독특한 구성, 곧 정부가 명령할 수 없는 독립적 이사회를 갖추고,
독립적으로 조달되는 자금과, 고유한 프로그램과 이행 계획을 설계할 수
있는 유연성 등이 "지역사회에 고유한 권리를 지닌 존재로서, 스스로를
대표하여 … 교섭의 위치를 부여하였다."[77] 이러한 구조는 사회 전 층위의
이해관계자들을 연결시켰다. 또한 기금의 일은 자금 조달이라기보다 프
로젝트로, 평화 프로세스 자체가 변함에 따라 풀뿌리 지역사회의 끊임없

74. PricewaterhouseCoopers, *Ex-Post Evaluation*, p. 280.

75. Morrow, Wilson and Eyben cited in The Community Foundation for Northern
Ireland, *Taking 'Calculated' Risks for Peace II*, p. 78.

76. 더 상세한 토의는 다음을 참조. S. Buchanan, *Transforming Conflict through Social
and Economic Eevelopment: Practice and Policy Lessons from Northern Ireland and
the Border Counties* (Manchester: Manchester University Press, 2014)..

77. 필자 인터뷰, 2005년 3월 29일.

이 변화하는 요구를 충족하기 위해 필요할 때마다 조정되었다. 이 때문에 기금 업무의 핵심 특징은 '탁자 위의 첫 판돈' 혹은 레버리지 역할이 되었다. 즉, 상당한 액수의 돈을 최초로 관리할 수 있도록 커뮤니티에 신뢰를 보냄으로써, 중앙정부에 대한 의존도를 낮추고, "정부가 생각하는 것보다 우리가 무엇을 필요로 하는지에 응답할 자유를 제공하였다."[78]

IFI의 또 다른 핵심 특징은 수평적, 수직적 관계 구축에 비중을 둔다는 점이다. 초기 갈등기에는 풀뿌리 수준과 중간 수준에서 수평적 관계 구축에 집중했고, 협정 이후 국면에서는 수직적 관계 구축에 좀 더 가치를 두었다. 윌리엄 맥카터(William McCarter)는 2005년 16년간의 의장직을 마무리하면서 다음과 같이 주장했다. "기금은 수많은 활동의 촉매제가 되었다. … 양측의 많은 사람들이 함께 관계 구축 활동을 하게끔 했고, 이는 지역적 수준에서 그리고 바라건대 국가적 차원에서 훨씬 더 안정된 사회를 만드는 데 도움이 되었다."[79] 이러한 수직적 관계 발전의 증가는, 특히 고위층에서 프로그램 공동 관리 및 전달에 영향을 미치고 정부의 사고에 영향을 주었다.[80]

중요한 것은 IFI와 실제 공여국들이 갈등 전환 작업이 효과를 거두려면 장기적 헌신이 절대적으로 필요하다는 점을 인식했다는 사실이다. 그들

---

78. 필자 인터뷰, 2005년 1월 13일. 이 인터뷰 대상자가 말하는 레버리지 또는 차입금은 일단 IFI로부터 자금 제공 제안을 받은 후, 다른 재원(예: 구 의회, EU 평화기금 등)에 접근하거나 다른 재원으로부터의 자금을 레버리지로 활용하기 위해 IFI의 자금에 접근하는 사람들의 능력을 말한다. 이는 이전에는 많은 이들이 할 수 없었던 일이다.
79. 필자 인터뷰, 2005년 2월 15일.
80. Department of Foreign Affairs/Office of the Minister and Deputy First Minister, *Comprehensive Study on the All-Island Economy* (Dublin/Belfast: DFA/OMDFM, 2006); Government of Ireland, Ireland National Development Plan 2007–2013. *Transforming Ireland: A Better Quality of Life for All* (Dublin: Stationery Office, 2007). 이 저술은 최초로 아일랜드섬 경제 전체를 다룬 장을 싣고 있다.

은 "학교 간 단기 교환 프로그램은 충분하지 않으며, 지속적인 프로그램이 필요하다. 참가자들이 몇 달간 지속되어야 하는 프로그램도 있고, 태도에 실제로 영향을 미치기 위해서는 수십 년간 지속하는 것도 있을 것이다."[81] 그럼에도 불구하고, IFI는 2006년 출구 전략을 마련하기 시작했는데, "기금이 결코 영구적인 자금 조달 체계로 구상되지 않았고, 현재의 국제적 지원 수준도 무기한 유지될 수 없음"[82]을 인식할 만큼 IFI는 실용주의적이었기 때문이다. 출구 전략은 기금이 이전의 사회 경제 중심 프로그램을 통합하고 완료하는 방향으로 진행하며, '평화 벽' 및 '평화 영향 프로그램' 형태의 커뮤니티 전환 프로그램을 통해 유산을 남기는 방향으로 활동할 것으로 보았다. 기금의 시각에서, "평화 프로세스의 불확실한 시간 동안, 우리는 다른 자금 제공자나 정부 기구들이 쉽게 할 수 없는, 어렵지만 필수적인 개입을 제공하고 있다."[83]

평화 프로그램은 사회 전 층위의 사람들에게, 특히 풀뿌리 층위의 사람들에게 북아일랜드의 전환에 의미 있는 참여의 기회를 제공하였다. 평화 I은 31,000건 이상의 신청서를 접수해 48% 이상을 지원했으며, 평화 II는 12,000건 이상의 신청서를 접수해 6,000건 이상의 지원을 승인했다. 전환 프로세스에서 세 층위의 행위자를 참여시키고, 사회 경제 발전을 활용함으로써, 평화 프로그램은 갈등 전환에 대한 논쟁을 보다 광범위한 대중들 속으로 확산시켰다. 그 결과, 갈등 전환 프로세스에서 사회 전 층위의 수직적, 수평적 역량 개발과 통합을 이루었고, 시민 역량 강화를 실현했다. 이러한 접근은 이후 정치적으로 가장 암울했던 시기에도

---

81. 필자 인터뷰, 2006년 7월 13일.

82. International Fund for Ireland, *Sharing this Space: A Strategic Framework for Action 2006-2010* (Dublin/Belfast: International Fund for Ireland, 2006b), p. 1.

83. International Fund for Ireland, 'Chairman's Foreword,' *Annual Report and Accounts 2014* (Dublin/Belfast: International Fund for Ireland, 2015), p. 2.

평화 프로세스가 지속되도록 하였다. 예를 들어, 평화 I은 활동이 계속되면서 민주주의 결핍을 보완하는 방향으로 일부 나아갔고, 1996년 헌법회담에 참가하지 않았던 사람들을 포함해 모든 정당의 참여를 유지시켰다. 평화 I, II가 전환 프로세스에서 풀뿌리 행위자들을 참여시킬 수 있었던 것은 기획 단계에서 광범위한 협의 과정, 사회 통합 의제, 분산된 지역 전달 체계 등 수많은 요소들을 활용한 덕분이었다.[84] 이런 점들은 "유럽 연합이 평화 구축의 모든 핵심 사회적·정치적 파트너를 참여시키고, 지분 소유와 참여의 새로운 파트너십 기반 모델을 수립하기 위해 광범위하게 헌신하고 있음"을 증명했다.[85] 그들은 기획 단계에서 (모든 층위로) 광범위하게 협의하는 것이 성공적인 이행과 전반적인 전환 프로세스에서 필수적임을 보여 주었다. 결정적으로, 그들은 양방향 대화의 필요성을 부각시킨 것이다.

평화 프로그램의 운영 구조는 매우 복잡했지만, 자금 지원 프로그램의 성공에 핵심 역할을 하였다. 평화 I과 평화 II는 IFB와 지역 전달 체계 사용 개척에 중요한 기여를 했다. 이는 독특하면서도 매우 성공적이었는데, 특히 북아일랜드의 구 파트너십은 혁신적 회원 구조나 위임 사항, 정부 부처에 필적하는 지출의 효율성 등으로 성공적으로 평가된다. 복잡한 관료주의적 요구 사항들에도 불구하고 아래로부터의 접근을 도모했다는 점에서 프로그램은 기금 이행에 있어 획기적 발전이었다. 하비 외(Harvey et al)는 "프로그램이 어떻게 지역적 차원에서 시민사회 조직과 정치 지도자들 간 긴밀한 협력을 도모함으로써 평화 프로세스를 강하게 뒷받침

---

84. S. Buchanan, *Transforming Conflict* 참조.

85. D. Morrow, 'Introduction: Shaping our shared future,' in Community Relations Council (ed), *Shaping and Delivering Peace at Local Level? Learning from the Experience of Peace II, Learning from Peace II, Volume 3* (Belfast: Community Relations Council, 2005), p. 5.

했는지"[86] 언급한다. 프로그램 전달에서의 진정한 상향식 참여는 1998년 성금요일 협정에 포함된 파트너십이라는 핵심 요소의 전조가 되었다. 갈등 전환의 측면에서 IFB의 강점은 운영상 측면에서 크게 평가된 약점을 훨씬 능가한다. 즉, 평화 I은 "(그들이) 대표하는 추가적 능력 없이는 전달될 수 없었을 것이다."[87] 확실히 분권적이고 지역적인 전달 체계의 사용은 전환에 풀뿌리 주도 접근을 허용하여 프로세스에 대한 지역적 소유권이 획득되고 진전과 성공이 보장되는 데 결정적이었다. 그러나 전달 구조의 복잡성을 놓고 보면, IFI의 구조와 비교해 볼 때, 최소화될 필요가 있다. 이를 위해서는 참여의 장벽을 줄여야 한다. 평화 프로그램은 의심할 여지가 없이 사회의 풀뿌리 층위에서 살아가는 사람들의 역량을 강화했다. 사람들이 "그들이 사는 바로 그 지역에서 또는 그들의 삶에서 갈등의 결과와 원인을 … 자세히 살펴보도록" 한 것이다.[88]

결론

이 글은 북아일랜드 갈등 전환 프로세스에 관한 '아일랜드 국제기금'과 '평화 프로그램'을 사회 경제 발전, 그리고 특히 풀뿌리 행위자를 중심으로 수직적, 수평적 역량 개발 및 통합을 통해 평가하였다. 분석은 갈퉁과 레더라크의 평화 구축 피라미드 연구로 이론적으로 맥락화하였다.

---

86. B. Harvey, A. Kelly, S. McGearty and S. Murray, *The Emerald Curtain: The Social Impact of the Irish Border* (Carrickmacross: Triskele Community Training and Development, 2005), p. 129.

87. PricewaterhouseCoopers, *Ex-Post Evaluation*, p. 110.

88. 필자 인터뷰, 2004년 12월 3일.

상기 외부 원조 프로그램의 가치는 상당했다. 아일랜드 국제기금의 경우, 국제 공여국 및 공여국 참관인들은 독립성, 책임성 및 투명성을 보장했고, 기금의 활동은 다음과 같은 역할을 했다. 즉, "아일랜드섬에 항구적 평화를 가져다주려는 노력 속에서, 공여국들의 지원과 격려는 기금이 평화 프로세스를 뒷받침하고 영국과 아일랜드 정부를 보조할 수 있도록 했다."[89] 평화 프로그램의 경우, 주로 평화 I에서 "EU의 영향력은 프로그램 기획(광범위한 협의), 이행(분권적 전달 체계), 활동 유형(사회 통합 의제)의 측면에서 특히 중요했다. 더욱이 상향식 협력 파트너십 체계와 시민사회 참여의 증가는 프로그램이 촉진하고자 했던 근본 가치였다."[90] 그러나 북아일랜드 정치를 정상화하려면 사회 경제 발전을 중심에 두고, 이를 포함한 전체적 전환 프로세스를 도모해야 한다. 이 외부 행위자들은 사회 경제 발전이 핵심이라는 것을 인식했고, IFI의 국제 공여국과 (아마 마지못해) 아일랜드와 영국 정부가 박탈, 빈곤, 사회적 배제를 갈등의 유산으로 볼 수 있도록 했다. 나아가 정부의 견해는 2006년 「전 아일랜드섬 경제에 관한 포괄적 연구」 및 「아일랜드 국가개발계획 2007-2013」에 반영되었는데, 최초로 아일랜드섬 전체 경제에 관한 장이 포함된 것이었다. 2014년 2월에는 아일랜드, 영국, 북아일랜드의 최초 연합 무역 사절단이 동남아시아를 방문했다. 이처럼 무역을 통해 북아일랜드의 성장을 극대화하려는 협력적 노력에도 불구하고, 고레츠키(Gorecki)는 다음과 같이 주의를 환기시킨다. "공공 정책은 GDP로 측정되는 경제성장을 (단지) 극대화하는 것 이상에 관심을 기울여야 한다. … 지역이 성

---

89. International Fund for Ireland, *Annual Report and Accounts 2014*, p. 5.

90. S. Buchanan, 'Transforming conflict in Northern Ireland and the Border Counties: Some lessons from the Peace Programmes on valuing participative democracy,' *Irish Political Studies*, 23: 3 (2008), 393.

공 사례로 간주되려면, 사회적 차원이 (또한) 매우 중요하다."[91] 북아일랜드에 필요한 경제적 성장은 빈곤 완화에 초점을 둔 것이어야 한다. 빈곤은 환멸과 소외를 조장하고, 로열리스트와 반체제 공화주의자의 끊임없는 폭력의 원천이 된다.[92] 일부 사람들은 이제 폭력을 "수용 가능한 수준"으로 간주하는 정도가 되었다.[93] 준군사 조직의 안보 위협은 상당하며, 영국의 나머지 지역보다 매우 심각한 상태이다.[94] 2014년 12월 스토먼트 하우스 협정(Stormont House Agreement)에도 불구하고, 평화 프로세스는 지난 2년간 붕괴의 위기에 처했다. 2015년 8월 29일 얼스터통합당(Ulster Unionist Party)의 집행위원회 탈퇴 결정, 2015년 9월 10일 민주

---

91. Gorecki, 'Conclusion,' in Democratic Dialogue (ed), *Hard Choices: Policy, Autonomy and Priority-setting in Public Expenditure, Report No. 10* (Belfast: Democratic Dialogue, Eastern Health and Social Services Board, Northern Ireland Economic Council, 1998), p. 93.

92. 다음도 참조. Morrison, John 'How Northern Ireland is battling the persistent threat of violence,' http://theconversation.com/how-northern-ireland-is-battling-the-persistent-threat-of-violence-74321, 2018년 10월 14일 접속.

93. Nolan, Paul 'Political violence remained a problem in "post-conflict" Northern Ireland: Few of the cases attracted attention as many happened in deprived and out-of-sight areas,' *The Irish Times*, 23 April 2018, https://www.irishtimes.com/news/crime-and-law/post-conflict-northern-ireland-is-still-plagued-by-political-violence-1.3470229?mode=sample&auth-failed=1&pw-origin=https%3A%2F%2Fwww.irishtimes.com%2Fnews%2Fcrime-and-law%2Fpost-conflict-northern-ireland-is-still-plagued-by-political-violence-1.3470229, 2018년 10월 14일 접속.

94. P. Nolan, *Northern Ireland Peace Monitoring Report Number Three* (Belfast: Community Relations Council, March 2014), p. 37 and 'Threat from Northern Ireland-related terrorism to Great Britain,' https://www.gov.uk/government/news/threat-from-northern-ireland-related-terrorism-to-great-britain, 2018년 3월 1일 게재, 2018년 10월 21일 접속. 북아일랜드에 대한 별도의 순위는 2010년 도입되었으며, 이전에는 영국을 하나의 단위로 평가하였다. 다음도 참조. 'Power of paramilitaries in Northern Ireland still evident with latest figures on people being forced from their homes,' *The Irish Times* (2015년 6월 27일).

통합당(Democratic Unionist Party) 각료들의 사임, 그리고 2017년 1월 권력공유 집행위원회의 최종적 붕괴는[95] 북아일랜드 평화의 계속되는 취약성을 보여 준다.[96] 정치 평론가 알렉스 케인(Alex Kane)은 2018년 7월의 글에서 다음과 같이 기술한다. "정치/행정/선거의 중심축이 붕괴했다. 역사는 중심축이 붕괴할 때, 비민주적 세력이 들어서는 경향이 있음을 보여 준다."[97]

2006년 IFI는 무기한적 지위를 언급한 바 있다.[98] 2007년부터 EU 구조기금 지원이 급격히 축소됨에 따라, 그 최종적 결과는 수십 년 내로 알 수 없겠지만, 진짜 위험은 20년간의 '평화' 이후 무관심이 시작될 것이라는 점과, 여전히 절실한 평화 프로세스에 대한 지원에 노력을 덜 기울이게 될 것이라는 점이다. 2014년 10월 9일 지역관계의회(Community Relations Council)는 다음과 같이 주장한다. "자금의 부족, 그리고 화해 활동 지원에 대한 긴박함의 결여는, 지역사회 안팎으로 지금 그리고 향후 수년 내 화해를 현실화시킬 지역사회 기반을 위협하고 있다. … 정부와는 일정한 거리를 유지한 상태로, 적절하고 강고하며 효과적인 지역적,

95. Moriarty, Gerry 'How Did Northern Ireland end up with no government for 13 months?,' https://www.irishtimes.com/news/politics/how-did-northern-ireland-end-up-with-no-government-for-13-months-1.3389318, 2018년 10월 14일 접속. 원고 작성 시점에서는(2018년 10월) (13개월이 아닌) 19개월이다.

96. 최근 IFI의 논평에 따르면, "북아일랜드와 남부 국경 지역의 지속가능한 평화는 달성되지 않았다. … 정치 기구들은 … 전혀 안정적이지 않다. 취약한 평화를 더욱 약화시키는 위협이 실현 가능한 상태이고, 심각하고 지속적인 많은 문제들이 해결되지 않은 채로 있으며, 이는 앞으로도 상당 기간 계속될 것으로 보인다." 다음을 참조. International Fund for Ireland, *Annual Report and Accounts 2014*, p. 5.

97. Kane, Alex, 'Terrorism inevitably fills Northern Ireland's power vacuum,' *The Irish Times*, 16 July 2018, https://www.irishtimes.com/opinion/terrorism-inevitably-fills-northern-ireland-s-power-vacuum-1.3565748, 2018년 10월 21일 접속.

98. International Fund for Ireland, *Sharing this Space*, p. 1.

전략적 조정이 필요하다."[99] 국제적 맥락의 어떤 평화 프로세스에서도, 사회 경제 발전에 초점을 맞춘 시각을 포함하는 외부의 자금 지원이 화해를 지원하는 데 필수적이다. 패럴(Farrell)과 슈미트(Schmitt)의 지적처럼, "저개발 취약 국가는 … 갈등 순환을 반복적으로 경험할 확률이 훨씬 높다. 이는 이러한 국가의 취약한 민간 계층이 '갈등의 덫'을 탈출할 수 있도록 경제 및 국가의 저개발 문제와 씨름하는 것이 필수적임을 강조한다."[100] 이러한 특정 지원 프로그램과 좀 더 일반적인 유사 프로그램들은 성취할 수 있는 것에 한계가 있지만, 갈등 전환과 싸우는 사회에서 평화를 구축하는 데 반드시 요청되는 부분이다.

99. 성금요일 협정 이행에 관한 연합 의회 위원회의 CRC의 발표 자료, 2014년 10월 9일, 더블린. www.community-relations.org.uk/2014/10/delivery-reconciliation-northern-ireland/ 2015년 8월 31일 접속.

100. T. Farrell and O. Schmitt, *The Causes, Character and Conduct of Armed Conflict, and the Effects on Civilian Populations 1990-2010* (Geneva: UNHCR, Division of International Protection, July 2014), p. 31.

III. 나가며

평화 프로세스의 지속가능성:
북아일랜드와 한반도 평화 프로세스 비교 연구

김동진
(트리니티 칼리지 더블린)

이 글은 저자의 2016년 신한대학교 탈분단경계문화연구원, 경기도 주최 학술회의 발표문 및 2018년 연구 논문 "Sharing Lessons between Peace Processes: A Comparative Case Study on the Northern Ireland and Korean Peace Processes," *Social Sciences* 7(3)을 보완 발전시킨 글이다. 이 연구는 아일랜드 연구재단(Irish Research Council)과 유럽연합(the European Union's Horizon 2020 research and innovation programme under the Marie Skłodowska-Curie grant agreement No 713279)의 지원을 받아 수행되었다.

서론

1990년대 후반과 2000년대 초반, 유럽과 아시아는 평화의 새천년을 맞이하는 것처럼 보였다. 1998년 4월 10일 금요일, 영국, 아일랜드 정부와 북아일랜드의 주요 정치 정당들은 벨파스트에서 평화협정에 합의했다. 성금요일 협정 혹은 벨파스트 협정이라 불리는 이 협정(이하 1998년 협정)은 북아일랜드 분쟁에 대한 새로운 평화 비전을 제시했다. 이렇게 유럽에서의 역사적 사건이 있은 지 2년 후 아시아에서 또 다른 기념비적 사건이 일어났다. 한반도 분단 이후 처음으로 남북 정상이 평양에서 만나 6월 15일 공동선언(이하 6.15 선언)을 발표했다. 두 정상이 평양공항에서 서로를 포옹하는 모습은 새로운 평화 시대의 상징처럼 여겨졌다. 노르웨이 노벨상위원회는 이 사건들의 중요성을 인식하고, 1998년 평화상을 사회민주노동당(SDLP) 지도자인 존 흄(John Hume)과 얼스터통합당(UUP) 지도자인 데이비드 트림블(David Trimble)에게, 2000년 평화상을 한국 대통령인 김대중에게 수여했다.

그러나 북아일랜드와 한반도에서의 역사적 합의가 그 이행 단계에서 계속 문제에 부딪히게 되면서, 기대감은 깊은 좌절로 바뀌게 되었다. 한반도 평화 프로세스는 북한의 핵 개발과 북미 관계의 악화, 그리고 남한 내 대북 정책의 변화 등 일련의 위기를 거치며 2010년 멈추어 서고 말았다. 관련 갈등 집단 간의 갈등과 반목은 한반도 갈등을 일촉즉발의 위기로 내몰기도 했다. 2018년 남북 정상회담과 북미 정상회담으로 평화 프로세스 재개에 대한 희망이 높아졌지만, 여전히 대부분의 남북 교류 협력 프로젝트가 중단되어 있는 상황이다. 북아일랜드의 경우에도, 평화 프로세스는 계속 위기를 겪었다. 2005년까지 남북 아일랜드 사이에 국경 검문소가 사라지고, 2006년 세인트앤드루스(St. Andrews) 합의로 북아일랜드 평화 프로세스가 안정기에 들어서는 것처럼 보였지만, 깃발, 가두 행진 문제와 과거사 정리 논쟁 등 여전히 정체성 갈등이 계속되고 있다. 이 가운데 2017년에는 북아일랜드 공동 정권이 붕괴되는 위기를 겪었고, 최근에는 영국 브렉시트(Brexit) 투표의 여파로 정치적 긴장이 고조되고 있다. 그러나 한반도와는 달리 남북 아일랜드의 국경은 여전히 개방되어 있으며, 영국 정부와 아일랜드 정부는 브렉시트에도 불구하고 남북 아일랜드 국경 검문소가 부활하는 일은 없을 것이라고 주장한다.

이러한 배경 가운데 이 장은 두 평화 프로세스를 비교 검토해 평화 프로세스의 지속가능성에 무엇이 필요한지 탐구하고자 한다. 이를 위해 이 장은 우선 평화 프로세스에 대한 비교 연구 접근 방식을 논의한다. 이후 북아일랜드와 한반도의 평화 프로세스의 진전과 후퇴를 비교 분석한다. 마지막으로, 분석 결과를 요약한 뒤 지속가능한 평화 프로세스를 위한 함의를 도출할 것이다.

평화 프로세스에 대한 비교적 접근: 교훈들

모든 분쟁은 원인, 역사, 문화, 사회 발전의 차원에서 고유한 특징을 가진다. 그러나 평화 프로세스가 마주하는 도전 과제들, 예를 들어 폭력 예방, 군축, 과거사 문제, 인권, 새로운 정치 구조 형성, 화해와 같은 과제들에서 분명 유사점이 발견된다. 이 가운데 모든 평화 프로세스에서 공통적으로 나타나는 가장 어려운 도전 과제는 합의 또는 협정 이후 평화 프로세스를 유지하는 일이다. 텅(Tonge)은 평화 프로세스라는 용어는 비폭력적이고 영구적인 분쟁 해결의 길이 짧은 직선 도로가 아니라 때로 후퇴하기도 하고 진전하기도 하는 장거리 도로라는 점을 잘 보여 준다고 말한다. 평화는 합의 혹은 휴전과 같은 하나의 사건이 아니라, "사회적, 상호 인격적 관계의 조화"를 이루어 나가는 과정이다.[1]

평화가 지속가능하고, 폭력이 재발되지 않게 하는 조건과 관련한 몇 가지 이론적, 실천적 논의 가운데, 주요 국제조직이나 정부 기관들이 폭넓게 수용하고 있는 자유주의적 평화 이론은, 국가의 취약성 혹은 실패가 폭력의 주요 원인이고, 자유민주주의, 시장경제, 보편적 인권의 확립이 평화를 위한 본질적인 조건이라고 가정한다.[2] 그러나 이 이론은 강력한 비판을 받아왔다. 전 지구적 위계와 엘리트 국가의 이해를 반영하는, 그리고 외부자들이 개입하는 하향식(top-down)의 제도적 처방일 뿐이며, 분쟁의 맥락에 대한 이해가 결여되어 있다는 것이다. 비평가들은 평화 프로세스가 지속가능하기 위해서는 프로세스가 지역 주도의 실천에 기반해야 한다고 주장한다.[3] 이러한 비판의 배경에는 냉전 종식 이후 분쟁과 갈등 지역에서 지역 중심의 평화 프로세스가 증가했다는 점이 있다. 평화 프로세스에 있어 지역 주도의 활동이 확산되면서, 외부자들이

---

1. Jonathan Tonge, *Comparative Peace Processes* (Cambridge: Polity, 2014), 6-7.
2. O. Richmond and A. Mitchell, 'Introduction – Towards a Post-Liberal Peace: Exploring Hybridity via Everyday Forms of Resistance, Agency and Autonomy,' in *Hybrid Forms of Peace: From Everyday Agency to Post-Liberalism*, ed. Oliver Richmond and Audra Mitchell (Basingstoke: Palgrave Macmillan, 2011), 1-39.
3. Roger Mac Ginty and Oliver P Richmond, 'The Local Turn in Peace Building: A Critical Agenda for Peace,' *Third World Quarterly 34*, no. 5 (June 2013): 772-77.

제시하는 보편적 규범을 따르기보다는 지역 분쟁 당사자들이 서로 다른 평화 프로세스로부터 시사점을 얻고, 함께 교훈을 공유하려는 시도가 늘었다.[4] 물론 현재 진행 중인 평화 프로세스들 간의 비교 연구가, 현실에 대한 편견, 잘못된 결론과 인식을 도출할 수 있다는 점을 간과해서는 안 된다.[5] 하지만 자유주의적 평화와 달리, 동시대 평화 프로세스에 대한 비교 연구의 목적은 모든 평화 프로세스를 위한 만병통치약을 만드는 것이 아니다. 이는 평화 프로세스가 직면하게 되는 도전과 기회의 공통점과 차이점을 분석하여, 각각의 상황에 유용한 교훈을 얻고자 하는 시도이다.[6]

북아일랜드의 경우, 남아프리카의 인종 분리 정책의 종식, 이스라엘과 팔레스타인 간의 오슬로프로세스 등, 동시대의 평화 프로세스들로부터 교훈을 얻기 위한 시도가 있었다.[7] 또한 1998년 협정 이후에는 북아일랜드를 성공적인 평화 프로세스로 홍보하고 그 교훈을 공유하려는 많은 노력이 있어 왔다.[8] 한편, 한반도에서는 다른 지역의 평화 프로세스보다는 주로 독일을 중심으로 분단 및 통일 과정에 대한 비교 연구가 많이 이

---

4. John Darby, 'Borrowing and Lending in Peace Processes,' in *Contemporary Peacemaking: Conflict, Violence and Peace Processes*, ed. John Darby and Roger Mac Ginty (London: Palgrave Macmillan UK, 2008), 246.

5. Linda Hantrais, *International Comparative Research: Theory, Methods and Practice* (Basingstoke: Palgrave Macmillan, 2008).

6. John Darby and Roger Mac Ginty, 'Introduction: Comparing Peace Processes,' in *The Management of Peace Processes*, ed. John Darby and Roger Mac Ginty (New York: Palgrave Macmillan, 2000), 4–8.

7. Aaron Edwards, 'Talking to Terrorists: Political Violence and Peace Processes in the Contemporary World,' in *Transforming the Peace Process in Northern Ireland: From Terrorism to Democratic Politics*, ed. Aaron Edwards and Stephen Bloomer (Dublin: Irish Academic Press, 2008), 202.

8. Darby, 'Borrowing and Lending in Peace Processes,' 247.

루어졌다. 그러나 근래 북아일랜드의 경험에서 한반도에 적합한 평화 모델을 찾고자 하는 관심이 늘어나고 있다는 점에 주목할 만하다. 예를 들어, 최근 아일랜드 외교부는 한국 통일부와 교류를 진행하며, 아일랜드 평화 프로세스의 교훈을 공유했다.[9] 그런데 흥미로운 사실은 아일랜드와 한반도 간의 비교가 릴리아스 호튼 언더우드(Lillias H. Underwood)와 같은 미국 선교사들이 한국을 '동양의 아일랜드인'이라고 묘사했던, 한 세기 전인 1900년대 초까지 거슬러 올라간다는 점이다.[10] 언더우드가 그렇게 생각한 주요 이유는 양국의 갈등이 역사적 유사성을 가지고 있기 때문이었다. 유럽과 동아시아라고 하는 완전히 상이한 맥락에 있지만, 아일랜드와 한반도는 식민지와 분단, 그리고 전쟁 경험을 포함해 장기간 지속된 갈등의 역사를 공유하고 있다. 여기에 덧붙여, 북아일랜드와 한반도 평화 프로세스의 시기적 유사성은, 상호 교훈을 얻기에 적합한 조건을 더해 준다.

해결이 불가능하다고 여겨졌던 갈등 지역의 평화 합의

아일랜드와 한국은 이웃 나라로부터의 독립 투쟁 이후 분단과 분쟁을 겪게 되었다는 공통점을 가지고 있다. 1921년 분단과 1922-23년 내전 이후 아일랜드에서는 갈등이 계속되었다. 1922년 아일랜드자유국

---

9. https://www.dfa.ie/our-role-policies/international-priorities/peace-and-security/conflict-resolution/
10. Lillias H. Underwood, *Fifteen Years among the Top-Knots or Life in Korea* (Boston: American tract society, 1904).

(the Irish Free State)이 설립되고, 1949년 아일랜드공화국(The Republic of Ireland)이 공식 선포되었지만, 북아일랜드는 분단된 상태로 영국에 남았다. 민족주의자(Nationalist)와 공화주의자(Republican)는 북아일랜드가 영국의 일부로 남는 것에 반대했고, 통합주의자(Unionist)와 로열리스트(Loyalist)는 신생 아일랜드공화국이 북아일랜드에 대한 헌법적 권리를 주장하는 것에 반대했다. 북아일랜드와 관련된 두 입장, 즉 아일랜드의 통일과 영국으로의 잔류는 결코 양립될 수 없는 것이었다. 더욱이 정치경제적 불균형과 차별, 종교적·문화적 차이, 민족주의의 충돌 등 다양한 요인들로 인해 북아일랜드 집단 사이에서 갈등이 격화되었다.[11] 한반도는 1945년 일본의 제2차 세계대전 패전 직후 식민 지배에서 벗어났지만, 곧바로 분단을 겪게 되었다. 소련은 한반도의 북부를 점령했고, 남부에는 미군정이 들어섰다. 한반도에 독립적, 민주적 통일 국가를 세우기 위한 유엔의 협조에도 불구하고, 1948년 한반도 남부에는 대한민국, 북부에는 조선민주주의인민공화국이 수립되었다. 한반도를 공산주의로 통일하려는 북한 정부의 목표와 자본주의로 통일하려는 남한 정부의 목적은 사실상 양립할 수 없는 것이었다. 1950~1953년 동안 참혹한 전쟁에도 불구하고 갈등은 해결되지 못했고, 1953년 휴전 협정 이후 65년의 시간이 흘렀지만 한반도는 여전히 완전한 평화협정에 이르지 못하고 있다.[12]

---

11. Stefan Wolff, 'Introduction: From Sunningdale to·Belfast, 1973-98,' in *Peace At Last?: The Impact of the Good Friday Agreement on Northern Ireland*, ed. Jörg Neuheiser and Stefan Wolff (New York: Berghahn Books, 2002), 2-3.

12. Bruce Cumings, *Korea's Place in the Sun: A Modern History* (New York: W. W. Norton, 2005), 291-98.

새천년 여명에 이루어진 합의

북아일랜드와 한반도의 분쟁은 둘 다 20세기에 수십 년간 해결되지 않은 채 남아 있었다. 그러나 21세기를 맞이하는 1990년대 후반과 2000년대 초반 평화 프로세스의 돌파구가 마련되었다. 먼저 1998년 북아일랜드의 주요 정치 정당들과 영국과 아일랜드 정부가 벨파스트에서 합의를 도출했다. 이는 북아일랜드의 향후 지위에 대한 일종의 타협처럼 보였다. 그들은 다음과 같이 합의했다.

> 양 당사자 간의 합의, 즉 외부의 간섭 없이, 아일랜드 사람 스스로가 합의에 근거해 자기-결정권을 행사한다. 이는 북과 남에게 자유롭고 동일하게 부여된 권리이며, 이 권리에 따라 아일랜드의 통일은 북아일랜드 사람들의 다수의 합의와 동의에 따라서 행사되고 성취되어야 한다는 점을 인정한다.

그들은 또한 세 가지 종류의 관계에 기반을 둔 조직들을 만드는 것에 합의했다. 첫 번째는 북아일랜드 내부의 관계에 관련된 것으로, 북아일랜드 의회는 108명의 의원을 선출하며, 권력 공유 방식의 행정부와 내각을 구성하기로 했다. 이는 다수결을 요구한 통합주의자와 거부권을 요구한 민족주의자의 주장을 절충한 것이다. 두 번째는 남북 관계, 즉 북아일랜드와 아일랜드공화국 간의 관계에 대한 조직으로, 남북 아일랜드 장관급 협의회를 세워, 남북 정부 간 협력 관계를 구성했다. 그러나 장관급 협의회는 집행 기구는 아니며 자문 기구의 역할을 한다. 세 번째는 동-서 관계, 즉 영국과 아일랜드 간의 협력 관계에 관한 조직이다. 1998년 협정은 영국과 아일랜드 정부, 그리고 북아일랜드, 스코틀랜드, 웨일즈의 자치 정부들이 참여하는 영국-아일랜드 위원회를 만들었다. 이는 또한 영국-아일랜드 정부 간 회의를 만들어 두 정부 간의 양자 관계를 증진하고, 안보, 권리, 정의, 감옥, 치안 등 북아일랜드 내부 문제를 논의한다.[13]

2000년 6월 15일에는 한반도에서 남북 공동선언이 발표되었다. 남과 북은 다음과 같이 합의했다.

> 남과 북은 나라의 통일 문제를 그 주인인 우리 민족끼리 서로 힘을 합쳐 자주적으로 해결해 나가기로 하였다. 남과 북은 나라의 통일을 위한 남측의 연합제 안과 북측의 낮은 단계의 연방제 안이 서로 공통성이 있다고 인정하고 앞으로 이 방향에서 통일을 지향시켜 나가기로 하였다.

이 합의는 그동안 남북이 주장해 온 두 가지 통일안에 대한 일종의 절충안이었다. 그간 북한은 외교 군사권을 보유한 중앙정부 산하에 두 개의 정부를 두는 연방제 안을 주장해 왔다. 남한은 경제적, 사회적 교류를 지속하는 하나의 제도 하에서, 완전한 통일에 이르기까지 각각의 정부가 외교권과 군사권을 유지하는 연합제 안을 제안해 왔다. 그러나 2000년 선언에서 남과 북의 정상은 일단 한반도의 통일은 점진적으로 이루어져야 한다는 점에 동의했다. 남북 정상은 이산가족, 장기수 등과 같은 인도주의적인 문제를 해결해 가는 데 합의했고, 경제협력과 문화 교류를 증진해 나갈 것에 합의했다. 또한 상호의 지위를 존중하고, 정부 간 대화 채널을 열었다.[14]

---

13. Thomas Hennessey, *The Northern Ireland Peace Process: Ending the Troubles?* (Dublin: Gill & Macmillan Ltd, 2000), 172–81.

14. Moon Chung-in, 'The Sunshine Policy and Ending the Cold War Structure:

1970년대 합의들

위에서 보았듯이, 두 평화 프로세스는 갈등 당사자들이 평화적으로 공존하며 비폭력적인 관계를 발전시킬 수 있는 방안에 대한 합의에 도달할 수 있는 돌파구를 마련했다. 그러나 갈등의 근본 원인은 여전히 해결되지 않은 채 불확실하고 애매하게 남아 있었다. 또 한 가지 주목할 측면은 위에 언급한 합의들이 북아일랜드와 한반도에서 처음 이루어진 합의가 아니었다는 점이다.

1973년 12월, 북아일랜드의 사회민주노동당(SDLP), 얼스터통합당 (UUP), 북아일랜드 연합당(Alliance Party), 그리고 영국, 아일랜드 정부는 서닝데일(Sunningdale) 합의를 도출했다. 그러나 1974년, 서닝데일 합의는 그에 반대하는 집단의 저항을 이기지 못하고 결국 이행에 실패하고 말았다.[15] 딕슨(Dixon)은 서닝데일 성명서와 1998년 협정이 내용상, 다수결의 원칙, 아일랜드와 영국 정부 간의 협력 관계, 북아일랜드 권력-공유 방식 등에서 상당히 유사하다고 말한다. 그러나 이러한 유사성에도 불구하고, 결과적으로 1998년 협정에 참여했던 당사자 중 일부는 사실 1973년 서닝데일 성명서에는 강하게 저항하기도 했었다. 이러한 이유로 시머스 말론(Seamus Mallon)은 1998년 협정을 '학습 부진아를 위한 서닝데일'이라고 부른다.[16] 이는 또한 협상 과정에 참여했던 갈등 당사자들의

Assessing Impacts of the Korean Summit,' in *Ending the Cold War in Korea: Theoretical and Historical Perspectives*, ed. Moon Chung-in, Westad Odd Arne, and Kahng Gyoo-hyoung (Seoul: Yonsei University Press, 2001), 296–301.

15. Jeremy Smith, *Making the Peace in Ireland*, Abingdon (Harlow: Routledge, 2002), 102–10.

16. Paul Dixon, *Northern Ireland: The Politics of War and Peace* (New York: Palgrave

이행 의지가 부족했다는 점과도 연결되어 있다. 영국 정부는 통합주의자들에게 미래에 대한 확신을 심어 주지 못했고, 영국이 아일랜드에 남는 것에 관심이 없다는 점을 암시하면서 분노와 공포를 증폭시켰다. 아일랜드 또한 합의 이행 보장에 실패했다. 아일랜드 헌법재판소는 서닝데일 합의가 단지 정부 정책의 표명일 뿐이며 만일 실행된다면 북아일랜드를 영토로 규정하고 있는 아일랜드 헌법에 위배되는 행위라고 판결했다.[17] 루안(Ruane)과 토드(Todd)는 1972년 피의 일요일(Bloody Sunday)로 불리는 영국군의 데리(Derry) 시위대 총격 사건 이후, 아일랜드계 민족주의자들의 영국에 대한 악감정과 부정적인 여론이 강해진 점을 합의 이행 불발의 또 다른 배경으로 지적한다. 1970년대 아일랜드 공화군(IRA)은 여전히 그들이 영국의 지배를 힘으로 종식시킬 수 있었다고 믿었다. 많은 영국계 개신교 무장 단체들도 자신들의 지역을 방어한다는 명목으로 폭력 활동에 적극적으로 참여했다.[18]

같은 시기, 한반도에서는 1972년 7.4 남북공동성명이 있었다. 1970년대 미국과 중국의 데탕트 분위기 속에서, 분단 이후 남북이 함께 서명한 최초의 합의가 이루어졌다. 7.4 남북공동성명은 세 가지 통일 원칙, 자주, 평화, 민족 대단결을 포함하여 향후 남북기본합의서 및 6.15 공동선언의 성공적인 합의를 위한 지침이 되었다.[19] 그러나 서닝데일 성명서와 마찬가지로 7.4 남북공동성명은 갈등 집단들의 합의 이행 의지 부족으로 어

Macmillan, 2008), 267.

17. Wolff, 'Introduction: From Sunningdale to Belfast, 1973-98,' 7-8.

18. Joesph Ruane and Jennifer Todd, 'The Belfast Agreement: Context, Content, Consequences,' in *After the Good Friday Agreement: Analysing Political Change in Northern Ireland*, ed. Joesph Ruane and Jennifer Todd (Dublin: University College Dublin Press, 1999), 2.

19. Gabriel Jonsson, *Towards Korean Reconciliation: Socio-Cultural Exchanges and Cooperation* (Hampshire: Ashgate Publishing Limited, 2006), 51-56.

려움을 겪었다. 이 성명서의 가장 큰 한계는 두 정부가 공식 서명한 것이 아니라 한국 중앙정보부장인 이후락과 북한 노동당 조직지도부장인 김 영주가 서명한 것이었다는 점이다.[20] 성명서 이후 남과 북은 우선 적십자 회담을 통해 이산가족 상봉과 같은 인도주의 문제에 대해 논의하려고 했 고, 고위급 협상을 통해 정치적 합의를 도출하려고 했다. 그러나 협상 과 정 중 북한은 한반도에서 미군 철수와 정전협정의 평화협정으로의 대체 에 관한 정치적 합의가 도출된 뒤에야 인도주의 문제가 해결될 수 있을 것이라고 주장했다. 반면, 남한은 먼저 인도주의적 문제 해결을 통해 상 호 신뢰를 구축한 뒤, 높은 수준의 협상이 가능하다고 주장했다.[21] 결국 회담은 더 이상 진전되지 못하고 1973년 중반에 중단되고 말았다.[22]

1998년 협정과 2000년 공동선언에 대한 기대

1980년대 중반 이후 냉전 종식 분위기에 따라, 다시 한 번 북아일랜드 와 한반도 평화 프로세스에 우호적인 지정학적 환경이 조성되었다. 먼저 냉전의 종식은 북아일랜드에서 영국의 전략적 이익에 관한 공화주의자 의 주장에 영향을 미쳤다. 콕스(Cox)에 따르면, 전통적으로 공화주의자 는 아일랜드가 통일되면 북대서양조약기구(NATO)의 외곽에서 '유럽의 쿠바'가 될 것이라는 두려움에 영국이 아일랜드의 통일을 막고 싶어 한

20. Don Oberdorfer, *The Two Koreas: A Contemporary History* (Indianapolis: Basic Books, 2001), 25.

21. Adrian Buzo, *The Making of Modern Korea* (London: Routledge, 2002), 124.

22. Charles K. Armstrong, *The Koreas* (New York: Routledge, 2007), 146.

다고 생각했고, 북대서양조약기구를 위해 북아일랜드를 확보하는 것이 영국의 이익에 필수적이라고 생각했다. 그러나 냉전이 종식되자 이러한 주장은 설자리를 잃게 되었다.[23] 또한, 북아일랜드 문제에서 아일랜드공화국의 역할을 공식적으로 인정한 1985년 영국-아일랜드 협정과 1993년 영국과 아일랜드 총리의 공동성명은 공화주의자들 사이에서 영국 정부의 의도에 관한 지속적인 토론을 불러일으켰다.[24] 이러한 상황 가운데, 1994년 미국의 클린턴 행정부는 신페인당(Sinn Fein)의 지도자인 제리 아담스(Gerry Adams)에게 미국 비자를 승인했다. 콕스는 아담스가 무장해제에 있어 강경파들을 설득하는 데 미국과의 새로운 관계가 도움이 되었다고 주장한다.[25] 그때부터, 미국은 중재자의 역할을 맡아 특사를 보내면서 더욱 평화 프로세스에 관여하게 되었고, 마침내 1994년 주요 무장 단체들은 휴전을 선언했다.[26] 1995년에는 영국 아일랜드 정부가 합의를 위한 프레임워크 문서를 내어 놓았다. 비록 1996년 IRA가 다시 폭력을 재개하는 등 여러 걸림돌들이 있기는 했지만, 이러한 걸림돌들로 협상 과정이 완전히 중지되지는 않았다. 그 결과, IRA는 1997년 다시 한 번 휴전을 선언했고, 마침내 위에 언급한 1998년 협정에 이르게 되었다.[27]

몇몇 북아일랜드 학자들은 서닝데일 성명서와 달리 1998년 합의에 대한

23. Michael Cox, 'Bringing in the "International": The IRA Ceasefire and the End of the Cold War,' *International Affairs* 73, no. 4 (1997): 683.

24. P. J. McLoughlin, '"The First Major Step in the Peace Process"? Exploring the Impact of the Anglo-Irish Agreement on Irish Republican Thinking,' *Irish Political Studies* 29, no. 1 (February 2014): 124.

25. Cox, 'Bringing in the "International",' 687.

26. Mary-Alice C. Clancy, 'The Lessons of Third-Party Intervention: The Curious Case of the United States in Northern Ireland,' in *Lessons from the Northern Ireland Peace Process, ed. Timothy J. White* (Wisconsin: University of Wisconsin Press, 2013), 137-97.

27. Wolff, 'Introduction: From Sunningdale to Belfast, 1973-98,' 12-13.

높은 기대 이면의 논리를 다음과 같이 제시했다. 첫째, IRA는 군사적으로 그들의 목표를 달성하기가 불가능하다는 것을 깨달았고, 포용적인 협상 과정은 극단주의 입장을 어느 정도 누그러지게 만들었다.[28] 둘째, 데이비드 트림블을 포함한 개신교 집단들의 정치 지도자들은 영국에 잔류하려는 자신들의 목표가 민족주의자들과 권력을 공유하는 것, 아일랜드공화국과 우호적 관계를 유지하는 것과 양립할 수 있을 뿐만 아니라, 영국 내에서 북아일랜드의 위상을 공고히 하는 데 도움을 줄 수 있다고 확신하게 되었다. 뿐만 아니라, 협상 타결이 그들의 삶을 위협했던 폭력을 종식하는 길이라 믿었다. 셋째, 안보 딜레마 속 상호 불신이 더 진지하게 고려되었다. 특히 북아일랜드에 대한 아일랜드공화국의 헌법상의 권리 삭제, 남북 관계 기관 창설, 북아일랜드에서 영국과 아일랜드 국적을 모두 가질 수 있는 권리는 안보 딜레마의 제로섬 개념을 변화시켰다. 이는 일정 부분, 국경을 넘는 협력의 제도화와 국가 주권 개념을 재구성한 EU의 영향 때문이었다. 네 번째, 평화를 통한 잠재적 경제 이익, 예를 들어 국제아일랜드기금, EU 평화기금, 영국과 아일랜드 정부의 지원은 갈등 집단들이 각자의 차이를 넘어 협상을 추진할 수 있도록 하는 인센티브가 되었다.[29] 마지막으로, 협상 뿐만 아니라 협정을 이행하는 초기 과정이 이전에 비해 더욱 포용적이었다. 예를 들어, 미국이 중재한 협상 테이블에 역사적으로 테러리스트라 간주되었던 집단들이 초청되었다. 또한 시민 포럼의 창설은 합의 이행 과정

---

28. Dixon, *Northern Ireland*, 209.

29. David Mitchell, *Politics and Peace in Northern Ireland: Political Parties and the Implementation of the 1998 Agreement* (Manchester: Manchester University Press, 2015), 26–32; Timothy J. White, 'Lessons from the Northern Ireland Peace Process: An Introduction,' in *Lessons from the Northern Ireland Peace Process*, ed. Timothy J. White (Wisconsin: University of Wisconsin Press, 2013), 3–33.

에 북아일랜드 시민사회의 참여를 보장하였다.[30]

　1980년대 말, 한반도에서는 냉전의 종식 분위기 속에서 한국의 노태우 정부가 '북방정책'을 적극 추진하기 시작했다. 이는 동독에 대한 서독의 '동방정책'을 모델로 한 것이었다. 북방정책은 중국, 소련과 같은 북한의 전통적 동맹들과의 관계를 정상화하기 위해 추진되었고, 이 새로운 정책은 북한과의 협상과 대화를 가능하게 만들었다. 일련의 고위급 협상이후, 1991년 남북의 총리는 양국이 통일을 위해 서로를 파트너로서 인정하고 존중하며 협력을 도모하기로 약속하는 남북기본합의서에 서명했다.[31] 그러나 합의서 서명 이후 얼마 지나지 않아 핵 문제로 미국의 클린턴 행정부와 북한이 대립했고, 평화 프로세스는 걸림돌에 직면했다. 북한은 그들의 체제가 완전히 붕괴되거나 동독의 운명과 비슷하게 남한으로 흡수될지 모른다는 두려움이 있었다. 따라서 체제의 유지를 위해 지속적으로 핵 프로그램 개발을 추진했다.[32] 그러나 1994년 미국이 군사적 위험성이 낮은 경수로를 제공하는 대가로 북한이 핵 프로그램을 동결시킨다는 북-미 간 제네바 협약이 맺어졌고, 이는 양국의 긴장을 완화시켰다.[33] 이후 1998년 김대중 정부의 대북 포용 정책을 통해, 2000년 첫 번째 남북 정상회담이 성사되고, 6.15 남북공동선언이 발표되면서 한반도 평화 프로세스에 다시금 속력이 붙었다.[34]

---

30. Wolff, 'Introduction: From Sunningdale to Belfast, 1973-98,' 20.

31. Jonsson, *Towards Korean Reconciliation: Socio-Cultural Exchanges and Cooperation*, 57.

32. Edward A. Olsen, *Korea, The Divided Nation* (Westport: Praeger Security International, 2005), 158.

33. Mikael Weissmann, *The East Asian Peace: Conflict Prevention and Informal Peacebuilding* (Basingstoke: Palgrave Macmillan, 2012), 119–20.

34. Hakjoon Kim, 'Recent Transformation in Inter-Korean Relations: The North-South Summit Conference, the North-South Joint Declaration, Subsequent Event,

북아일랜드의 사례와 마찬가지로, 1990년대와 2000년대 초반 한반도 평화 프로세스에 대한 기대는 1970년대보다 상당히 높았다. 한반도 관련 학자들이 제시한 이러한 기대 이면의 원인들은 북아일랜드의 사례와 비교가 가능하다. 첫째, 남한의 경제적 우위와 냉전 이후 북한의 외교적 고립은 북한이 그들의 체제 하에 달성하고자 했던 무력 통일이라는 목표를 실현 불가능하게 만들었다.[35] 둘째, 남한과 북한의 지도자들이 대화와 협상의 가치를 인식하기 시작했다. 남북의 협력 관계는 북한 인도주의의 위기를 극복하고 안보상의 위협을 감소시키는 데 공헌할 것으로 기대되었다. 셋째, 상호 불신이 더 진지하게 고려되었다. 특히 한국 정부는 '흡수통일'을 추구하지 않으며 전제 조건 없는 인도적 지원을 제공한다고 발표함으로써 북한을 안심시켰다. 이에 북한은 한국이 제공하는 인도적, 경제적, 문화적 부문의 다양한 교류 프로그램을 받아들였다.[36] 네 번째, 개성공단과 같은 남북 협력의 잠재적인 경제적 이익이 남북 간의 협상을 촉진시켰고, 평화 프로세스의 지속 가능성에 대한 기대를 높였다.[37] 마지막으로 일련의 과정들이 이전보다 더욱 포용적이었다. 중국, 러시아, 일

and Their Meaning,' in *Ending the Cold War in Korea: Theoretical and Historical Perspectives*, ed. Chung-in Moon, Westad Odd Arne, and Kahng Gyoo-hyoung (Seoul: Yonsei University Press, 2001), 248-49.

35. Chung-in Moon, *The Sunshine Policy: In Defense of Engagement as a Path to Peace in Korea* (Seoul: Yonsei University Press, 2012), 181.

36. Samuel S. Kim, *The Two Koreas and the Great Powers* (New York: Cambridge University Press, 2006), 320-21; Moon, *The Sunshine Policy: In Defense of Engagement as a Path to Peace in Korea*, 19-29; Hazel Smith, *Hungry for Peace: International Security, Humanitarian Assistance, and Social Change in North Korea* (Washington, D.C: United States Institute of Peace, 2005), 189-221.

37. Eun Mee Kim and Yooyeon Noh, 'Business Advances to North Korea as Outward Foreign Direct Investment,' in *Engagement with North Korea: A Viable Alternative*, ed. Sung Chull Kim and David C. Kang (New York: State University of New York Press, 2010), 173-98.

본, 미국 정부들은 1990년대 말과 2000년대 초반의 평화 프로세스를 지지했다. 남한 시민사회와 민간 부문은 북한에 인도적 지원을 제공하고, 사회 문화 교류 및 북한과의 경제적 협력을 개시함으로써, 2000년 선언의 이행 과정에 참여할 수 있었다.[38]

평화 프로세스 유지에 대한 도전 과제들

북아일랜드와 한반도 모두, 합의 발표 이후의 기쁨은 합의 이행 과정에서의 깊은 좌절로 바뀌었다. 루안과 토드는 정치적 리더십의 실패와 '구조적으로 규정된' 유권자들의 상충하는 이해 간의 상호작용이 북아일랜드 평화 프로세스의 제도적 걸림돌이 되었다고 말한다.[39] 오케인에 따르면, 1998년 협정은 일면 "정치적 엘리트들에게 '건설적 모호성'을 제공"할 수 있었기에 이루어질 수 있었다. 협정 문구의 모호성은 정치인들로 하여금 그 합의를 아전인수 격으로 해석해 각자의 유권자들에게 자신들의 승리라고 선전할 수 있도록 했다.[40] 그러나 협정 이후에도 IRA 일부는 무장해제를 망설이고 있었고, 이로 인해 많은 사람들은 IRA가 정전을 계속 준수해 갈지에 대해 의구심이 있었기 때문에, 1998년 협정에 대한 의혹과 불만이 이내 커져 갔다. 이로 인해 합의에 반대하는 로열리스트들

---

38. Dong Jin Kim, 'Aid to the Enemy: Linking Development and Peacebuilding on the Korean Peninsula,' *The Pacific Review* 29, no. 4 (2016): 473–98; Kim, *The Two Koreas and the Great Powers*, 4–5; Moon, *The Sunshine Policy: In Defense of Engagement as a Path to Peace in Korea*, 202–4.
39. Ruane and Todd, 'The Belfast Agreement: Context, Content, Consequences,' 3.
40. Dixon, *Northern Ireland*, 278–79.

은 더욱 강력한 기반을 마련할 수 있었고, 통합주의 내에서 분열이 야기되었다.[41] 행콕(Hancock)에 따르면, 많은 통합주의자들은 얼스터통합당의 지도자인 트림블이 "민족주의자들과 공화주의자들에게 너무 많은 것을 쉽게 내주고 너무 적게 받아왔다"고 느끼기 시작했다.[42] 이 위기 동안, UDA를 포함한 로열리스트 무장 단체들은 휴전을 무시하기 시작했고, 치안 문제가 다시금 곤경에 처하게 되었다. 결국 북아일랜드 의회는 중단되었고, 이후 2003년 사회민주노동당, 얼스터통합당과 같은 온건파들은 강경파인 신페인당과 민주통합당에게 정치적 지지를 내주고 말았다. 딕슨에 따르면, 당시 강경파의 득세는 1998년 협정이 실패했다는 것을 증명하는 것처럼 보였다. 당시 여론조사들도 1998년 협정 이후 대중 여론이 양극화되는 양상을 보여 주기 시작했다.[43]

6.15 공동선언 이후 한반도에서도 평화 프로세스에 대한 의심과 불만이 계속해서 제기되었다. 특히 2001년 미국의 부시 행정부가 대북 강경책을 채택한 이후 평화 프로세스는 큰 걸림돌을 마주하게 되었다. 미국의 전 대북 특사인 찰스 프리차드(Charles Pritchard)는 부시 대통령이 자신의 대북 정책에 동의하지 않는 사람은 쓸모없다고 여겼고, 이 점에 있어서 "김대중 대통령은 분명히 마지막은 아니지만 첫 번째 피해자였다"고 말한다.[44] 미국은 북한이 "악의 축" 중 하나라는 꼬리표를 달았고, 1994년 북미 합의를 위반해 핵무기를 위한 우라늄 농축을 감행했다고 비난했다. 북한은 경

41. Eamonn O'Kane, 'The Perpetual Peace Process? Examining Northern Ireland's Never-Ending, but Fundamentally Altering Peace Process,' *Irish Political Studies* 28, no. 4 (1 December 2013): 525–28.

42. Landon E. Hancock, 'The Northern Irish Peace Process: From Top to Bottom,' *International Studies Review* 10, no. 2 (2008): 207.

43. Dixon, *Northern Ireland*, 279.

44. Charles L. Pritchard, *Failed Diplomacy: The Tragic Story of How North Korea Got the Bomb* (Washington D.C.: Brookings Institution Press, 2007), 71.

수로를 제공하기로 한 약속을 먼저 무시한 것은 미국이라며 반박했다.[45] 2003년 남한에 새로 들어선 노무현 정부는 핵 문제로 인해 미국과 북한 간의 긴장이 고조되고 보수 정치인들의 비판이 늘어나게 되자, 이전 정부의 대북 정책과 거리를 두었다. 예를 들어, 노무현 정부는 남북 정상회담을 위해 북한에 '비밀 송금' 했다는 주장을 조사하기 위한 특검을 실시했다. 이러한 스캔들은 2000년 공동선언에 반대하는 부정적 여론에 기름을 부은 격이었다. 또한 2005년 북한의 핵무기 개발 선언과 이듬해인 2006년 핵실험은 남한이 평화 프로세스로 너무 많은 것을 내주었고 북한은 이러한 남한의 원조를 군사적 목적으로 오용했다는 보수파의 주장에 더욱 힘을 실어주었다.[46] 그러나 2005년 9.19 공동선언 이후 6자 회담이 일정 부분 성과를 거두면서 북미 관계가 조금씩 개선되자, 2007년 남북 정상은 평양에서 두 번째 정상회담을 갖고 공동선언을 발표했다. 하지만 정상회담 후 2007년 공동선언에 대해 한반도 내부와 외부 모두에서 다음과 같은 비판이 제기되었다. 첫째, 이 공동선언은 북한의 비핵화에 대해 명확히 언급하지 않았다. 두 번째, 어떻게 전쟁을 끝낼 것인지에 대한 부분이 명확히 논의되지 못했다. 마지막으로 경제협력을 위해 남한이 지불해야 할 비용이 너무 높았다.[47]

이렇게 북아일랜드와 한반도 평화 프로세스는 그 지속가능성의 차원에서 유사한 도전에 직면했다. 하지만 이러한 도전에 직면한 후 양국의 평화 프로세스는 서로 차이점을 드러내기 시작했다.

---

45. 'Timeline: N Korea Nuclear Stand off,' *BBC NEWS*, 6 December 2007, http://news.bbc.co.uk/2/hi/asia-pacific/2604437.stm.

46. Sung Chull Kim, 'The State-Business Coalition for South Korea's Engagement with North Korea,' in *Engagement with North Korea: A Viable Alternative*, ed. Sung Chull Kim and David C. Kang (New York: State University of New York Press, 2010), 154-62.

47. Keun-sik Kim, 'Analysis of the 2007 South-North Summit and South-North Relations,' *East Asian Review* 19, no. 4 (2007): 8-9.

무장해제와 비핵화

영국, 아일랜드, 미국 정부는 범통합주의자와 범민족주의자에 지속적으로 압력을 가해, 합의를 이루고 북아일랜드 무장 집단의 무장해제를 이루고자 했다. 특히 테러 조직이 미국을 공격한 2001년 9월 11일 이후, IRA를 해체시키려는 압력이 더 강해졌다. 파링턴(Farrington)에 따르면, 북아일랜드 공화주의자들은 "테러 조직으로 몰리는 것에 대한 부담감"과 9월 11일 테러 이후 알 카에다와 같은 조직의 동기와 행동에 대한 모호한 태도를 극복할 필요가 있었다. 신페인당은 자신들의 이데올로기 면에서 변화가 없었다 할지라도, IRA 무장해제에 대한 침묵을 유지하기가 매우 곤란해졌다.[48] 이에 따라 IRA는 2001년 처음 무장해제의 움직임을 보였으나, 무장해제 비율은 여전히 불확실했다. 영국과 아일랜드의 수상은 무장해제 완료와 사진 증거를 요구했다. 2004년 노던뱅크(Northern Bank) 은행 강도 사건과 연이은 맥카시(McCartney) 살인사건은 IRA가 여전히 활동 중이라는 증거였고, 이러한 사건들은 신페인당의 협상 입지를 약화시켰다.[49] 게다가 미국의 부시 행정부는 백악관에서 열린 성패트릭의 날 행사에 입장을 거부하고, 미국에서의 모금 활동도 금지하는 등 신

---

48. Christopher Farrington, 'We're Not Quite as Interesting as We Used to Be: Interpreting the International Dimension,' in *Global Change, Civil Society and the Northern Ireland Peace Process: Implementing the Political Settlement*, ed. Christopher Farrington (New York: Palgrave Macmillan, 2008), 35-40.

49. Clancy, 'The Lessons of Third-Party Intervention: The Curious Case of the United States in Northern Ireland,' 175; David E. Schmitt, 'The US War on Terrorism and Its Impact on the Politics of Accommodation in Northern Ireland,' in *Global Change, Civil Society and the Northern Ireland Peace Process: Implementing the Political Settlement*, ed. Christopher Farrington (Basingstoke: Palgrave Macmillan, 2008), 67.

페인당에게 직접적으로 강한 압력을 행사했다.[50] 마침내 IRA는 2005년 무장투쟁의 종료를 선언했고, 무장해제를 위한 마지막 단계를 시작했다. 사진 증거가 공표되지는 않았지만, 무장해제와 관련한 국제독립위원회와 개신교 목사들과 천주교 사제들이 9월 무장해제가 완료되었음을 승인했다. IRA의 무장해제 이후, 로열리스트 무장 단체들 또한 그들의 폭력 행위가 민주통합당의 협상 입지를 약화시키자 무장해제를 시작했다.[51]

앞서 언급한 바와 같이, 이 시기에는 북한의 비핵화에 대한 미국의 압박 또한 강화되었다. 북한은 계속해서 핵 문제에 관해 미국과 양자 회담을 원했다. 하지만 미국은 한국과 일본을 포함시킬 것을 주장했고, 중국은 자신이 중재 역할을 맡는 삼자 회담을 제안했다. 러시아도 자국이 포함되기를 희망했다. 결과적으로 2003년 이들 모두를 포함한 6자 회담이 개시되었다.[52] 6자 회담은 "말 대 말, 행동 대 행동"이라는 원칙하에 2005년 9월 19일 합의에 도달했다. 북한은 경수로 제공과 에너지 원조의 대가로 모든 핵무기와 기존의 핵 프로그램들을 중지하고 핵확산방지조약(NPT)에 복귀할 것을 약속했다. 나아가 미국과 일본은 북한과의 관계 정상화를 밟아 갈 것을 약속했다. 합의 이행을 위한 행동의 일환으로, 북한은 2007년 영변 핵 시설을 폐쇄하겠다고 선언했으며, 2008년 영변의 냉각탑을 폭발시켰다.[53] 같은 해, 부시 대통령은 테러 지원국 목록에

50. Christopher Farrington, 'We're Not Quite as Interesting as We Used to Be: Interpreting the International Dimension,' in *Global Change, Civil Society and the Northern Ireland Peace Process: Implementing the Political Settlement*, ed. Christopher Farrington (New York: Palgrave Macmillan, 2008), 35–40.

51. Dixon, *Northern Ireland*, 309–10.

52. Pritchard, *Failed Diplomacy: The Tragic Story of How North Korea Got the Bomb*, 101.

53. Yongshik D. Bong, 'Wating to Reap the Final Harvest: U.S. Engagement Policy to Denuclearize North Korea,' in *Engagement with North Korea: A Viable Alternative*,

서 북한을 제외할 것을 승인하였다.[54] 그러나 6자 회담이 비핵화의 검증 기준에 대한 합의를 도출하는 데 실패함으로써, 2008년 12월 6자 회담은 연기되었다. 프리차드는 6자 회담의 실패 원인이 대북 협상 이행에 대한 진정성 문제 때문이라고 보았다. 그는 북한의 정권 교체를 추구하는 행정부 내 세력들이 미국 대북 정책을 장악하고 있었다고 말한다.[55] 물론 미국뿐 아니라 북한의 진정성에도 의문이 제기되었다. 북한 입장에서 핵무기 보유는 북한 정권의 존속을 위한 최선의 방안이라 간주되었기 때문이다.[56] 결국 2009년 5월 25일 북한은 지하 핵실험을 재개했고, 이후 계속해서 핵 개발과 장거리 미사일 개발을 추진했다. 이러한 상황 속에서 한국은 보수층을 배경으로 한 새로운 이명박 정부(2008-2013) 시기를 맞이했고, 대북 대화와 협상에 대한 의지는 점차 사라져 갔다.[57]

강경파 간의 협상

비슷한 도전에 직면한 두 평화 프로세스 사이에서 나타난 또 하나의

ed. Sung Chull Kim and David C. Kang (New York: State University of New York Press, 2010), 25-27.

54. David E. Sanger, *The Inheritance: The World Obama Confronts and the Challenges to American Power* (London: Bantam Press, 2009), 349.

55. Pritchard, *Failed Diplomacy: The Tragic Story of How North Korea Got the Bomb*, 131.

56. Victor D. Cha, 'Challenges for North Korea's Nuclear Endgame,' in *New Challenges of North Korean Foreign Policy*, ed. Kyung-Ae Park (New York: Palgrave Macmillan, 2010), 187.

57. Leszek Buszynski, *Negotiating with North Korea: The Six Party Talks and the Nuclear Issue* (Abingdon: Routledge, 2013), 173.

상이한 점은 강경파의 역할이었다. 2006년 10월 13일, 2007년 권력 이임 재개(restoration of devolution)의 토대가 되는 세인트앤드루스 합의가 공표되었다. 케네디(Kennedy)는 2007년 북아일랜드 평화 프로세스의 성과가 북아일랜드 내 정파 사이의 신뢰 구축이 아니라, 영국, 아일랜드, 미국 등 강한 외부 압력에 기반해 이루어졌다고 주장한다. 세인트앤드루스 합의 이후 신페인과 민주통합당은 1998년 협정으로 만들어진 권력 공유 구조 하에 2007년에 권력을 공유했다. 그러나 이는 갈등의 근본적인 원인을 해소한 것이 아니라 단지 폭력을 억제하기 위한 것이었다. 두 정당 모두 과거의 과오를 인정하지도 않았고, 그들이 공언한 통일 아일랜드 혹은 영국의 일부로서의 북아일랜드라는 목표를 수정하지도 않았다.[58] 이에 따라 트림블은 세인트앤드루스 합의를 1998년 합의의 일란성 쌍둥이라고 불렀다. 신페인당과 민주통합당은 모두 새로운 합의에 대해 자신들의 승리라고 선전했다. 오케인에 따르면, 신페인당은 이 합의를 "무장 투쟁을 끝내고 전적으로 평화 수단을 통해 아일랜드 통일의 (변함없는) 목표를 추구하는 용감한 결정"으로 홍보했다. 민주통합당도 마찬가지로, 평화 프로세스의 비판자에서 기존 방향의 논리를 포용하고 그 결과를 그들의 정파와 정책의 승리로 주장하는 방향으로 입장을 전환했다.[59] 결과적으로 북아일랜드 평화 프로세스는 여전히 구조적 약점이 있다. 그러나 화이트(White)는 이전의 극단주의 정파들 간의 권력 공유가 합의되고, 스스로 합의의 당사자가 되어 통치에 책임을 갖게 되었다는 점은, "역사적으로 더 온건한 정당들이 받았던 반사 이익이 줄어든다"는 것을

---

58. Dennis Kennedy, 'The Case against the Belfast Agreement,' in *The Northern Ireland Question: The Peace Process and the Belfast Agreement*, ed. B. Barton and P. Roche (Basingstoke: Palgrave Macmillan, 2009), 259–63.
59. O'Kane, 'The Perpetual Peace Process?,' 530–31.

의미한다고 주장한다. 다시 말해, 이 새로운 권력 공유 조치는 내부 반대에 영향을 덜 받을 것이므로 지속가능성이 높을 것으로 기대되었다.[60]

북아일랜드의 경우와 같이, 2008년 보수당인 한나라당 출신의 이명박 대통령이 취임했을 때, 이명박 정부가 진보 성향의 정부 시기에 두 번의 남북 정상회담과 6자 회담의 성과를 이어 받아, 오히려 보수 정부로서 남북 관계를 더욱 지속 발전시킬 수 있을 것이라는 기대가 높았다. 특히 현대그룹의 CEO였던 이력 때문에 이명박 대통령은 실용주의자이자 기업 친화적인 대북관을 가지고 있을 것이라고 생각되었다.[61] 그러나 이러한 기대와 달리 이 대통령은 대북 강경책을 취했다. 그는 '비핵 개방 3000 정책'을 도입했는데, 이는 북한이 검증 가능한 방법으로 완벽하게 핵무기 프로그램을 포기하고, 시장 기반 개방경제체제를 받아들이는 조건에서, 남한의 대북 원조를 통해 북한의 1인당 GDP가 미화 3000불에 이르게 해 주겠다는 제안이었다.[62] 란코프(Lankov)에 따르면, 이 대통령은 이전의 남한 정부가 "북한 정권을 지원해 상황을 더 위험하게 만들었다"고 비판했고, "원조는 북한의 의미 있는 정치적 양보를 조건으로 해야 한다"고 주장했다.[63] 동유럽 공산국가들의 붕괴 이후, 특히나 체제 존속을 최우선 순위에 두고 있던 북한은 이 정책을 받아들일 수 없었다. 더구나, 암스트롱(Armstrong)과 허문영 같은 학자들에 따르면, 북한 정책의 우선 순위가 바뀔 수 있고, 그들을 둘러싼 세계정세가 변했다 하더라도, 북한

60. White, 'Lessons from the Northern Ireland Peace Process: An Introduction,' 15-30.
61. Kim and Noh, 'Business Advances to North Korea as Outward Foreign Direct Investment,' 174.
62. Kyoung-Soo Kim, 'Lee Myung-Bak Government's Paradigm for Foreign and Security Policy,' Korea and World Affairs 32, no. 1 (2008): 8.
63. Andrei Lankov, The Real North Korea: Life and Politics in the Failed Stalinist Utopia (New York: Oxford University Press, 2013), 174.

정권을 강화하고 자신들의 체제 하에 통일을 이루고자 하는 목표는 사실상 변하지 않았다.[64] 2008년 북한은 이명박 정부의 대북 정책에 반발하여, 2001년 김대중 정부 시절에 설치된 남북 정부 간 직통전화를 차단하였다.[65] 이후 2008년 북한의 금강산 리조트 내 남한 관광객 사망, 2010년 천안함 침몰과 연평도 포격 사건이 이어지면서, 남북 간의 긴장은 고조되어 갔다. 그 결과, 2010년 이후 대부분의 남북 협력, 교류 프로그램들은 중단되었다.[66]

갈등 집단 간 신뢰 구축

두 평화 프로세스가 직면한 가장 큰 도전은 갈등 집단들 간의 평화로운 상호작용이 점차 증대되는 과정에서 나타났다. 1998년 협정과 2000년 선언 모두 상호작용과 협력이 점진적으로 구축되어 갈 것이라는 기대 위에서 이루어졌다. 물론 북아일랜드 평화 프로세스에서는 집단 간 교류 협력이 지속되고 있고, 2005년까지 북아일랜드와 아일랜드공화국 사

---

64. Charles K. Armstrong, 'North Korea's South Korea Policy: Tactical Change, Strategic Consistency,' in *Engagement with North Korea: A Viable Alternative*, ed. Sung Chull Kim and David C. Kang (New York: State University of New York Press, 2010), 227; Moon-Young Huh, *North Korea's Negotiation Behavior toward South Korea: Continuities and Changes in the Post Inter-Korean Summit Era* (Seoul: Korea Institute for National Unification, 2006), 71.

65. Michael Ha, 'Inter-Korean Hotline No Longer Functioning,' *The Korea Times*, 13 July 2008, http://www.koreatimes.co.kr/www/news/nation/2008/07/116_27500/html.

66. Kim, 'Aid to the Enemy,' 484.

이의 군 검문소와 국경 통제소가 철거되었다. 그러나 1998년 협정에 대한 기대를 충족시키기에는 아직 한계가 있어 보인다. 화이트에 따르면, 1998년 협정 이후 교류 협력이 "서로 다른 배경의 사람들이라도 함께 타협하고 공동의 이익을 위해 일할 수 있다는" 믿음을 만들어 내고, 직접적인 폭력의 감소는 집단 간에 더 나은 관계를 이끌 것이라고 기대했지만, 아직까지 북아일랜드 사회는 "분열을 넘어 보다 큰 사회적 신뢰감"을 조성하지 못하고 있다.[67] 북아일랜드 행정부는 2013년 '함께: 통합 공동체의 구축'(T-BUC)과 같은 전략들을 발표함으로써, 갈등 집단 사이에 공동체 관계를 도모해 나갈 것을 공식적으로 천명하였다. 그러나 권력 공유 협정은 여전히 정체성 집단에 충성해야 할 당위성을 반증하는 것이었으며, 역사적 불평등과 문화적 적대감과 더불어, 평화 배당금(peace dividend)에 대한 불만이 새롭게 발생하게 되었다. 특히 이전에 상대적으로 가난했던 아일랜드계 민족주의자 집단의 정치, 문화, 경제적 자신감 강화에 대해, 영국계 통합주의자 집단의 적대감이 고조되었다.[68] 이러한 공동체 간의 긴장은 2012-2013년 영국계 깃발 게양을 규제하는 벨파스트 시의회의 결정에 반대하는 영국계 통합주의자, 로열리스트의 '깃발 투쟁'에서 최고조에 달했다.[69]

이러한 가운데 분쟁 지역사회의 긴장을 완화시키는 데 큰 기여를 했던 북아일랜드 시민사회는 평화 프로세스에서 점차 영향력을 잃어 가기 시

67. Timothy J. White, 'Consolidating Peace and Democracy in Northern Ireland: The Role of Civil Society,' *Dynamics of Asymmetric Conflict* 4, no. 3 (2011): 263.

68. Roger Mac Ginty, Orla T. Muldoon, and Neil Ferguson, 'No War, No Peace: Northern Ireland after the Agreement,' *Political Psychology* 28, no. 1 (1 February 2007): 9.

69. Paul Nolan, 'Northern Ireland Peace Monitoring Report Number 2' (Community Relations Council, April 2013), 160, http://cain.ulst.ac.uk/events/peace/docs/nipmr_2013-04_full.pdf.

작했다. 북아일랜드 시민사회는 집단 사이에 다리를 놓고, 분쟁 당사자들의 인식을 변화시킴으로써 평화 프로세스에 기여해 왔다. 이러한 공헌을 인정받아 1998년 협정은 사회, 문화, 경제적 사안에 대한 협의 기구인 시민 포럼 창설에 합의했다.[70] 그러나 시민 포럼은 2002년 북아일랜드 의회와 함께 중단되었다. 앞서 언급한 세인트앤드루스 합의가 의회를 되살려 내기는 했지만, 시민 포럼은 여전히 중단되어 있다. 2014년 북아일랜드 평화 모니터링 보고서는 정치 정당들 사이의 권력 공유 구조가 정치적 평화 프로세스에서 시민사회에 많은 역할을 주지 않았다고 말한다.[71] 그러나 수많은 도전에도 불구하고, 여러 NGO와 지원 단체들은 북아일랜드 공동의 사회-경제적 이익에 기반해, 갈등 집단을 넘어선, 갈등 집단 상호 간, 갈등 집단 내부 평화 활동을 지속하고 있다. 평화를 위한 원조 및 교류 협력 사업의 성과는 분쟁이 격화되었던 낙후 지역의 경제 성장세에서 잘 나타난다.[72]

한편, 남북 교류와 협력 사업과 관련해, 북한 정권은 교류 협력으로 남북 주민 접촉이 증가해 체제 관리에 허점이 생기는 것을 항상 경계해 왔다. 한국의 보수 정부는 이러한 사업들로 인해 북한 정권이 핵 능력을 개발하고 체제의 정당성을 가지게 될 시간과 자원을 더욱 확보하게 될 것을 우려했다.[73] 2013년 취임한 한국의 박근혜 대통령은 기본적으로 강한 압박/안보

70. Feargal Cochrane, 'Unsung Heroes or Muddle-Headed Peaceniks? A Profile and Assessment of NGO Conflict Resolution Activity in the Northern Ireland "Peace Process",' *Irish Studies in International Affairs* 12 (2001): 107–10.

71. Paul Nolan, 'Northern Ireland Peace Monitoring Report Number 3' (Community Relations Council, March 2014), 135–51, http://cain.ulst.ac.uk/events/peace/docs/nipmr_2014-03_1-Intro.pdf.

72. Mitchell, *Politics and Peace in Northern Ireland: Political Parties and the Implementation of the 1998 Agreement*, 200–201.

73. Edward P. Reed, 'From Charity to Partnership: South Korean NGO Engagement

와 대화/협력 간의 균형을 강조하는 '신뢰 프로세스'를 도입하여, 이전 정부와의 차별화를 시도했다. 그러나 북한의 핵실험과 로켓 발사, 한미합동 군사훈련으로 한반도의 긴장이 고조되었고, 균형 정책은 강경책으로 기울었다. 박근혜 대통령의 취임 전인 2011년, 북한은 김정일 사망 후 아들 김정은이 새로운 지도자가 되어 있었다. 자신들의 권위와 정통성을 유지하기 위해, 김정은 체제는 안보 확보와 함께 경제 상황을 개선하고자 노력했다. 김정은 정권은 경제를 발전시키는 동시에 핵 능력을 강화하는 정책을 "병진 노선"이라 주장했다. 그러나 이 정책의 최대 모순은 핵무기 프로그램과 장거리 로켓 시스템의 개발로 인해 대북 경제 제재가 취해졌고, 대북 경제 제재 상황에서 북한의 경제 발전은 한계가 있다는 점에 있다.[74]

박근혜 정부 시기에도 관계를 개선하려는 몇 번의 시도가 있었으나, 남한이 협력을 위한 대화를 제안하면 북한이 거절하고, 북한이 제안을 내어 놓으면 남한이 거부하는 모습을 보이곤 했다. 양쪽 모두 상대방의 숨겨진 의도를 의심스러워했기 때문이다. 일례로 2014년 박근혜 대통령이 드레스덴에서 한국의 화해와 통일을 이야기했지만, 북한은 이를 남한이 경제적 우위와 자본주의를 앞세워 북한을 흡수해 북한 정권을 붕괴시키려는 의도로 보았다.[75] 이후 2016년 북한의 네 번째 핵실험은 남북 관계를 더욱 악화시켰고, 2010년 협력 사업 가운데 유일하게 지속되고 있던 개성공단마저 폐쇄되기에 이르렀다.[76] 이후에도 북한은 『로동신문』 등을

with North Korea,' in *Engagement with North Korea: A Viable Alternative*, ed. Sung Chull Kim and David C. Kang (New York: State University of New York Press, 2010), 210–15.

74. Kim, 'Aid to the Enemy,' 490–91.

75. Jung-kyu Kim, 'Park's Dresden Speech,' *The Huffington Post*, 27 March 2015, http://www.huffingtonpost.com/jungkyu-kim/parks-dresden-speech_b_6955316. html.

76. Sang-Hun Choe, 'South Korea to Shut Joint Factory Park, Kaesong, Over Nuclear

통해 다시 남북대화의 가능성을 언급했다. 그러나 박근혜 정부는 이를 남한 내부 정치를 흔들려는 의도를 숨긴 제안이라고 보았다.[77] 이렇게 북아일랜드의 경우와 달리, 한반도에서는 남북 정부 간의 관계 악화가 민간 교류 협력의 전면 중단으로 이어졌지만, 대북협력민간단체협의회 및 민족화해협력범국민협의회 등 한국의 민간단체들은 지속적 국제 협력 및 남남 대화를 통해 한반도 평화 프로세스 및 민간 교류 협력 재개를 위한 국제적, 국민적 공감대 형성을 위해 계속해서 노력하고 있다.[78]

결론: 교훈

한때 해결할 수 없다고 생각되었던 북아일랜드와 한반도에서의 갈등은 모두 새천년의 여명에 평화 프로세스의 돌파구를 마련했다. 위에서 살펴본 바와 같이 당시 양국의 협상 진전에는 유사한 부분이 있다. 먼저 두 사건은 우호적인 국제정치적 환경에 영향을 받았다. 지역 분쟁 당사자들은 또한 무력으로는 그들의 목표를 달성할 수 없다는 것을 깨달았다. 이에 따라 안보 보장과 신뢰 구축 조치가 논의되었다. 그리고 집단들은 합의를 통해 더 많은 경제적 이득을 도모할 수 있었다. 결과적으로, 합의는 1970년대의 합의보다 더 포용적이었다. 그러나 두 사례에서 모

Test and Rocket,' *The New York Times*, 10 February 2016, http://www.nytimes.com/2016/02/11/world/asia/north-south-korea-kaesong.html?_r=0.

77. JH Ahn, 'N.Korea Invites S.Korean Politicians to Visit North,' *NK News*, 28 June 2016, https://www.nknews.org/2016/06/n-korea-openly-invites-s-korean-politicians-to-visit-north/.

78. Kim, 'Aid to the Enemy,' 489-495.

두, 아일랜드 통일 및 한반도 통일 가능성과 같은 갈등의 핵심 쟁점은 합의 도달을 위해 이후의 과제로 미뤄졌다. 따라서 평화적 합의에도 불구하고 북아일랜드와 한반도에는 여전히 해결되지 못한 갈등의 불씨가 남아 있었다. 이러한 갈등의 불씨는 지정학적 상황과 국내 정치 상황의 변화, 군축, 집단 간 제한적인 접촉과 신뢰 부재 등 평화 프로세스의 유사한 도전에 따라 다시 되살아나곤 했다.

한편, 북아일랜드가 한반도 평화 프로세스에 비해 가진 가장 큰 차이점은 정치적 교착 상태에도 불구하고 민간 교류 협력을 유지했고, 남북 국경 검문소 철폐에 성공했다는 점이다. 미첼(Mitchell)에 따르면, 북아일랜드 평화 프로세스는 두 얼굴을 가지고 있는데, 하나는 "정치적, 경제적, 인구학적 불안정성을 가진" 심각한 분열과 교착상태, 다른 하나는 벨파스트의 타이타닉 지구(Titanic Quarter)로 대표되는 경제 발전의 두 얼굴이다.[79] 한반도에서는 북아일랜드의 경우와 달리 2016년 남북 경제협력의 상징이었던 개성공단이 결국 폐쇄되었다. 무엇이 이러한 차이를 만들었는가? 앞서 살펴본 대로 북아일랜드 평화 프로세스에는 현재 한반도 평화 프로세스와 차이를 만들어 낸 결정적인 순간이 있었다. 첫째, IRA 등 무장 단체가 무장해제를 선언했다. 둘째, 강경파인 신페인당과 민주통합당이 평화 프로세스에 참여했고 권력 공유에 성공했다. 셋째, 정치 연합에 대한 도전, 시민사회의 약화된 역할에도 불구하고, 아일랜드와 영국 정부, EU는 지속적으로 갈등 집단과 지역사회 간 평화 교류 협력 사업을 독려했다. 주변 강대국들의 영향력에 따라 부침을 겪은 한반도 평화 프로세스와는 달리 북아일랜드에서 평화 프로세스의 역사적 순간은 모두 우호적인 국제 환경에 기반을 두고 있었다.

---

79. Mitchell, *Politics and Peace in Northern Ireland*, 200.

그러나 2016년 영국의 브렉시트 투표와 함께 북아일랜드 평화 프로세스의 지정학적 환경이 부정적으로 변화될 가능성이 생겼다. 브렉시트는 북아일랜드 평화 프로세스뿐만 아니라 EU로 상징되는 유럽의 통합 구상에 대한 우려를 낳고 있다. 민주통합당은 브렉시트 "찬성"을 당론으로 정했고, 신페인당은 다시금 통일을 강하게 주장하고 있다. 결과적으로, 북아일랜드 평화 프로세스는 다시 한 번 불안정해질 것으로 보인다. 이를 방증하듯 민주통합당과 신페인당의 공동 정권은 무너져 내렸으며, 북아일랜드 의회는 파행을 거듭하고 있다.[80] 이러한 새로운 상황의 전개는, 그동안 한국 정부의 동북아 평화 협력 구상을 포함하여, 유럽의 경험을 모델로 세워진 동아시아 경제 안보 전략들에 대한 수정 가능성을 암시하는 것일 수도 있다. 유럽의 북아일랜드 사례와 같이, 동아시아 평화 협력은 지속가능한 남북 관계와 남북 간의 신뢰 구축에 기여할 수 있다. 그러나 북아일랜드와 한반도 평화 프로세스의 중요한 교훈은, 갈등의 핵심 쟁점이 해결되지 않는 한 평화 프로세스는 국내 정치 및 국제정치 상황의 변화에 따라 항상 위기에 봉착한다는 점이다. 이러한 이유 때문에 지정학적 상황과 국내 정치 상황의 변화에도, 지역 갈등 집단의 지도자가 언제나 대화와 타협을 통한 관계 구축을 최우선 전략으로 삼는 것이 평화 프로세스의 지속가능성에 가장 중요한 열쇠로 보인다.

---

80. David Young, 'Brexit: DUP Confirms It Will Campaign for Britain to Leave EU in June,' Independent.ie, 20 February 2016, http://www.independent.ie/irish-news/politics/brexit-dup-confirms-it-will-campaign-for-britain-to-leave-eu-in-june-34470902.html; Padraic Halpin, 'Sinn Fein Calls for Irish Unity Poll as Brexit Fallout Begins,' Reuters, 24 June 2016, http://www.reuters.com/article/us-britain-eu-ireland-idUSKCN0ZA0NX.

참고 문헌

Ahn, JH. 'N. Korea Invites S. Korean Politicians to Visit North.' *NK News*, 28 June 2016. https://www.nknews.org/2016/06/n-korea-openly-invites-s-korean-politicians-to-visit-north/.

Armstrong, Charles K. 'North Korea's South Korea Policy: Tactical Change, Strategic Consistency.' In *Engagement with North Korea: A Viable Alternative*, edited by Sung Chull Kim and David C. Kang, 225–44. New York: State University of New York Press, 2010.

Armstrong, Charles K. *The Koreas*. New York: Routledge, 2007.

Bong, Yongshik D. 'Wating to Reap the Final Harvest: U.S. Engagement Policy to Denuclearize North Korea.' In *Engagement with North Korea: A Viable Alternative*, edited by Sung Chull Kim and David C. Kang, 23–46. New York: State University of New York Press, 2010.

Buszynski, Leszek. *Negotiating with North Korea: The Six Party Talks and the Nuclear Issue*. Abingdon: Routledge, 2013.

Buzo, Adrian. *The Making of Modern Korea*. London: Routledge, 2002.

Cha, Victor D. 'Challenges for North Korea's Nuclear Endgame.' In *New Challenges of North Korean Foreign Policy*, edited by Kyung-Ae Park, 185–204. New York: Palgrave Macmillan, 2010.

Choe, Sang-Hun. 'South Korea to Shut Joint Factory Park, Kaesong, Over Nuclear Test and Rocket.' *The New York Times*, 10 February 2016. http://www.nytimes.com/2016/02/11/world/asia/north-south-korea-kaesong.html?_r=0.

Clancy, Mary-Alice C. 'The Lessons of Third-Party Intervention: The Curious Case of the United States in Northern Ireland.' In *Lessons from the Northern Ireland Peace Process*, edited by Timothy J. White, 173–97. Wisconsin: University of Wisconsin Press, 2013.

Cochrane, Feargal. 'Unsung Heroes or Muddle-Headed Peaceniks? A Profile and Assessment of NGO Conflict Resolution Activity in the Northern Ireland "Peace Process".' *Irish Studies in International Affairs* 12 (2001): 97–112.

Cox, Michael. 'Bringing in the "International": The IRA Ceasefire and the End of the Cold War.' *International Affairs* 73, no. 4 (1997): 671–93.

Cumings, Bruce. *Korea's Place in the Sun: A Modern History*. New York: W. W. Norton, 2005.

Darby, John. 'Borrowing and Lending in Peace Processes.' In *Contemporary Peacemaking: Conflict, Violence and Peace Processes*, edited by John Darby and Roger Mac Ginty. London: Palgrave Macmillan UK, 2008.

Darby, John, and Roger Mac Ginty. 'Introduction: Comparing Peace Processes.' In *The Management of Peace Processes*, edited by John Darby and Roger Mac Ginty, 1–15. New York: Palgrave Macmillan, 2000.

Dixon, Paul. *Northern Ireland: The Politics of War and Peace*. New York: Palgrave Macmillan, 2008.

Edwards, Aaron. 'Talking to Terrorists: Political Violence and Peace Processes in the Contemporary World.' In *Transforming the Peace Process in Northern Ireland: From Terrorism to Democratic Politics*, edited by Aaron Edwards and Stephen Bloomer. Dublin: Irish Academic Press, 2008.

Farrington, Christopher. 'We're Not Quite as Interesting as We Used to Be: Interpreting the International Dimension.' In *Global Change, Civil Society and the Northern Ireland Peace Process: Implementing the Political Settlement*, edited by Christopher Farrington, 25–53. New York: Palgrave Macmillan, 2008.

Ha, Michael. 'Inter-Korean Hotline No Longer Functioning.' *The Korea Times*, 13 July 2008. http://www.koreatimes.co.kr/www/news/nation/2008/07/116_27500/html.

Halpin, Padraic. 'Sinn Fein Calls for Irish Unity Poll as Brexit Fallout Begins.' *Reuters*, 24 June 2016. http://www.reuters.com/article/us-britain-eu-ireland-idUSKCN0ZA0NX.

Hancock, Landon E. 'The Northern Irish Peace Process: From Top to Bottom.' *International Studies Review* 10, no. 2 (2008): 203–38.

Hantrais, Linda. *International Comparative Research: Theory, Methods and Practice*. Basingstoke: Palgrave Macmillan, 2008.

Hennessey, Thomas. *The Northern Ireland Peace Process: Ending the Troubles?*. Dublin: Gill & Macmillan Ltd, 2000.

Huh, Moon-Young. *North Korea's Negotiation Behavior toward South Korea: Continuities and Changes in the Post Inter-Korean Summit Era*. Seoul: Korea

Institute for National Unification, 2006.

Jonsson, Gabriel. *Towards Korean Reconciliation: Socio-Cultural Exchanges and Cooperation*. Hampshire: Ashgate Publishing Limited, 2006.

Kennedy, Dennis. 'The Case against the Belfast Agreement.' In *The Northern Ireland Question: The Peace Process and the Belfast Agreement*, edited by B. Barton and P. Roche, 246–64. Basingstoke: Palgrave Macmillan, 2009.

Kim, Dong Jin. 'Aid to the Enemy: Linking Development and Peacebuilding on the Korean Peninsula.' *The Pacific Review* 29, no. 4 (2016): 473–98.

Kim, Eun Mee, and Yooyeon Noh. 'Business Advances to North Korea as Outward Foreign Direct Investment.' In *Engagement with North Korea: A Viable Alternative*, edited by Sung Chull Kim and David C. Kang, 173–98. New York: State University of New York Press, 2010.

Kim, Hakjoon. 'Recent Transformation in Inter-Korean Relations: The North-South Summit Conference, the North-South Joint Declaration, Subsequent Event, and Their Meaning.' In *Ending the Cold War in Korea: Theoretical and Historical Perspectives*, edited by Chung-in Moon, Westad Odd Arne, and Kahng Gyoo-hyoung. Seoul: Yonsei University Press, 2001.

Kim, Jung-kyu. 'Park's Dresden Speech.' *The Huffington Post*, 27 March 2015. http://www.huffingtonpost.com/jungkyu-kim/parks-dresden-speech_b_6955316.html.

Kim, Keun-sik. 'Analysis of the 2007 South-North Summit and South-North Relations.' *East Asian Review* 19, no. 4 (2007).

Kim, Kyoung-Soo. 'Lee Myung-Bak Government's Paradigm for Foreign and Security Policy.' *Korea and World Affairs* 32, no. 1 (2008).

Kim, Samuel S. *The Two Koreas and the Great Powers*. New York: Cambridge University Press, 2006.

Kim, Sung Chull. 'The State-Business Coalition for South Korea's Engagement with North Korea.' In *Engagement with North Korea: A Viable Alternative*, edited by Sung Chull Kim and David C. Kang, 147–72. New York: State University of New York Press, 2010.

Lankov, Andrei. *The Real North Korea: Life and Politics in the Failed Stalinist Utopia*. New York: Oxford University Press, 2013.

Mac Ginty, Roger, Orla T. Muldoon, and Neil Ferguson. 'No War, No Peace: Northern Ireland after the Agreement.' *Political Psychology* 28, no. 1 (1 February 2007): 1–11.

Mac Ginty, Roger, and Oliver P Richmond. 'The Local Turn in Peace Building: A Critical Agenda for Peace.' *Third World Quarterly* 34, no. 5 (June 2013): 763–83.

McLoughlin, P. J. '"The First Major Step in the Peace Process"? Exploring the Impact of the Anglo-Irish Agreement on Irish Republican Thinking.' *Irish Political Studies* 29, no. 1 (February 2014): 116–33.

Mitchell, David. *Politics and Peace in Northern Ireland: Political Parties and the Implementation of the 1998 Agreement*. Manchester: Manchester University Press, 2015.

Moon, Chung-in. *The Sunshine Policy: In Defense of Engagement as a Path to Peace in Korea*. Seoul: Yonsei University Press, 2012.

Moon Chung-in. 'The Sunshine Policy and Ending the Cold War Structure: Assessing Impacts of the Korean Summit.' In *Ending the Cold War in Korea: Theoretical and Historical Perspectives*, edited by Moon Chung-in, Westad Odd Arne, and Kahng Gyoo-hyoung. Seoul: Yonsei University Press, 2001.

Nolan, Paul. 'Northern Ireland Peace Monitoring Report Number 2.' Community Relations Council, April 2013. http://cain.ulst.ac.uk/events/peace/docs/nipmr_2013-04_full.pdf.

Nolan, Paul. 'Northern Ireland Peace Monitoring Report Number 3.' Community Relations Council, March 2014. http://cain.ulst.ac.uk/events/peace/docs/nipmr_2014-03_1-Intro.pdf.

Oberdorfer, Don. *The Two Koreas: A Contemporary History*. Indianapolis: Basic Books, 2001.

O'Kane, Eamonn. 'The Perpetual Peace Process? Examining Northern Ireland's Never-Ending, but Fundamentally Altering Peace Process.' *Irish Political Studies* 28, no. 4 (1 December 2013): 515–35. doi:10.1080/07907184.2012.716422.

Olsen, Edward A. *Korea, The Divided Nation*. Westport: Praeger Security International, 2005.

Pritchard, Charles L. *Failed Diplomacy: The Tragic Story of How North Korea Got the Bomb*. Washington D.C.: Brookings Institution Press, 2007.

Reed, Edward P. 'From Charity to Partnership: South Korean NGO Engagement with North Korea.' In *Engagement with North Korea: A Viable Alternative*, edited by Sung Chull Kim and David C. Kang, 199–224. New York: State University of New York Press, 2010.

Richmond, O., and A. Mitchell. 'Introduction – Towards a Post-Liberal Peace: Exploring Hybridity via Everyday Forms of Resistance, Agency and Autonomy.' In *Hybrid Forms of Peace: From Everyday Agency to Post-Liberalism*, edited by Oliver Richmond and Audra Mitchell, 1–38. Basingstoke: Palgrave Macmillan, 2011.

Ruane, Joesph, and Jennifer Todd. 'The Belfast Agreement: Context, Content, Consequences.' In *After the Good Friday Agreement: Analysing Political Change in Northern Ireland*, edited by Joesph Ruane and Jennifer Todd, 1–29. Dublin: University College Dublin Press, 1999.

Sanger, David E. *The Inheritance: The World Obama Confronts and the Challenges to American Power*. London: Bantam Press, 2009.

Schmitt, David E. 'The US War on Terrorism and Its Impact on the Politics of Accommodation in Northern Ireland.' In *Global Change, Civil Society and the Northern Ireland Peace Process: Implementing the Political Settlement*, edited by Christopher Farrington, 54–72. Basingstoke: Palgrave Macmillan, 2008.

Smith, Hazel. *Hungry for Peace: International Security, Humanitarian Assistance, and Social Change in North Korea*. Washington, D.C: United States Institute of Peace, 2005.

Smith, Jeremy. *Making the Peace in Ireland*. Abingdon. Harlow: Routledge, 2002.

'Timeline: N Korea Nuclear Stand off.' *BBC NEWS*, 6 December 2007. http://news.bbc.co.uk/2/hi/asia-pacific/2604437.stm.

Tonge, Jonathan. *Comparative Peace Processes*. Cambridge: Polity, 2014.

Underwood, Lillias H. *Fifteen Years among the Top-Knots or Life in Korea*. Boston: American Tract Society, 1904.

Weissmann, Mikael. *The East Asian Peace: Conflict Prevention and Informal Peace-building*. Basingstoke: Palgrave Macmillan, 2012.

White, Timothy J. 'Consolidating Peace and Democracy in Northern Ireland: The Role of Civil Society.' *Dynamics of Asymmetric Conflict* 4, no. 3 (2011): 259–71.

White, Timothy J. 'Lessons from the Northern Ireland Peace Process: An Introduction.' In *Lessons from the Northern Ireland Peace Process*, edited by Timothy J. White, 3–33. Wisconsin: University of Wisconsin Press, 2013.

Wolff, Stefan. 'Introduction: From Sunningdale to Belfast, 1973–98.' In *Peace At Last?: The Impact of the Good Friday Agreement on Northern Ireland*, edited by Jörg Neuheiser and Stefan Wolff, 1–24. New York: Berghahn Books, 2002.

Young, David. 'Brexit: DUP Confirms It Will Campaign for Britain to Leave EU in June.' *Independent.ie*, 20 February 2016. http://www.independent.ie/irish-news/politics/brexit-dup-confirms-it-will-campaign-for-britain-to-leave-eu-in-june-34470902.html.

부록

테러 세계에서 평화 조성하기:

북아일랜드의 테러와 평화 조성 경험에 대한 성찰

션 파렌

(얼스터 대학교)

이 글은 2017년 9월 18일-19일 양일간 신한대학교 탈분단경계문화연구원과 더블린 트리니티 칼리지가 함께 경기도의 지원을 받아 북아일랜드 벨파스트에서 개최한 국제 학술회의 "평화 프로세스와 경계의 역동성: 아일랜드와 한반도"에서 기조 강연으로 발표된 글이다. 이는 '분쟁' 전반에 관여해 온 학문적·정치적 활동가로서, 평화 프로세스에 참여한 협상가로서, 그리고 협정 후 구성된 첫 정부의 교육부 장관으로, 이후 권력 분담 행정부에서 재무부 장관으로 일했던 경험을 가진 필자의 개인적인 성찰이기도 하다. 이러한 성찰을 통해 그는 테러리즘에 대한 민주주의 사회의 반응, 평화 프로세스, 협정 후 정부의 성격에 대해 진중하게 질문하고, 상호 신뢰, 존중, 화해의 필요성을 논의하고 있어, 독자들에게 또 다른 울림을 준다: 엮은이.

북아일랜드에서 평화 프로세스는 매우 이례적인 것이었다. 1960년대부터 1990년대 중반까지 거의 30년간 북아일랜드는 정치적 불안정과 일련의 테러를 경험했다. 북아일랜드에서 벌어진 테러는 그 잔혹성 때문에 전 세계 헤드라인에 자주 올랐다.

절제되고 냉소적인 표현으로 그 시대를 "분쟁"이라고 부른다. 더 정확히 말해, 소위 피의 금요일과 피의 일요일 같은 끔찍한 사건들로 인해, 당시 북아일랜드는 세계에서 가장 폭력적인 테러리스트들의 근거지였다. 1972년 피의 금요일에, PIRA(Provisional Irish Republican Army 아일랜드 임시공화군)는 상점, 버스정류장, 길거리에서 폭탄을 터트렸다. 이로 인해 시민 9명이 숙고 수많은 사람들이 다쳤다. 같은 해에 피의 금요일보다 먼저 피의 일요일이 있었다. 영국군이 데리(Derry)시에서 시민권을 주장하는 시위대에 총격을 가해 무고한 시민 14명이 죽었다. 거기에 술집, 호텔, 직장, 버스와 기차 안, 기념식장과 거리나 문앞, 종종 희생자의 배우자와 아이들이 있는 앞에서 그리고 예배당이 가까운 곳과 심지어 예배 중에도 폭탄이 터졌다. 또 다른 끔찍한 사건은 1987년 전사자 추도일[11월 11일에 가장 가까운 일요일로 제1, 2차 세계대전 전사자를 추모함: 옮긴이]에 있었는데, 에니스킬린(Enniskillen)의 작은 읍내에 있는 세계대전 전사자 기념관에서 PIRA가 폭탄을 터트렸다. 이로 인해 13명이 죽고 훨씬 더 많은 사람들이 부상을 당했다.

이 모든 사건들이 겨우 인구 18만 명이 조금 넘는 사회에서 일어났다. 민간인, 다수의 군인, 경찰, 여성과 테러리스트까지 총 3,500명이 넘는 사람들이 죽었고 수천 명이 다쳤다. 이러한 인명 희생뿐 아니라 잃어버린 투자 기회와 무너진 사업, 사라진 일자리 등의 경제적 피해를 입었다.

그러나 살인과 파괴 등 끔찍한 일이 계속되었지만, 완전한 내전으로 이어지지는 않았다. 대부분의 사람들은 이상하게도 일상적인 삶을 유지했다. 그렇다. 검문검색은 있었다. 주민 센터에는 우편물 배달을 제외하고는 차량 통행이 금지되었고, 경찰서는 요새가 되어 일반인들의 접근이 전보다 더 어려워졌다. 그러나 이러한 일에도 불구하고, 행정기관과 마찬가지로 가로등은 계속 켜졌고, 기차와 버스가 달리고 학교와 병원은 제 기능을 하고 있었다. 그리고 폭탄이 터지지 않은 공장과 일터는 모두 움직이고 있었다. 휴양과 레저 활동은 특정 장소로 다소 제한되었지만, 그 외에는 다른 서구 사회와 다름없는 평상시 상태를 유지해 나갔다. 해외에서 온 방문객들은 평상시와 다름 없는 상태가 지속되고 있는 것에 놀라워했다. 우리가 말한 대로, '우리는 절대로 선을 넘은 적이 없다.'

이러한 정상적인 상태 때문에, 폭력이 발생하고 18년이 지난 1980년대까지도 테러리스트들과 진지한 교섭이 없었던 것은 아닐까?

이것은 테러리스트들이 결국 폭력을 통해서는 그들이 선언한 목표를 달성할 수 없다는 것을 깨닫고 자발적으로 활동을 멈추길 희망했기 때문인가?

사람들이 테러리스트들을 완전히 타도하지는 못하더라도 치안력이 억제할 수는 있을 것이라고 기대했기 때문인가?

사람들과 정부가 결국 비폭력 민주 정치가 성공할 것이고 테러리스트들은 그들의 활동을 멈출 수밖에 없을 것이라고 기대했기 때문인가?

이 마지막 지점이 중요한 이유는 이러한 북아일랜드의 경험이, 북아일랜드 주민 대부분이 살고 있는 곳이, 비록 불완전할지라도, 민주주의 사회라는 맥락에서 테러리즘이 발생했다는 사실 때문이다. 정당은 그들의 활동을 조직하고 선전하고, 대중 집회와 시위를 개최하고, 선거에 출마

하고, 후보를 선출하고, 공직을 맡을 자유가 있었다. 마을과 구 단위의 지방 의회는 4년마다 자유선거로 선출된다. 반면, 영국 의회 선거는 소집될 때 비로소 자유롭게 시행되었다. 테러 활동을 지휘하는 불법 무장 단체와 관련된 정당들도 선거에 후보자를 등록했으며, 일부는 선출되었다. 이러한 사실들 때문에 폭력을 대체할 대안이 없다는 주장은 강력한 비판을 받았다.

그럼 폭력과 정치적 불안의 배경은 무엇인가? 아일랜드는 분리 독립된 1921년에 분할되었다. 현재 북아일랜드에 살고 있는 대다수의 사람들은 영국에 남기로 투표했지만, 나머지 아일랜드 사람들은 영국과 분리해 독립국가를 세우기를 원했다. 영국에 남기로 투표한 사람들은 주로 개신교도였던 반면, 대략 3분의 1은 더블린이 통치하는 독립 아일랜드가 되지 못한 것에 분개한 가톨릭교도였다.

북아일랜드 분할 이후 몇 년간 가톨릭 신자의 고용 기회, 선거구 구성, 기존의 공공 주택 할당과 관련해 불평등의 역사가 있었고, 이는 모두 가톨릭교도에 대한 차별 형태로 수렴되어 갔다. 여기에는 두 가지 이유가 있었다. 첫째, 일부의 사람들 중에는 여전히 가톨릭교회에 대해 반감과 적의로 수렴되는 깊은 의심을 가지고 있었다. 둘째, 더욱 중요한 사실은 정치적으로 대다수의 가톨릭 신자들이 아일랜드 통일이라는 목표에 공감대를 가지고 있었고, 따라서 대부분 평화로운 민주적 수단을 통해, 기타 폭력을 통해 영국과 헌법상의 결합을 깨트리고 싶어 한다고 인식되었다는 점이다.

1960년대에 차별에 반대하는 시민권 운동이 폭력보다 앞서 일어났다. 상당히 많은 사람들이 이 운동을 지지했음에도, 시민권 시위에 반대하고 행진할 권리를 부정하려는 사람들도 있었다. 내부 동요가 일어났을 때, 일부 사람들은 이웃집에 들어가 이웃들을 공격했다. 그리하여 가톨릭교도가 개신교도와 분리된 지역에 살고자 하거나, 반대로 개신교도가 가톨릭교도와 분리된 지역에서 살고자 하면서, 우리 사회의 커뮤니티 슬럼화가 점점 더 진행되었다.

거의 한 세대에 걸쳐 우리 사회를 엄습했던 테러리즘은 바로 이러한 불평등, 그리고 시민권 운동을 좌절시키려는 정치인 등의 시도에 기대어 산다. 그러나 이러한 것들이 폭력의 유일한 원인은 아니며, 시간이 지남에 따라 처음의 동기는 점차 사라져 남지 않게 된다. 테러리즘은 양면적이었다. 하나는 PIRA 같은 비밀 불법 무장 단체가 자주 사용하는 방법이었다. 이 조직의 목적은 영국 정부가 아일랜드를 떠나도록 압박하여 완전히 분리된 아일랜드 국가로 가는 길을 닦는 것이었다. 다른 하나는 역시 비밀 불법 무장 단체인 UVF(Ulster Volunteer Force) 같은 조직이 사용하는 방법이기도 했다. 이 조직의 목적은 PIRA와 정반대였다. 즉, PIRA의 지지자라고 여겨지는 상대, 즉 가톨릭 신자라는 유일한 '죄'를 지은 무고한 시민을 상대로 종종 테러를 펼쳐 PIRA가 자신의 목적을 달성하지 못하게 막는 것이었다.

여기에 영국 치안대, 지방 경찰대, 통합주의-개신교 공동체 출신에서 주로 장교를 선발했던 RUC(Royal Ulster Constabulary, 왕립 얼스터 보안대)가 있었다. 이들은 국가의 치안 부대였고, 아마도 폭력적으로 국가를 전복하려는 이들에 대항해 사회를 보호하고 방어하려 했다. 테러가 증가하고 지속됨에 따라, 이러한 부대들은 대(對) 테러 임무에 더욱 열중하게 되었다. 그들은 빈번히 양측 테러리스트 모두의 목표물이 되었으나, 피의 일요일에 데리에서 시민권 행진 중이던 시위대를 공격한 것과 같은 역효과를 초래한 대(對) 테러 전술에 종종 의지했다.

앞서 지적한 바와 같이, 폭력은 민주주의의 평시 상황에서, 즉 내가 1970년대 초반에 매료되었던 민주적, 비폭력적 정치 상황에서 일어났다.

'분쟁' 시대 초기에 나는 전적으로 비폭력 정치를 기반으로 한 리더십을 펼치려고 했던 정치인들을 볼 수 있었다. 그들의 정치는 시민권과 인권에 대한 긴급함에 깊이 영향을 받았고, 국가든 무장 단체에 의한 것이든 이러한 권리가 침해 받는 것을 대담하게 규탄했다. 그들은 우리 사회가 필요로 하는 리더십을 펼쳤다. 이러한 태도를 취했던 정치인들은, 북아일랜드 정치 분열의 핵심 문제에 대해 또 다른 메시지를 설파하였다. 그들은 영국의 일부로서 북아일랜드를 유지하는 것이 제1의 정치적 목표였던 통합주의자와, 통일 아일랜드의 달성이 궁극적 목표인 민족주의자들 사이의 동반자 관계에 대해 설파했다. 나아가, 그들은 다른 아일랜드 지역과 긴밀한 정치적, 경제적, 사회적 관계와 그것이 통일 아일랜드 달성을 위한 실행 가능한 유일한 기반임을 주창했다.

이러한 메시지를 설파한 정당은 훗날 노벨 평화상을 수상한 존 흄 (John Hume)이 주도했던 SDLP(사회민주노동당)였다. 흄은 정치적 목표에 이르기 위해 폭력을 사용하는 것에 단호히 반대하면서, 폭력이 사람들을 더욱 분열시키고 더 많은 폭력의 악순환을 만들어 내 결국 해답을 찾을 수 없는 상황으로 끌고 간다는 점을 지적했다. 흄은 결국 1998년 성금요일 합의의 주요 설계자 중 한 명이 되었다.

존 흄의 리더십 하에서 SDLP가 평화적 해결책을 찾는 과정을 주도했고, 그 과정에서 두 가지 목적을 추구했다는 점은 일반적으로 인정된다. 첫째, 북아일랜드에 통합주의자와 민족주의자가 참여하는 동반자 형태의 정부 기반을 세우는 것, 둘째 그러한 동반자 관계, 아일랜드 전체와 영국 간의 동반자 관계의 기반을 세우는 것이다. 이 목표를 달성하기 위해서는 반드시 폭력을 끝내고 아일랜드와 영국 정부뿐 아니라 북아일랜드 내 정당들이 참여하는 포괄적인 협상이 이루어질 수 있는 상황이 조성될 필요가 있었다.

1990년대는 두 가지 목적과 관련해 중대한 성공 단계에 진입했다. 잔혹한 폭력을 끝내기 위해 무장 단체들 간의 대화가 진행되었다. 그것은 여러 이유 때문에 가능할 수 있었다.

1. 테러리스트들 중에서 그들의 활동이 그들이 선언한 목표에 이르지 못할 거라는 점을 깨달은 테러리스트 간부나 그들과 가까운 사람들이 있었다. 이는 특히 PIRA의 경우에 해당되었다.
2. 다시 말해, 사람들이 죽거나 다치고, 경제가 피해를 입었을 뿐 긍정적인 결과가 없었다. 20년 전 PIRA가 활동을 시작했을 때보다 통일 아일랜드라는 목표에 결코 가까워지지 않았다.
3. 개혁은 민주적 절차를 통해 달성되고 있었는데, 이러한 경향은 특히 북아일랜드 사태에서 영국과 함께 아일랜드 정부에 중대한 역할을 부여한 1985년 영국-아일랜드 합의 이후 더 강화되었다.
4. PIRA와 같은 테러 조직들은 스파이와 밀고자들이 조직에 침투해 많은 작전 계획들이 좌절됨에 따라 약화되어 갔다.

이러한 점들이 PIRA의 리더들과 신페인당(Sinn Féin)의 정치가들을 설득해, 그들이 그들의 활동을 종식하고, 전적으로 민주주의 정치에 참여하도록 촉구할 수 있었던 핵심 요인들이었다.

정치 대표자들과 많은 대화를 거친 후, 양측의 주요 무장 단체 중 일부는 1994년 정전에 들어갔고, 대부분의 정당이 참여하는 정치적 협상을 위한 토대가 마련되었다. 이처럼 토대가 마련될 수 있었던 데에는 외부의 지지와 개입이 결정적이었다. 빌 클린턴이 이끄는 미국 정부가 중요한 역할을 했다. 미국 정부는 영국과 아일랜드 정부의 노력을 지지하고, PIRA와 가까운 정치인들이 민주 정치에 희망을 갖도록 촉구하였다. 이러한 미국의 지원은 여러 측면에서 이루어졌다. 특히, 클린턴 대통령은 특사로 조지 미첼(George Mitchell) 상원 의원을 보냈다. 그는 협상을 이끈 외부 인사 세 사람 중 한 명으로, 협상에 결정적인 역할을 하였다. 다른 두 사람은 캐나다의 존 드 샤스텔레인(John de Chastelain) 장군과 핀란드의 인권 전문가이자 전 수상인 하리 홀케리(Harri Holkeri)였다.

그들은 협상에 참여하는 모든 정당에 "미첼 지침"을 준수할 것을 요구했다. 그것은 민주주의와 비폭력에 관한 일련의 규칙이었다. 이 지침은 정당들에게 민주주의, 비폭력 절차를 준수할 의무를 부여했고, 성금요일 협정이 정치적 기반을 제공한, 폭력에서 벗어나 전적으로 민주적이고 평화로운 사회로 나아가는 중요한 첫 걸음이었다. 거의 2년에 걸친 협상 후, 마침내 1998년 4월 10일 합의에 도달했고, 완전한 평화의 길로 나갈 수 있을 것이라 기대하게 되었다. 한 달 후 국민투표에서 유권자 72%가 협정에 찬성하는 투표를 했다.

그러나 합의 도달과 그것의 이행은 전적으로 다른 두 과정이다. 합의 이행은 단지 조항과 조건을 준수하려는 결심을 요구할 뿐 아니라, 결정적으로, 발생하기 쉬운 위기를 처리하기 위한 기제를 필요로 한다. 내 생각에 이러한 기제는 존재하지 않는다. 유감스럽게도 위기가 생길 때면 때때로 협의에 의해 설립된 핵심 기관들, 즉 전체 아일랜드의 문제를 다루는 남북 정부 기관과 함께 행정부와 의회가 중단되기도 했다. 정말로 우리가 할 수 있었던 것, 우리가 해야만 했던 것은 협의의 이행을 감독하고 조정하는 독립된 단체의 설립이다. 이로써 합의 사항이 분쟁 해결을 위한 당사자들에게 구속력을 갖게 된다. 만약 그것이 없다면, 우리는 위기 해결을 위한 권고 사항을 받아들일 필요 없이 모든 위기를 사례별로 고심해야 한다.

일부의 경우 (핵심 기관들이) 오랫동안 중단되기도 한다. 현재 부패 혐의 조사와 관련한 입장 차이로 인해, 의회와 행정부가 [2017년] 1월부터 중단된 상태이다. 종종 직접적인 원인만이 유일한 결렬 원인은 아니며, 이를 해결하기 위해서는 더 많은 쟁점을 고려할 필요가 있다. 이 경우 아일랜드어 조치(an Irish Language act)에 대한 요구 등이 중심 쟁점이 되었지만, 결렬되기 전에는 그렇지 않았다. 이것은 정치적 수준에 존재하는 신뢰와 신용이라는 측면에서 크나큰 격차를 보여 준다.

그래서 더 나은 북아일랜드의 미래를 위해 어떤 희망이 있을까? 정치적 단계에서 희망은 현재 중단된 기관이 재개되는 것일 수 있고, 우리의 정치인들이 그러한 기관들이 작동하도록 더 협력적인 접근 방식을 취하는 것일 수도 있다. 이것이 중요한 이유는 현재 영국이 유럽연합을 떠나기 위한 협상을 진행하면서, 우리가 거대한 도전에 직면하게 되었기 때문만은 아니다. 그러한 협상의 결과는, 잘 처리하지 못한다면, 남북 아일랜드에, 특히 우리의 평화 프로세스에 매우 부정적인 영향을 줄 수 있다.

많은 사람들에게 진보의 열쇠는 정치적 차원에서 그다지 중요하지 않지만, 사람들이 일상생활을 하는 공동체의 차원에서는 중요하다.

북아일랜드는 상호 분리된 공동체들이 엮여 있는 형태이다. 도시의 특징은 많은 사람들이 두 공동체로 나뉘어 따로 떨어져 산다는 사실이다. 가톨릭 신자와 개신교 신자들은 노동계급, 중산층, 상류층 지역에 함께 지내고 있으나 사회적으로 섞이지 않는다.

도시뿐만 아니라 농촌 지역에서도 두 종교 중 한쪽이 우세하게 거주하고 있다. 가톨릭 신자에 맞춘 학교가 가톨릭 공동체에 봉사하는 반면, 다른 학교들은 개신교 공동체에 봉사한다. 사람들은 서로 다른 놀이를 하고 흔히 따로따로 여가를 즐긴다.

물론 이것은 완전한 그림이 아니다. 종교적으로 섞여 있는 지역이 있고, 학교는 명백히 두 공동체 출신의 모든 젊은이들을 위해 설립되었다.

동시에 다른 지역에서는 학생들이 공동체 간의 상호 이해와 존중을 도모하기 위해 기획된 프로그램에 참여한다.

노동자들은 특히 공공 부문과 규모가 큰 사기업에서 섞여 있다. 이와 관련해 중요한 성공은 치안 서비스이다. 치안 서비스는 이제 공동체의 표상이라는 측면에서 훨씬 더 균형 잡힌 상태이고, 대중과 관계하는 방식이라는 측면에서 중대한 개혁이 이루어졌다. 공동체를 넘어서는 스포츠와 예술 기획은 이제까지 격렬히 분열되었던 사람들에게 상호 이해의 기반을 마련해 주었다.

우리의 도전 과제는 이처럼 긍정적 발전 위에서 더욱더 관용적이고, 존중하고, 화목한, 궁극적으로 평화롭게 사는 더욱 통합된 사회를 지향해 가는 것이다. 그리고 헌법 체제가 어떻게 결정되든, 즉 현재까지 그러했듯 우리가 영국의 지배 하에서 살든, 혹은 많은 이들이 원하듯 미래에 통일된 아일랜드에서 살게 되는 간에 인간으로서 가능한 한 조화를 지향해 가는 것이다.

관용은 적어도 우리 공동체들이 자유롭게 자신들의 합법적인 관습과 전통에 참여할 수 있다는 것을 의미해야 한다.

북아일랜드의 많은 사람들은 자신들이 관용적이라고 생각하지만, 존중은 우리가 다른 공동체를 생각하는 방식에는 종종 적용되지 않는다. 존중이 부족하다는 점은 특히 우리가 서로에 대해 이야기하는 방식에서 잘 드러난다. 멸시하는 말, 멸시하는 칭호, 다른 사람들을 경시하는 말과 행동, 다른 문화적 전통을 하찮고 구시대적인 것으로 일축하는 것 등, 이 모두는 진정한 존중이 부재한다는 점을 드러낸다.

교육자이자 정치인으로서 나는 우리가 세 번째, 즉 이해를 성찰함으로써 관용과 존중의 과제를 달성할 수 있을 것이라고 믿고 싶다. 나는 대학 교수이자 연구자로서 상호 관용, 상호 존중, 상호 이해를 촉진하는 여러 프로젝트에 참여해 왔다. 북아일랜드는 학교, 대학, 공동체 수준에서 많은 실험적 프로젝트를 경험해 왔다. 이 프로젝트는 모두 경험적 학습을 통한 이해, 존중, 관용을 발전시키는 것을 목표로 삼고 있다.

이러한 도전은 언제나 우리와 함께 있을 것이다. 목표는 완전히 민주적이고 평화로운 사회에서 시민 생활의 기본 가치를 심어 주는 것이다. 이러한 점에서 우리의 의무는 전 세계 사람들을 사랑하는 자유의 의무와 동일한 것이다.

필자 소개

박소진

미국 일리노이 대학교 문화인류학 박사. 신한대학교 탈분단경계문화연구원 및 교양교육원 조교수. 주요 저서 및 논문: 『신자유주의시대의 교육풍경: 가족, 계급, 그리고 전지구화』, *No Alternative? Experiments in South Korean Education* (공저), 『문화사회학의 관점으로 본 질적 연구 방법론』, 「도심 대형사찰 한마음선원에서의 종교적 실천과 젠더」, 「'마음'의 학문적 재발견: 개인과 집단의 마음, 그리고 한마음」, 「'자기관리'와 '가족경영' 시대의 불안한 삶: 신자유주의와 신자유주의적 주체」 등.

구갑우

서울대학교 정치학 박사. 북한대학원대학교 교수. 주요 저서 및 논문: 『비판적 평화연구와 한반도』, 『글로벌 거버넌스와 북한의 정치·경제 체제전환 전망』(공저), 「남북한 접촉지대와 마음의 통합이론 '마음의 지질학' 시론」, 「아일랜드섬 평화과정 네트워크의 형태변환: 합의 이후 실행과정에서 나타난 이념과 세력의 변화를 중심으로」, 「북한 '핵 담론'의 원형과 마음체계, 1947~1964년」 등.

션 파렌

영국 얼스터 대학교 박사. 전 북아일랜드 장관. 얼스터 대학교 교육대학 방문 교수. 주요 저서 및 논문: *The Politics of Irish Education 1920-1965; Paths to a Settlement in Northern Ireland* (공저), *SDLP and the Struggle for Agreement in Northern Ireland; John Hume — Irish Peacemaker* (공저), *John Hume in His Own Words* (편저) 등.

데이비드 미첼

영국 얼스터 대학교 정치학 박사. 트리니티 칼리지 더블린-벨파스트(Trinity College Dublin at Belfast) 조교수. 주요 저서 및 논문: *Politics and Peace in Northern Ireland, Ex-combatants, Religion and Peace in Northern Ireland* (공저) 등.

조너선 텅

영국 웨스트 잉글랜드 대학교(University of the West of England) 정치학 박사. 리버풀 대학교 정치학과 교수. 주요 저서 및 논문: *Comparative Peace Processes*,

The Democratic Unionist Party: From Protest to Power, Northern Ireland — *Conflict & Change* 등.

산드라 부캐넌
영국 얼스터 대학교 박사. 아일랜드 공화국 갈등 전환 전문 독립 연구자 겸 실천가. 주요 저서 및 논문: *Transforming Conflict through Social and Economic Development: Practice and Policy Lessons from Northern Ireland and the Border Counties, Theories of International Relations and Northern Ireland* (공저), *Building Peace in Northern Ireland* (공저) 등.

김동진.
북한대학원대학교 북한학 박사. 아일랜드 트리니티 칼리지 더블린 IRC 마리퀴리 펠로. 주요 저서 및 논문: *The Korean Peace Process and Civil Society: Towards Strategic Peacebuilding*, "Sharing Lessons between Peace Processes: A Comparative Case Study on the Northern Ireland and Korean Peace Processes," "Building Relationships Across the Boundaries: The Peacebuilding Role of Civil Society in the Korean Peninsula," "Aid to the Enemy: Linking Development and Peacebuilding on the Korean Peninsula,"「북한 연구에 대한 평화학적 접근」등.

번역자

오창현 (3장 션 파렌, 7장 김동진, 부록 션 파렌 번역)
서울대학교 인류학 박사. 국립민속박물관 학예연구사. 번역서:『청바지 인류학』,『증여의 수수께끼』,『지구화시대의 문화정체성』등.

안호균 (5장 조녀선 텅 번역)
연세대학교 영어영문 학사. 건축, 경제, 국제정치 분야 전문 번역가 및 작가. 번역서:『이어령』,『환경과 조경』등.

이하얀 (4장 데이비드 미첼 번역)
서울대학교 인류학 박사과정. 중국 푸단 대학교 문화유산 및 박물관학과/고고학과
와 서울대 인류학과 석사. 전 국립민속박물관 학예연구원. 번역서:『청바지 인류학』.

신윤영 (6장 산드라 부캐넌 번역)
서울대학교 인류학 석사.